ROMA

AUSGABE B

3

C. C. Buchner

ROMA

Band 3. Ausgabe B

Herausgegeben von Clement Utz und Andrea Kammerer

Bearbeitet von René Beron, Martin Biermann, Johannes Buhl, Christina Englisch, Frank Goldmann, Tobias Hüttner, Ulf Jesper, Andrea Kammerer, Michael Kargl, Holger Klischka, Maria Krichbaumer, Katja Larsen, Norbert Larsen, Michael Lobe, Michael Meier, Christian Müller, Stefan Müller, Jan-Christian Ramm, Frank Schwieger und Clement Utz

BAMBERGER WORTSCHATZ

Zu diesem Lehrwerk sind erhältlich:

- Digitales Lehrermaterial **click & teach** Einzellizenz, Bestell-Nr. 400391
- Digitales Lehrermaterial **click & teach** Box (Karte mit Freischaltcode), ISBN 978-3-661-40046-4

Weitere Materialien finden Sie unter www.ccbuchner.de.

Dieser Titel ist auch als digitale Ausgabe **click & study** unter www.ccbuchner.de erhältlich.

1. Auflage, 1. Druck 2020

Alle Drucke dieser Auflage sind, weil untereinander unverändert, nebeneinander benutzbar.

Dieses Werk folgt der reformierten Rechtschreibung und Zeichensetzung. Ausnahmen bilden Texte, bei denen künstlerische, philologische oder lizenzrechtliche Gründe einer Änderung entgegenstehen.

Lektorat: Bernd Weber, Laura Kampmann
Gestaltung: Petra Michel, Essen
Illustrationen: Jan Bintakies, Hannover
Umschlagmotiv: Tom Berry, London
Satz: Artbox Grafik und Satz GmbH, Bremen
Druck: mgo360 GmbH & Co. KG, Bamberg

www.ccbuchner.de

ISBN 978-3-661-**40033**-4

Liebe Schülerin, lieber Schüler,

der dritte Band deines Lateinbuchs ROMA B ist genauso gegliedert wie die ersten beiden:

Im **ersten Teil** findest du vor allem interessante lateinische und deutsche Texte. Dazu kommt eine Vielzahl von Übungen und Aufgaben: Mit ihrer Hilfe verstehst du die lateinische Grammatik und merkst dir die Vokabeln, die du brauchst.

Im **zweiten Teil** sind die lateinischen Wörter aufgelistet und die grammatischen Stoffe erklärt; außerdem findest du dort immer wieder Tipps zum Lernen und Übersetzen (→ S. 110 f.).

Der erste Teil ist folgendermaßen aufgebaut: Zwei, drei oder vier Lektionen gehören inhaltlich zusammen. Sie werden durch eine Doppelseite eingeleitet, auf der du eine große Abbildung und einen kurzen Text zur Hinführung findest; dann folgen die Lektionen.

Jede **Lektion** besteht aus drei Doppelseiten, die gleich aufgebaut sind:

1. Doppelseite: Grammatik

Hier lernst du (auf der linken Seite) die neuen Grammatikstoffe an einem einfachen lateinischen Text kennen und kannst sie auch gleich (auf der rechten Seite) gezielt einüben.
Damit du dich leicht orientieren kannst, enthält jeder Abschnitt nur einen neuen Stoff und ist mit einem Großbuchstaben (A , B , C) gekennzeichnet.

Auf dieser Doppelseite kannst du dich ganz auf die Grammatik konzentrieren, neue Wörter kommen hier nämlich normalerweise noch nicht vor. Ausnahme: Einige wenige neue Vokabeln sind manchmal für einen Grammatikstoff nötig; diese sind dann hinten im Wortschatz mit einem * markiert.

Die Übungen auf der rechten Seite enthalten meist zwei Zusätze: Die Formen oder Sätze nach einem ▷ bieten dir ggf. weitere Unterstützung; diese kannst du zusätzlich lösen, wenn du dir noch nicht ganz sicher bist. Nach einem ► finden sich Beispiele, die eine Herausforderung darstellen. Das Symbol ▷ T zeigt dir, dass du diese Übung im Trainingsheft fortsetzen kannst.

2. Doppelseite: Text

Hier wirst du (auf der linken Seite) zuerst inhaltlich auf den Lektionstext vorbereitet: Im oberen Teil der Seite findest du das kulturkundliche Grundwissen und eine Abbildung zum Thema der Lektion.

Im unteren Teil der linken Seite erhältst du einen besonderen Service: Anhand einiger Aufgaben kannst du weiter zurückliegende Stoffe (Grammatik und Vokabeln), die du für den Lektionstext benötigst, gezielt wiederholen. All diese Übungen verwenden nur Wörter, die auch im Lektionstext vorkommen.

Dann folgt (auf der rechten Seite) der wichtigste Teil jeder Lektion, der zentrale Text: Er enthält alle neuen Vokabeln und den gesamten neuen Grammatikstoff. Die Aufgaben unter dem Text dienen der Erschließung: Aufgaben mit einem ➡ können vor der Texterarbeitung gelöst werden, Aufgaben mit einem während der Übersetzung und Aufgaben mit einem ⬅ nach der Textarbeit zur Vertiefung.

3. Doppelseite: Vertiefung

Zuerst findest du hier (auf der linken Seite) Aufgaben zur inhaltlichen Vertiefung des Lektionsthemas. Dem folgt ein Angebot weiterer Übungen zur Sprache; dabei ist immer ein Abschnitt mit der Überschrift „Deutsch ist anders", der dich zur vergleichenden Auseinandersetzung mit der deutschen Sprache auffordert.

Am Ende jeder Lektion steht hier (auf der rechten Seite) entweder ein Wiederholungstext (mit Aufgaben), der gezielt die Stoffe der beiden Lektionen umwälzt, die dieser Lektion vorausgehen, oder ein Selbsttest über den Stoff der aktuellen und der vorausgehenden Lektion. So werden jeweils die Stoffe von zwei Lektionen zweimal hintereinander wiederholt. Die Lösungen für die Selbsttests erhältst du von deiner Lateinlehrerin / deinem Lateinlehrer.

Nach jeweils zwei oder drei Lektionen finden sich weitere Doppelseiten:

Doppelseite „Können zeigen"

Hier baust du schrittweise die **Kompetenz** auf, mit lateinischen Texten umzugehen. Auf den linken Seiten stehen zwei kurze Texte; diese sind nach ihrem Schwierigkeitsgrad mit ★ oder ★★ gekennzeichnet: Die zugehörigen Aufgaben auf der rechten Seite kannst du individuell nutzen, um dein **Können** im Erfassen und Verstehen eines lateinischen Textes zu **zeigen**.

Doppelseite „Gut zu wissen"

Anhand von deutschen Texten und Bildern sowie vertiefenden Aufgaben erweiterst du dein **Grundwissen** über die Antike und die Welt der Römer.

Es ist uns ein Anliegen, dass du dich gerne mit den Themen beschäftigst, die den Menschen der Antike wichtig waren und die auch in unserer Welt von Bedeutung sind.

Wir wünschen dir viele Erfolgserlebnisse im Fach Latein – und bei der Arbeit mit ROMA.

Liebe Kollegin, lieber Kollege,

im Folgenden erhalten Sie einige grundlegende Hinweise zur Handhabung des Lehrwerks ROMA B:

Verbindlichkeit und Freiraum

Die lateinischen **Texte** auf den Seiten 4 und 6 der Lektionen sowie auf den Seiten „Können zeigen" sind verbindlich zu behandeln, ebenso der Wortschatz und die Grammatikstoffe zu den einzelnen Lektionen.

Das verbindliche kulturkundliche **Grundwissen** findet sich auf den Seiten 3 der Lektionen (oben) und auf den Seiten „Gut zu wissen"; es ist einheitlich mit dem Stempel „Grundwissen" gekennzeichnet. Dazu gehören die vertiefenden und vernetzenden Aufgaben auf den Seiten 5 der Lektionen (oben) und auf den Seiten „Gut zu wissen".
Die Auftaktseiten zu den Sequenzen führen im Sinne einer Orientierungshilfe (advance organizer) in die Thematik der folgenden Lektionen ein.

Die anderen Teile der Lektionen, insbesondere die sprachlichen Übungen auf den Seiten 2, 3 und 5 der Lektionen und die Aufgaben zur Erarbeitung von Grammatikstoffen auf der jeweils ersten Seite der Lektionen (unten), sind Angebote zu Ihrer Auswahl.

Binnendifferenzierendes Arbeiten

Im Lehrwerk sind verschiedene Grundformen und Ziele binnendifferenzierenden Arbeitens angelegt. Binnendifferenzierung ist insbesondere möglich bei den folgenden Elementen (die Zielsetzung steht jeweils in Klammern):

- beim Erarbeiten von Grammatikstoffen auf den Seiten 1 der Lektionen (nach Anspruchsniveau und Arbeitstempo; z. B. Aufgaben für Schnelle)
- beim Einüben der Grammatikstoffe auf den Seiten 2 der Lektionen (nach Anspruchsniveau und Arbeitstempo; vgl. Symbole ▷ ►)
- bei den sprachlichen Übungen zur Vorbereitung der Textarbeit auf den Seiten 3 der Lektionen (nach Themen / Stoffen; vgl. Überschriften)
- bei den sprachlichen Aufgaben zur Vertiefung auf den Seiten 5 der Lektionen (nach Themen / Stoffen; vgl. Überschriften)
- bei den texterschließenden Aufgaben auf den Seiten „Können zeigen" (nach Anspruchsniveau und Interesse; vgl. farbige Rubriken); die Kennzeichnung dieser verbindlichen Texte nach ihrem Schwierigkeitsgrad ist als Hinweis auf die methodische Gestaltung und Intensität der Vorentlastung (z. B. über die Aufgaben der blauen Rubrik) zu verstehen.
- bei der individuellen Nutzung der Aufgaben unter „Vokabeln sichern" und der Merkhilfen im Wortschatz- und Grammatikteil

Eigenständiges und kooperatives Arbeiten

Eigenständiges Arbeiten der Schülerinnen und Schüler wird insbesondere empfohlen bei den Aufgaben zur Grammatikerarbeitung (S. 1 der Lektionen), bei den sprachlichen Übungen (S. 3 und 5) und bei der Erschließung der Texte auf den Seiten „Können zeigen".
Kooperative Arbeitsformen sind bei den einzelnen Aufgaben vermerkt (z. B. „(PA)").

Weitere Informationen zur Arbeit mit ROMA allgemein sowie zur konkreten Umsetzung einzelner Lektionen erhalten Sie im Lehrerheft.

Inhalt

ZEITEN DER WENDE 72

ROM – FIXSTERN EUROPAS 96

ANHÄNGE

LEKTIONEN 25 – 28

GROSSARTIGE GRIECHEN

Grundlagen für die moderne Welt

Immer wieder sind dir auf deiner Reise durch die Welt des Lateinischen die alten Griechen begegnet – und das nicht ohne Grund. In der Zeit vom 6. bis zum 4. Jh. v. Chr. entstanden in Griechenland Ideen, die die Welt bis heute prägen. In Athen entwickelten Politiker die Demokratie; zeitgleich entstanden dort Tragödien und Komödien für die Theaterbühne. Sie dienten nicht nur der Unterhaltung, sondern auch der Verständigung über gemeinsame Werte, ohne die eine Gesellschaft nicht funktionieren kann. Vor allem in den griechischen Städten Kleinasiens begannen Philosophen, kritisch und vernünftig über die Welt und den Menschen nachzudenken, und legten damit die Grundlagen der modernen Wissenschaften.

Unsere Themen:

Vorsokratiker
Solon, Thales, Pythagoras

Olympia
weltberühmte Spiele

Delphi
bedeutsame Orakelsprüche

Anfänge der Philosophie

Religiöse Zentren

Getrennt und doch eins

Jeder griechische Stadtstaat (Polis) war politisch und wirtschaftlich weitgehend unabhängig. Doch sog. panhellenische (alle Griechen betreffende) Veranstaltungen sorgten für ein Bewusstsein der Zusammengehörigkeit. In den folgenden Kapiteln lernst du die Olympischen Spiele und das Orakel von Delphi als überregionale Institutionen und religiöse Zentren kennen.

Tragödie und Fabel

Im Mythos von Medea begegnet dir eine literarische Gestalt, die von griechischen Tragödiendichtern erstmals auf die Bühne gebracht wurde – und die bis heute weiterlebt.
Der Freigelassene Phädrus übertrug eine kleine Textsorte aus dem Griechischen ins Lateinische, die ihren Charme trotz ihrer Schlichtheit bis heute nicht verloren hat: die Fabel.

Dramen
Medea – eine tragische Figur

Sokrates
Epikur, Stoa
→ Cicero, Seneca

Fabeln des Äsop
→ Phädrus

Literatur

Philosophie

Reich wie Krösus

Krösus (Croesus) war im 6. Jh. v. Chr. ein sehr reicher König der Lyder (Lȳdī, ōrum), die an der Mittelmeerküste Kleinasiens mit den Griechen in Berührung kamen. Bekannt ist sein Gespräch mit Solon (Solō, ōnis), einem Staatsmann und Philosophen (philosophus) aus Athen, der für seine Weisheit (sapientia) berühmt war und zu den Sieben Weisen (→ S. 14) zählte.

A Croesus imperator fortis erat; multos populos fortiter et celeriter bello vicit. Tunc homines victi censebant se miseros atque indignos esse. Sed Croesus populis victis pepercit: Ii neque misere neque indigne vivebant. Quamquam populi graviter oppressi non sunt, regi tamen magnam pecuniam dediderunt; ita Croeso mox plurimae opes erant.

B Itaque multi putaverunt Croesum esse virum egregiae fortunae; quod ipse quoque putavit. Quondam Solo philosophus ad regem adibat. Solonem enim omnes propter sapientiam laudabant. Ille vir magno ingenio erat.

C Rex ipse multum temporis consumpsit, ut Soloni omnes opes in aedibus ostenderet. Cum magnam partem opum vidisset, philosophus a Croeso rogatus est: „Solo, nemo hominum tam sapiens (*weise*) est quam tu. Itaque a te audire cupio: Quis hominum in orbe terrarum plus habet quam ego? Quis tam beatus est quam ego?“

D Solo autem respondit: „Tellus quidam, qui Athenis (*in Athen*) vivebat, ante omnes beatus erat, ut puto. Sane scio quosdam homines divitem tantum beatum ducere. Equidem pauperem quendam recte duco beatum, si contentus sua fortuna est.“

Nicolaus Knüpfer: Krösus zeigt Solon seine Schätze. 1640.

A imperator fortis – fortiter vicit

Die beiden Formen von fortis beziehen sich auf unterschiedliche Wortarten. Erkläre die Bezeichnung „Adverb“ für fortiter. Beschreibe die Bildung der Adverbien misere und indigne im Unterschied zu fortiter und celeriter.

B Der Genitiv und der Ablativ geben an, **was für ein** Mann (vir) Solon war.
Übersetze beide Kasus zuerst mit „von ...“ („ein Mann von ...“); finde dann eine freiere Übersetzung.

C Der Genitivus partitivus (Genitiv des geteilten Ganzen) bezeichnet das Ganze (hier: temporis), von dem ein bestimmter Teil (hier: multum) genannt wird. Stelle nach dem markierten Beispiel weitere Genitive des geteilten Ganzen (mit Bezugswort) zusammen.

A1 Suche alle Adverbien heraus; bilde damit jeweils einen deutschen Satz, in dem sie auch als Adverb vorkommen.

tristis ▪ breviter ▪ beate ▪ laetus ▪ libere ▷ crudeliter ▪ indignus ▪ egregie ► forte ▪ bene ▪ acre

A2 Weise die jeweils richtige Form (Adverb oder Adjektiv) zu und übersetze.

1. Croesus: „Rex (fortis / fortiter) sum. **2.** Multa bella (fortis / fortiter) gessi. **3.** Itaque (beatus / beate) vivere possum.“ ▷ **4.** Homines victi: „Croesus nos (celer / celeriter) vicit. **5.** Sumus (miseri / misere). **6.** Croesus in nos (indignus / indigne) animadvertit.“ ► Bilde selbst: **7.** Croesus: „Vos (miser) non puto, quia vos semper (bonus) tegam.“ ▷ T

B Solon – einer der Sieben Weisen. Gib den Ablativ und den Genitiv der Beschaffenheit jeweils wörtlich und in freier Übersetzung wieder.

1. Solo philosophus (!) magni ingenii erat. **2.** Solo, postquam Atheniensibus (*den Athenern*) leges dedit, iter multorum annorum fecit. **3.** Quondam etiam Croesum, regem magna auctoritate, adiit. ▷ **4.** De fortuna et de rebus eius modi multas horas dicebant. ► Bilde selbst einen Ablativ oder Genitiv der Beschaffenheit: **5.** Postremo Solo se virum (maxima virtus) praebuit. ▷ T

C1 Wähle jeweils den Genitivus partitivus aus und übersetze.

1. femina egregiae dignitatis – optima omnium feminarum **2.** pars bonorum virorum – viri magni ingenii **3.** maximus omnium hominum – homo egregiae fortunae ▷ **4.** miles maximi honoris – numerus militum honestorum ► **5.** parva pars hominum magni ingenii

C2 Gib an, welche Aussagen auf das Bild der Sieben Weisen zutreffen. Übersetze.

1. Parva pars philosophorum librum (*Buch*) legit. **2.** Maxima pars virorum ridet. **3.** Nemo philosophorum sedet. **4.** Magna pars hominum caelum spectat. ▷ **5.** Multitudo virorum sedentium maior (*größer*) est quam multitudo virorum stantium. **6.** Maximus septem philosophorum Solo est. ► **7.** Bilde selbst einen passenden lateinischen Satz mit einem Genitivus partitivus. ▷ T

D Stelle „Partner“ nach der KNG-Kongruenz zusammen und übersetze.

1. vir – femina – genus ▪ quaedam – quoddam – quidam **2.** viri – feminae – genera ▪ quaedam – quidam – quaedam **3.** tempore – virtute ▪ quadam – quodam ▷ **4.** modum – curam ▪ quendam – quandam ► **5.** militum – voluptatis ▪ ? – ? ▷ T

INHALT

GRUNDWISSEN

Ein neuer Blick auf die Welt

Seit etwa 600 v. Chr. traten in Griechenland Menschen auf, die durch Reisen und Handelskontakte zu großer Weisheit gelangt waren und von ihren Mitbürgern als Ratgeber geschätzt wurden; einige von ihnen wurden später zu den **Sieben Weisen** gezählt, ihre Aussprüche wurden aufgeschrieben und überliefert.

Besondere Bedeutung für die Entwicklung des europäischen Denkens kam den Menschen zu, die sich die Frage stellten, woraus die Welt besteht, warum sie entstanden ist und mit welchen **Grundprinzipien** alles, was auf der Erde geschieht, erklärt werden konnte. Zu ihren Ergebnissen kamen sie durch die **Beobachtung** (griech. ***theoria***) von Phänomenen. So folgerte beispielsweise der Philosoph **Thales** aus der Beobachtung, dass ohne Wasser kein Leben möglich ist, dass alles aus Wasser entstanden sei.
Obwohl manche Ansichten dieser **Naturphilosophen**, wie sie später genannt wurden, heute lächerlich erscheinen, legten sie doch den Grundstein für die Entstehung eines kritischen Denkens, da sie überlieferte Erklärungen wie die Göttermythen nicht einfach hinnahmen, sondern hinterfragten. So waren sie die Wegbereiter der **Naturwissenschaften**, für die noch heute die Beobachtung eine zentrale Methode zur Gewinnung von Erkenntnissen ist.

Thales auf einer Briefmarke der griechischen Post 1994.

SPRACHE

1 Wortschatz: Fremdwörter

Gib die lateinischen Wörter samt Übersetzung an, die in den folgenden Fremdwörtern stecken.

Kredit ▪ Variable ▪ Diktat ▪ Major ▪ partiell ▪ Referat ▪ urban ▪ Position ▪ Korrespondenz

2 Verben: Imperativformen

Benenne die Imperative. Übersetze die übrigen Formen.

audi ▪ genere ▪ habe ▪ este ▪ fui ▪ docere ▪ cognosci ▪ celeri ▪ mire

3 Präpositionalausdrücke

Ordne Präpositionen und Substantive einander zu und übersetze. Beachte die Kasus.
Achtung: Oft sind verschiedene Zuordnungen möglich.

ad ▪ cum ▪ de ▪ ex ▪ in ▪ in ▪ sine

cibo ▪ naturam ▪ liberis ▪ mari ▪ aqua ▪ ratione ▪ virum

Thales, der erste Wissenschaftler

Thales stammte aus der reichen Handelsstadt Milet (Mīlētus) in Kleinasien.

Thales, vir magni ingenii, ut Solo unus e septem sapientibus erat. Patria eius erat Miletus urbs, quae – ad ripam maris posita – et dives et grandis fuit; magnum enim portum multasque colonias habuit. Quamvis quidam Thalem nil scripsisse, sed familiariter dicentem homines ignaros docuisse credant, ea de re nihil veri scimus. Quid manifesti proinde de illius opinionibus referri potest?

Thales naturam diligenter perspiciens iterum atque iterum interrogabat, quid fons rerum in orbe terrarum esset. E causis variis invenit aquam esse prima[1] omnium: Nam cognoverat aquam esse partem cunctorum viventium: Homines et animalia omnis generis sanguinem in se habent. Si quidem aqua deest, animalia celeriter perire necesse est. Praeterea comprehendit etiam cibum semper coniunctum esse cum aqua.

Priores homines plerumque verba maiorum repetiverant; Thales autem primus erat philosophus, qui ratione et sensu ductus est. Non mirum est eiusmodi virum naturam praeclare exposuisse.

De vita domestica fabulae quaedam narrantur. Anu quadam ex illo quaerente, cur liberi ei non essent, protinus respondit: „Amore in illos motus sum." Eadem audire cupiente, quando nuptiae ei essent, primo placide dixit: „Nondum tempus est – sed bono animo sum", at post sine ullo luctu: „Nunc sero est."

1 prīma, ōrum *n Pl.* der Anfang, der Urstoff

1. Lies die ersten beiden Absätze konzentriert durch und erfasse anhand von Schlüsselwörtern zwei wesentliche Informationen über Thales.
2. Erschließe aus dem Zusammenhang des zweiten Absatzes das Genus und die Verwendung des Partizips **viventium** (Z. 8).
3. Weise den vier Absätzen je eine knappe Überschrift zu.
4. Erschließe, worin die besondere Leistung des Thales im Vergleich zu früheren Generationen bestand (Z. 12 – 14; vgl. S. 14).
5. (PA) Auf der Abbildung illustriert ein Zeichner, wie er sich den Aufbruch der Menschen aus dem mittelalterlichen Weltbild vorstellt. Stellt Bezüge zum Lektionstext und zu den Leistungen des Thales her.
6. Setzt den letzten Abschnitt des Textes (Z. 15 – 18) szenisch oder zeichnerisch um. Achtet vor allem auf die Gestaltung der in dem kurzen Abschnitt enthaltenen verschiedenen Szenen.

Flammarions Holzstich. 1888.

INHALT

Wissen vernetzen

1. Die Briefmarke auf S. 14 nimmt auf eine weitere Theorie des Thales Bezug. Recherchiere diese und präsentiere sie deinen Mitschülern.
2. Erläutere den Unterschied zwischen dem antiken Begriff *theoria* und dem modernen „Theorie".
3. Im Chemieunterricht beschäftigst du dich mit verschiedenen Modellen, die die Zusammensetzung aller Stoffe aus kleinsten Teilchen beschreiben (Periodensystem der Elemente, Daltonsches Atommodell, Kern-Hülle-Modell). Vergleiche diese Modelle mit Thales' Theorie von Wasser als Urstoff (→ S. 15, Z. 7 – 11).
4. (GA) Gestaltet (arbeitsteilig) eine kurze digitale Präsentation zu den Aussprüchen, die den Sieben Weisen zugeschrieben werden, und erläutert diese mit aktuellen Beispielen.

Kern-Hülle-Modell eines Atoms.

SPRACHE

1 Deutsch ist anders

Den Genitivus partitivus übersetzen

BEISPIEL:

1. *Pars* hominum philosophos audiebat.
Ein *Teil* der Menschen hörte die Philosophen.

2. Thales *nihil* operae fugit, ut homines doceret.
Thales scheute *keine* Mühe, um die Menschen zu belehren.

3. Tamen magnus *numerus* hominum fabulas maiorum audiebat.
Dennoch hörte eine große *Zahl* Menschen / von Menschen die Geschichten der Vorfahren.

BEACHTE: Im Deutschen ist der Genitivus partitivus seltener als im Lateinischen. Das *Bezugswort* des Genitivs entscheidet darüber, ob du (wie im Lateinischen) den Genitiv auch im Deutschen setzen kannst oder eine andere Wiedergabe wählen musst.

Übersetze. Beachte dabei die passende Wiedergabe des Genitivus partitivus.

1. Thales multum operae subiit, ut fontem omnium rerum cognosceret. **2.** Non solum Thales, sed magnus numerus philosophorum veterum naturam omnium rerum cognoscere voluit. **3.** Maxima pars eorum putavit quattuor elementa (!) esse. **4.** Quis vestrum haec quattuor elementa nescit? **5.** Quid novi postea homines invenerunt?

2 Wortformen ordnen

Ordne nach Kasus und Numerus (Nom. Sg. bis Abl. Pl.); manche Kasus sind mehrfach vertreten.

fontis ▪ animali ▪ domestica ▪ cuidam ▪ portum ▪ animalium ▪ ripis ▪ portuum ▪ sensūs ▪ prius ▪ praeclarā ▪ animalia ▪ manifesti ▪ nuptiis ▪ philosophus

Ordne nun nach den Genera; nicht alle Formen sind eindeutig.

Philosoph oder Guru?

Anders als Thales hielt Pythagoras (Pȳthagorās, ae), den du als Mathematiker kennst, die Zahlen für das Urprinzip der Welt. Man vermutet, dass er sich von seinen Schülern (discipulī, ōrum) wie ein Guru verehren ließ; viele Anekdoten und wundersame Begebenheiten sind überliefert.

Usque ad tempora nostra homines etiam sapientes de vita et disciplina[1] Pythagorae incerti sunt: Fuitne ille philosophus an quidam vir sacer? Alii enim Pythagoram virum grandis egregiique ingenii ducunt; ab aliis iam antiquis temporibus princeps cuiusdam religionis appellatus est.

Profecto res mirae relatae sunt: Iuvenis e patria, Samo insula Graeca, discessit et Aegyptum atque Babyloniam petivit, ut ibi numeros et sidera cognosceret. Postea in Magnam Graeciam venit, ubi iuvenes nobiles instruxit.

Discipulis autem non licuit arcana[2] religionis et disciplinae[1] ostendere alienis; immo necesse eis fuit nonnullos annos omnino tacere et Pythagorae semper parere. Praeterea discipuli crediderunt eundem res futuras cognoscere et vere praedicere[3]. Pythagoras edidit se Apollinis filium esse et se ipsum quondam – Troianis cum Graecis bellum gerentibus – Euphorbum, virum ingenti virtute, fuisse. Nam post mortem animam[4] omnis animalis non in inane discedere, sed in aliud corpus transire credidit.

1 disciplīna die Lehre, der Unterricht
2 arcānum das Geheimnis
3 *vgl. Aufg. 4 a)*
4 anima die Seele

Herme des Pythagoras.

1. Stelle aus dem ersten Absatz Wörter und Wendungen zusammen, die zu den Begriffen der Überschrift passen. 2 ★
2. Stelle die geographischen Begriffe (Z. 5 – 7) zusammen und suche sie auf der Karte im hinteren Buchdeckel. 4 ★
3. Benenne die mit **numeros et sidera** (Z. 6) bezeichneten Wissenschaften. 1 ★
4. a) Erschließe die Bedeutung des Verbs **prae-dicere** aus dem Zusammenhang (Z. 10). 1 ★

   b) Erschließe eine treffende Wiedergabe der Wendung **in inane discedere** (Z. 13); **inane** ist hier substantivisch verwendet. 1 ★
5. Weise im Text je ein Beispiel für einen Genitiv und Ablativ der Beschaffenheit nach. Erkläre, was die Kasuswendungen über die jeweilige Person aussagen. 2 ★
6. Erschließe aus dem Text drei Merkmale einer Sekte. Belege deine Beobachtungen am Text. 6 ★
7. Nenne die im letzten Satz angesprochene religiöse Vorstellung. Erläutere, welche Haltung heutige Religionen dazu einnehmen. Erschließe, wie Pythagoras zu den in der antiken Religion üblichen Opfern stand. 3 ★

Philosophie – eine nutzlose Sache?

Wer geht der nützlicheren Beschäftigung nach – ein Soldat oder ein Philosoph? Der griechische Wissenschaftler Thales bewies seinen Mitbürgern, dass die Philosophie (philosophia), wie er sie verstand, auch eine Menge Geld einbringen konnte …

A Militis est pugnare, philosophi est cogitare.
Miles vincere, philosophus alios homines docere cupit.
Spes vincendi militem impellit, cupiditas docendi philosophum.
Miles vincendo patriae, philosophus docendo omnibus hominibus adest.
Miles ad pugnandum labores subit, philosophus in docendo semper discit (*lernt*).
Philosophus voluptate adulescentes docendi commovetur;
miles hostes vincendo gloriam sibi parat.

B Miles gladio uti debet, philosophus ratione.
Quondam serva Thalem philosophum risit, quia, dum de rebus miris cogitat et caelum observat (*beobachten*), in puteum (*Brunnen*) ceciderat. Tum serva queritur: „Philosophi multa cogitant multaque loquuntur, sed hominibus non provident." Itaque Thales servae ostendit philosophiam hominibus usui esse: „Postquam per multos annos caelum observavi, ratione usus sum et ubertatem (*Fruchtbarkeit*) olearum (*Ölbäume*) providere potui. Itaque oleas paravi, nunc multas olivas (*Oliven*) vendam. Ita ratione usus dives ero. Si homines naturam observarent et rationem sequerentur, res graves intellegerent. Tu quoque cogita et sequere rationem!

C Ne negaveris philosophiam hominibus usui esse!
Noli ridere philosophos!" Etiam alios
homines Thales sic monuit:
„Ne negaveritis philosophiam
hominibus usui esse!
Nolite neglegere rationem!"

A Mit den Formen des Gerundiums (gebildet mit -nd-) kann der Infinitiv eines lateinischen Verbs substantiviert werden.

1. Stelle aus Z. 3 – 5 die Formen des Gerundiums zusammen und bestimme mit Hilfe des Kontextes den jeweiligen Kasus. Erschließe bei der Übersetzung von **A** eine treffende Wiedergabe der Gerundien im jeweiligen Satzzusammenhang.
2. In Z. 6 – 7 sind die Gerundien durch Objekte erweitert (adulescentes, hostes); hier ist eine freiere Wiedergabe erforderlich.

C Verneinte Befehle (z. B. „Leugne nicht!" oder „Lach … nicht aus!") werden im Lateinischen nicht durch Hinzufügen einer Verneinung zu einem Imperativ ausgedrückt wie im Deutschen, sondern komplizierter – und sogar in zwei bedeutungsgleichen Varianten.
Beschreibe die Bildungsweise der beiden Varianten.

A1 Gerundium oder nicht? Wähle die Formen des Gerundiums aus.
Erkläre, warum die anderen Formen kein Gerundium sind.

condo ▪ impetrandi ▪ iurandum ▪ tollendo ▪ incendi ▪ studendi ▪ solvendum ▪ eundi ▪ quando ▷ fingendo ▪ respondi ▪ subeundum ► tetendi ▪ accendo ▷ T

A2 Bilde den Genitiv des Gerundiums und übersetze die gesamte Wendung.
Erprobe dabei die Übersetzung des Gerundiums mit Infinitiv oder Substantiv.

ars (amare) ▪ ars (docere) ▪ genus (dicere) ▪ cupiditas hostes (vincere) ▪ spes amicum (reperire) ▪ consilium urbem (capere) ▷ ars (scribere) ▪ modus (vivere) ▪ studium verba (audire) ▪ cupidus urbem ab hostibus (defendere) ► consilium senatui populoque (imperare) ▪ cupidus omnes virtute (vincere)

A3 Übersetze:

Gedanken von Soldaten: **1.** Nunc tempus est pugnandi. **2.** Impetum faciendo hostes perterrebimus. **3.** In pugnando omnibus exempla virtutis erimus.
▷ Gedanken von Philosophen: **4.** Cupiditas bellum prohibendi nos movet. **5.** Pacem faciendo homines servamus.
► **6.** Cupidi sumus adulescentes docendi et bella prohibendi. **7.** Tempus est consilium capiendi; verbis acribus resistendo rem publicam servamus. ▷ T

B1 Bestimme die Formen und bringe sie in die richtige Reihenfolge von Person und Numerus.

1. utimur ▪ utebaris ▪ utimini ▪ usus est ▪ utor ▪ utebantur
▷ **2.** sequimini ▪ sequebar ▪ sequitur ▪ secuti sumus ▪ secutus es ▪ secuti sunt
► **3.** loquaris ▪ locuti sitis ▪ loquerer ▪ locutae essent ▪ loquemur ▪ locuta est ▷ T

B2 Heraklit – ein kriegerischer Philosoph? Übersetze:

1. Heraclitus (*Heraklit*) haec verba locutus est: „Bellum est omnium rerum pater." **2.** Multi homines querebantur hunc philosophum res miras loqui. **3.** At Heraclitus ratione usus rem gravem intellexit: **4.** Omnem rem res contraria (*gegensätzlich*) sequitur. ▷ **5.** Ita dies noctem, risus (*das Lachen*) gemitum, sol tempestatem sequitur. **6.** Heraclitus etiam haec dixit: „Semper utere ratione!" ► Übersetze und erkläre, was Heraklit mit dem zitierten Ausspruch meint: **7.** Heraclitus his verbis usus homines ad cogitandum adduxit: „Nemo in idem flumen iterum descendit (*steigt*)."

C Bilde die jeweils andere Formulierung für eine verneinte Anweisung und übersetze.

BEISPIEL: **Nolite pugnare! → Ne pugnaveritis! →** *Kämpft nicht!*

1. Milites, ne cesseritis! **2.** Philosophe, noli neglegere rationem! **3.** Miles, ne socium deserueris! ▷ **4.** Milites, nolite hostes interficere! **5.** Cives, ne urbem defenderitis! ► **6.** Noli rem incipere! **7.** Nolite hostibus parcere! ▷ T

INHALT

GRUNDWISSEN

Olympia und Delphi – Begegnung mit Menschen und Göttern

Obwohl die griechischen Stadtstaaten weitgehend politisch und wirtschaftlich unabhängig waren, gab es religiöse Zentren, die zum Zusammengehörigkeitsgefühl der Griechen beitrugen:

In **Olympia** fanden (seit 776 v. Chr.) alle vier Jahre die **Olympischen Spiele** statt, sportliche Wettkämpfe für männliche Athleten aus der gesamten griechischen Welt. Die Sieger erhielten einen Kranz aus Olivenzweigen sowie Ehrungen und Geschenke in ihren Heimatstädten. Die Spiele, auf denen auch die griechische Zeitrechnung beruhte, fanden zu Ehren des Göttervaters **Zeus** statt, dem in Olympia ein Tempel mit einer immensen Statue, einem der antiken Weltwunder, geweiht war.

Beim **Orakel** von **Delphi** – im Heiligtum Apolls – holten sich Menschen aus allen Regionen Rat. Doch die Antworten der Seherin Pythia waren nicht einfach zu verstehen und ließen verschiedene Deutungen zu. Gerade in Krisenzeiten wurde dieses Orakel zu innen- und außenpolitischen Themen befragt – so auch in den Perserkriegen (→ S. 23).

Bereits in der Antike wurden die religiösen Vorstellungen kritisiert: Der Philosoph **Xenophanes** störte sich z. B. am **anthropomorphen** (menschenähnlichen) **Götterbild** der Mythen (→ S. 21).

Die Entzündung des Olympischen Feuers im antiken Olympia anlässlich der Sommerspiele in Rio de Janeiro 2016.

SPRACHE

1 Verben: Infinitiv und Bedeutung

Nenne zu folgenden Verbformen den Infinitiv Präsens und dessen deutsche Bedeutung(en).

cupiebat ▪ paratur ▪ iactati sunt ▪ spectavissem ▪ laudatis ▪ debebant ▪ cucurrissem ▪ vicerunt ▪ vitarem ▪ deseris ▪ faciant ▪ risistis

2 Substantive: Formenkenntnis

Nenne jeweils den Irrläufer und begründe, warum es sich um einen solchen handelt.

1. voluptate ▪ ratione ▪ cupiditate **2.** tantum ▪ pedum ▪ hominum
3. exercitum ▪ deorum ▪ corporum **4.** gloriae ▪ virtuti ▪ patria

3 Wortschatz: Sachfelder

Stelle je ein Sachfeld zum Thema „Körper, Geist" und zum Thema „Wettkampf" zusammen.

Olympia in der Diskussion

In einem Gasthaus in Olympia erzählt ein junger Athlet stolz:

1 athlēta, ae der Sportler

Athletae[1] cum aliis certare atque eos vincere cupiunt. Tanta est cupiditas certandi, ut semper parati sint ad exercendum. Vincendi causā ingentes labores subire consuescunt. Vincendo gloriam perpetuam sibi patriaeque parant. Namque athletae[1], qui aliis praestiterunt in currendo aut in iactando, quasi divini sunt.

Ein Spartaner schaltet sich ein und berichtet von seinem Landsmann Tyrtaios (Tyrtaius), der in seinen Gedichten zu Kampf und Krieg aufgerufen hat:

2 morī sterben

Concedo: Corpus salvum esse multum refert – sed pugnandi causā! Tyrtaius noster ita locutus est: „Dulce est pro patria mori[2]. Ne dolores vitaveritis, ne metu quidem mortis exercitum reduxeritis! Nolite deserere patriam!“

Der Philosoph Xenophanes hatte bisher schweigend zugehört. Nun greift er ein:

Equidem primum rideo istos sacerdotes, qui ad aras sacra faciunt. Eos rideo, quia deos rideo. Dei enim, postquam nati sunt, voluptates libidinesque tantum petunt neque ullum pudorem habent. Homines deos sibi similes esse stulte putant.
Si leones aut equi simulacra facerent, eorum dei speciem leonum equorumve haberent.
Deinde queror homines, qui spectandi causā ad Olympia proficiscuntur, virtutes corporis nimis laudare. Et athletae[1] victores vires corporis exercent, quia tot praemia eis offeruntur. Homo autem non solum e membris – velut manibus, pedibus, tergo – constat, sed etiam ex animo et ratione. Quorum vi magis quam vi corporis uti debemus. Nonne viri clari ratione usi civitates regunt legibusque instituunt? Sequimini ergo rationem!

1. Untersuche den Wortschatz der drei Abschnitte und entwickle Vermutungen über die Haltung der drei Personen zu den Olympischen Spielen.
2. Übersetze **vincendo** (Z. 3) auf verschiedene Arten; wähle die eleganteste Übersetzung aus.
3. Stelle die Haltung der drei Sprecher zu den Olympischen Spielen thesenartig zusammen. Untersuche, ob und ggf. wie sie ihre Haltung begründen.
4. (GA) Wählt eine der drei Positionen aus und findet weitere Argumente. Diskutiert dann über die verschiedenen Positionen im Plenum. Beachtet dabei auch die offensichtlich anderen Wertvorstellungen in der Gegenwart.

INHALT

Wissen vernetzen

1. Benenne die Sportarten, die du auf der Trinkschale (Abb.) erkennst, und recherchiere andere Sportarten der Olympischen Spiele in der Antike.
2. Der Name des Sportartikelherstellers ASICS ist ein sog. Akrostichon und heißt ausgeschrieben **„Anima** *(Seele)* **sana** *(gesund)* **in corpore sano"**; bekannter ist der Satz als **„Mens sana in corpore sano"**. Übersetze und erkläre die Werbebotschaft des Firmennamens. Vergleiche sie mit der Position des Xenophanes im Text.
3. Recherchiere im Internet, wann und warum die Olympischen Spiele in der Neuzeit wiederbelebt wurden. Vergleiche verschiedene Internetquellen und beurteile sie in ihrer Qualität.

Attische Trinkschale. Um 480 v. Chr.

SPRACHE

Deutsch ist anders

Ein Gerundium mit einem deutschen Substantiv wiedergeben

BEISPIEL:

Tot praemia offerendo vulgus virtutes corporis nimium laudat.

(Genitivattribut)

Durch das Aussetzen so vieler Preise lobt das Volk zu sehr die Leistungen des Körpers.

BEACHTE: Wenn du ein Gerundium mit einem deutschen Substantiv wiedergeben willst, musst du beachten, dass alle Zusätze (z. B. Objekte, adverbiale Bestimmungen) dem deutschen Substantiv als Attribute (z. B. Genitivattribute, Adjektive) untergeordnet werden müssen.

Übersetze. Markiere und bestimme dann die Art des Attributs wie im Beispiel:

1. Athletae (!) saepe exercendo vires corporis augent. **2.** Semper cupidi sunt alios vincendi. **3.** Philosophi de bene vivendo cogitant. **4.** Ratione utendo civibus adsunt.

Delphi und die hölzerne Mauer

Im Jahr 480 v. Chr. versucht der persische Großkönig Xerxes (Xerxēs, is), das griechische Festland zu erobern. Er führt ein gewaltiges Heer und eine riesige Kriegsflotte nach Griechenland. Die Bürger der Stadt Athen schicken darum Gesandte (lēgātī, ōrum *m Pl.*) zum Orakel von Delphi. In Athen warten die Bürger gebannt auf die Rückkehr der Gesandten ...

Subito adventus legatorum nuntiatur: „Tandem legati adsunt. – Narrate, quod oraculum[1] Pythia vobis dederit!“ Unus e legatis tristis procedit: „Pythia oraculum[1] edidit, quod non intellegimus; nam dixit: Muro ligneo[2] servabimini!“ Deinde Callistratus civis ait: „Nescio, qua ratione murus ligneus[2] auxilium nobis ferat. Furorem ac ferra crudelia Persarum[3] metuo. Ingens agmen Xerxe duce propius accedit, brevi aderit: Milites nimio odio Graecorum impelluntur. Supremum diem civitatis provideo. Scire volo, pugnemusne an potius urbem deseramus!“

1 ōrāculum die Weissagung, der Spruch
2 lĭgneus hölzern
3 Persae die Perser

Ein anderer Bürger ruft: „Es ist klar, was Pythia meint: Flieht auf die Akropolis und errichtet dort eine schützende Mauer aus Holz!“ Da ergreift der einflussreiche Themistokles das Wort. In den Jahren zuvor hatte er bewirkt, dass die Athener über zweihundert Kriegsschiffe bauten:

„Incerti estis, cives, quo modo impetum hostium sustineamus. Vobis dico: Ita est, ut Pythia dixit – muro ligneo[2] servabimur. Sed hunc murum non faciemus, murum iam habemus. Pythia enim de navibus nostris dixit. His navibus, quae e ligno[4] factae sunt, patriam ab hostibus defendemus. Naves nos servabunt. Itaque vos obsecro: Relinquite urbem! Mecum ad naves contendite, si Persis[3] servire non vultis. Hostibus victis liberi in otio vivemus.“

4 lĭgnum das Holz

1. Informiere dich vor dem Übersetzen
   a) über das Orakel von Delphi,
   b) über Themistokles und die Schlacht bei Salamis.
2. (PA) Ein Orakelspruch ist oft mehrdeutig: Erklärt,
   a) wie der Spruch von der „hölzernen Mauer“ gedeutet wurde,
   b) was Pythia damit bezweckte, dass ihre Orakelsprüche oft nicht eindeutig waren.
3. Auch dem reichen Lyderkönig Krösus gab die Pythia einen mehrdeutigen Orakelspruch. Erzähle die Geschichte von Krösus und dem Orakel nach. Nutze das Internet und Lexika.

Die Schlacht bei Salamis. Aquarell aus der Serie „Look and Learn“. 20. Jh.

Sieger als Vorbilder

Polymnastus und Anticles sind nicht nur Olympioniken; sie haben auch bei den Pythischen Spielen, die in Delphi zu Ehren Apolls abgehalten werden, gesiegt. Zurück in ihrer Heimat erzählen sie begeistert von den musischen Wettkämpfen und den Theateraufführungen, die dort auch zum Programm gehören. Da unterbricht sie Silas, ein sportbegeisterter Bub, ungeduldig: Er möchte lieber mit ihnen trainieren ...

A Silas, Polymnastus, Anticles pugnant: Silas fortis est, Polymnastus fortior est, sed Anticles fortissimus est. Tum currunt: Silas celer est, Anticles celerior est, sed Polymnastus celerrimus est. Denique Silas rogat: „Quid est facilius: Pugnare an currere? Quid est facillimum? Quid vos creditis?“

B Primum Polymnastus respondet: „Currere quidem difficilius est. Itaque mihi maius praemium debetur.“ Deinde Anticles: „Pugnare difficillimum est. Mihi ergo maximum praemium debetur.“ Nunc Polymnastus invidia commotus acrioribus vocibus Anticlem violat. Anticles autem vehementissimis verbis respondet. Athletae (*die Athleten*) non mores, sed maximam superbiam ostendunt.

C Polymnastus: „Mihi debetur maius praemium, nam celerior sum quam omnes iuvenes.“ Anticles: „Mihi debetur maius praemium, nam fortior sum omnibus iuvenibus. Nemo me fortior est. Ego fortissimus omnium sum.“

D Denique Silas: „Polymnaste, tu currendo vicisti. Et tu, Anticles, pugnando vicisti. At superbiā ostendendā ambo (*beide*) omnibus praestitistis. Itaque certe scio: Propter mores praemia vobis non debentur. Nam is, qui cupidus tantum est praemii accipiendi, ad gloriam perpetuam petendam paratus non est.“

A fortis – fortior – fortissimus
tapfer – tapferer – der tapferste
Erkläre die Bildungsweise des Komparativs (fortior) und des Superlativs (fortissimus). Vergleiche damit die Bildung der Steigerungsformen bei celer und facilis.

C Der Ablativ des Vergleichs hat die gleiche Bedeutung wie eine Wendung mit quam. Übersetze.

D 1. Die nd-Formen ostendendā, accipiendi und petendam stehen hier als Attribute bei einem Bezugsnomen. Übersetze **D** zuerst ohne diese nd-Formen.

2. Vergleiche nun: superbiā ostendendā – *durch das Zeigen von Hochmut*. Beschreibe, wodurch sich die deutsche Wiedergabe von der lateinischen Wendung unterscheidet. Erschließe, ausgehend von diesem Beispiel, freiere Übersetzungen für die nd-Formen und ihre Bezugsnomina.

A1 Welche Form ist ein Komparativ, welche nicht? Begründe.

queror ▪ durior ▪ capior ▪ fortius ▪ filius ▪ crudeliore ▪ miseriori ▷ loquor ▪ longius ► tristius ▪ pulchrorum ▪ pulchriorum ▷ T

A2 Alles super! Bestimme Kasus, Numerus und Genus und nenne die Lernform.

celerrimum ▪ brevissimi ▪ facillimo ▪ latissimam ▷ dulcissimis ▪ miserrima ► difficillimi ▪ acerrimum

B Gib jeweils eine passende Übersetzung für den Komparativ und den Superlativ an.

1. Omnes viri maximam gloriam petere volunt. **2.** Iam vulgus laetiore clamore eos laudat. **3.** Praemia honestissima viro fortissimo proponuntur. ▷ **4.** Nunc alius maiore celeritate currit, alius maxima. ► **5.** Denique vulgus victorem laetissimum acerrima voce laudat. ▷ T

C Wer ist besser? Polymnastus oder Anticles? Übersetze.

1. Polymnastus adulescentior est quam Anticles. **2.** Sed Anticles clarior est Polymnasto. **3.** Polymnastus celerior est quam Anticles. **4.** Sed Anticles fortior Polymnasto est. **5.** Et ingenium Anticlis acrius est ingenio Polymnasti. ▷ **6.** Polymnastus et Anticles maiore celeritate currunt aliis viris. ► **7.** Bilde den Komparativ. Formuliere dann den Vergleich mit **quam** und mit dem Ablativ des Vergleichs: Numquam athleta (!) (magna) praemia accepit (Polymnastus). ▷ T

D1 Anticles motiviert sich vor den Spielen. Übersetze die nd-Formen treffend.

1. Nunc est tempus currendi et alios viros vincendi. **2.** Vulgus me virum laudandum putat. **3.** Vulgus ad ludos spectandos venit. **4.** Equidem aliis viris currendo praestare cupio. ▷ **5.** Itaque ad alios athletas (!) vincendos paratus sum. ► **6.** Currendo pugnandoque cupiditas vincendi accenditur. ▷ T

Die Siegesgöttin Nike bekränzt einen siegreichen Athleten.

D2 Silas macht sich über sein zukünftiges Leben Gedanken. Da ein erweitertes Gerundium und ein attributives Gerundiv gleich übersetzt werden können, stehen die erweiterten Gerundien z. T. in Klammern dabei. Übersetze.

1. „Mihi est spes vitae beatae agendae (spes vitam beatam agendi). **2.** Consilium magnae gloriae petendae (consilium magnam gloriam petendi) cepi. **3.** Ad corpus exercendum paratus sum. ▷ **4.** Athletis (!) vincendis (athletas vincendo) laudem appetam. ► **5.** Bilde das erweiterte Gerundium: Sed cupidus praemiorum accipiendorum non sum.“

INHALT

GRUNDWISSEN

Lebensweisheit im Mythos

Du hast bereits viele **Mythen** kennengelernt. Mit ihrer Hilfe erklärten sich die Menschen der Antike, **wie die Welt funktioniert**, etwa den regelmäßigen Lauf der Sterne, aber auch Naturkatastrophen. Auch als die Naturphilosophen die Welt rational erklärten (→ S. 14) und Philosophen wie Xenophanes die anthropomorphe (menschengestaltige) Gottesvorstellung ganz ablehnten, behielten die Mythen dennoch ihre Bedeutung, da sie auch **menschliche Verhaltensweisen** vorführten, anhand derer man über sein eigenes Verhalten nachdenken konnte.

Ein solcher Mythos ist der von Iason und Medea, den der Dichter **Euripides** (480 – 406 v. Chr.) in einer Tragödie auf die Theaterbühne brachte.

Iason und Medea auf der Flucht. Holzstich aus dem 19. Jh.

Die Vorgeschichte:

Iason wurde vom König Thessaliens beauftragt, das von einem Drachen bewachte **Goldene Vlies**, das Fell eines Widders, der einst sprechen und fliegen konnte, aus Kolchis zu holen. Dort verliebte sich **Medea**, die Tochter des Königs, dem das Vlies gehörte, in Iason. Sie überlistete ihren Vater und half Iason, das Vlies zu stehlen. Dann flohen beide. Später allerdings verließ Iason Medea, um König werden zu können (→ S. 27). Dieser Mythos thematisiert die Konsequenzen von Untreue und lädt ein, über Rache nachzudenken. Außerdem bietet er eine kritische Sicht auf die Stellung der Frauen in der Antike.

SPRACHE

1 Partizipien unterscheiden

Gib an, ob das Partizip Gleichzeitigkeit oder Vorzeitigkeit ausdrückt. Ergänze jeweils ein Bezugswort zum Partizip und übersetze.

amore mulieris captus ▪ virum sequens ▪ verbis meis commota ▪ in patria relictus ▪ liberos tollens ▪ libidine motus

2 Verben: Futurformen

Wähle die Futurformen aus und übersetze sie. Achtung: Manche Formen sind doppeldeutig.

accedes ▪ probes ▪ audies ▪ ducam ▪ faciam ▪ estis ▪ afferetur ▪ relinquas ▪ peream

3 quod: Verwendung und Bedeutung

Unterscheide bei der Übersetzung die Verwendungsweise und Bedeutung von **quod**.

1. Facinus huius viri pessimi me movit. Quod crudele erat. **2.** Quod fecisti, patri dolorem attulit. **3.** Quod facinus tuum non probo, te relinquam. **4.** Crudele est, quod me prodidisti.

Medea – gedemütigt und verlassen

Nachdem Iason mit seinen Argonauten (Argonautae, ārum) viele Abenteuer bestanden hatte, kehrte er gemeinsam mit Medea nach Thessalien zurück. Dort musste er erkennen, dass er die Königswürde, für die er die gefährlichen Fahrten riskiert hatte, nicht erhalten würde. So floh er mit Medea nach Korinth, wo Kreon (Creōn, ontis) herrschte.

Decem annos Iason et Medea beati ibi vivebant. Neque quisquam dubitavit, quin umquam vir beatior esset Iasone. Cui enim e Medea duo filii nati sunt.

At cursu temporum Iason amore alterius mulieris captus est, quae pulchrior fuit Medea. Illa mulier erat Glauca[1], filia Creontis regis. Quam Iason uxorem ducere studuit. Medea autem consilium Iasonis non animadvertit.

Iason filiae petendae causa ad Creontem accessit. Postquam regi persuasit, ad Medeam rediit: „Non libidine motus alteram mulierem uxorem ducam; sed sortem meam sequens filiam regis petere debeo. Itaque te oro: Ne me retinueris!"

Medea his verbis maxime commota respondit: „Quod facis, neque aequum neque rectum est. Quod a te ‚sors' nominatur, pessimum est facinus – immo erit initium calamitatis non ferendae. Non nescis labores tuos semper multo minores fuisse quam meos: Sine me Argonautae, quibus praefuisti, in pelle inaurata[2] eripienda perissent. Cum in tali periculo iniuriis quoque opus esset, patrem patriamque prodidi. Sivi te consilium fratris mei carissimi interficiendi cepisse. Quo maius erat periculum tuum, eo maior erat fides mea. Cur haec omnia haud respicis? Qualis homo es? Etiam crudelius est, quod liberis non consulis. Num tali modo virtutem tuam ostendere soles? Equidem non permittam te pueros mihi subducere, quos peperi atque alui."

Quibus verbis dictis Medea dexteram tollens clamavit: „Nemini mortalium umquam acrior dolor afferetur quam Iasoni. O inferi, audite preces meas!"

1 Glauca Glauke

2 pellis inaurāta, pellis inaurātae *f* das goldene Fell (Vlies)

John William Waterhouse: Medea. Um 1906.

1. Paraphrasiere den Handlungsverlauf; nutze dazu die Absätze, die Abfolge der Namen und die Zuordnung der wörtlichen Reden zu den Sprechern.
2. Erfasse aus den wörtlichen Reden die Absicht der jeweiligen Sprecher.
3. Suche für die folgenden Ausdrücke eine treffende Übersetzung: **filii nati sunt – amore captus est – filiae petendae causa – initium calamitatis non ferendae – iniuriis opus est – virtutem ostendere – dexteram (manum) tollens.**
4. Medea fragt Iason: **„Qualis homo es?"** (Z. 19) – Belege, dass Iason gegen antike Wertvorstellungen verstößt. Ermittle aus dem Text die entsprechenden lateinischen Schlüsselbegriffe.
5. Erkläre, worauf Medea in den Zeilen 12 – 18 anspielt. Nutze dazu den Text auf S. 26 oben und recherchiere ggf. im Internet die Geschichte von Iason und den Argonauten.

INHALT

Wissen vernetzen

1. Bis heute greifen Schriftsteller, Regisseure und Maler den Medea-Mythos auf oder bringen ihn neu auf die Bühne. Beschreibe die auf S. 27 – 29 abgebildeten Rezeptionsdokumente und arbeite heraus, welcher Aspekt des Mythos jeweils besonders hervorgehoben wird.
2. In Euripides' Tragödie kommt Iason zu Medea, nachdem er bereits die Tochter des Königs von Korinth geheiratet hat. Euripides legt ihm Folgendes in den Mund:

   Du rühmst dich sehr deiner Leistungen; doch Eros zwang dich mit seinen unentrinnbaren Pfeilen, mich zu retten. Außerdem bewohnst du nun Griechenland anstelle deiner barbarischen Heimat. Auch meine Hochzeit ist gut für dich und deine Kinder: So können sie vornehm … aufwachsen. Nicht wegen einer neuen Frau heiratete ich ins Königshaus ein, sondern weil ich dich retten wollte!

   Nimm Stellung dazu, ob Iason Medea mit diesen Sätzen beruhigen kann.
3. Die Themen im Medea-Mythos sind zeitlos: Treue, Verrat, Liebe, Rache. Gib die Rede der Medea (→ S. 27, Z. 9 – 22) in einem ausdrucksstarken Vortrag wieder, der diese Aspekte deutlich macht. Stelle Bezüge zu einer modernen Fernsehserie oder einem modernen Film her.

Sarkophagrelief mit Szenen des Medea-Mythos. 2. Jh. n. Chr.

SPRACHE

Deutsch ist anders

Umschreibung des Superlativs

BEISPIEL:	BEACHTE:
Homines Iasonem **beatissimum** putabant. Die Menschen hielten Iason für **überglücklich**.	Echte Superlative kommen im Deutschen seltener vor als im Lateinischen. Oft werden Superlative umschrieben (z. B. „furchtbar heiß", „riesig groß", „unglaublich gut", „megastark", „stinklangweilig"). Gerade die gesprochene Sprache ist hier „superkreativ".

Übersetze:

1. Vita Medeae miserrima erat. **2.** Iasonem enim facinus crudelissimum committere censebat. **3.** Medea ad Iasonem: „Praemium pessimum mihi reddis." **4.** Medea Iasoni dolorem acerrimum afferre cupivit.

Rache bis zum Äußersten

Iason hat Medea verlassen und die schöne Königstochter Glauke (Glauca) geheiratet. Unter dem Vorwand, sich mit Iason und seiner neuen Frau versöhnen zu wollen, ließ Medea prächtige Gewänder an Glauke schicken. Doch: Medea hatte die Kleider verzaubert. Sobald Glauke sie anzog, verbrannte sie bei lebendigem Leib.

Glaucā mortuā tamen Medea ad iram retinendam parata non fuit. Maior enim erat libido Iasonem perdendi. Denique ad filios suos accessit secum loquens: „Cur quereris, Medea? Ne dubitaveris crudelissimum facinus conficere! Ne respexeris te matrem esse! Tanta pertulisti. Nunc est tempus ulciscendi[1]." Quibus verbis dictis Medea gladium dextera manu cepit et filios interfecit. „Hoc est praemium tuum, Iason."
Iason, postquam cursu celerrimo ad pueros venit, eos mortuos in terra iacentes conspexit. Tum eodem gladio usus vitae suae sua manu finem fecit. Namque haec caedes fuit maxima calamitas, quam homo umquam viderat.

1 ulcīscī sich rächen

Medea aber war auf einem von Drachen gezogenen Wagen durch die Lüfte entschwunden.

Eugène Delacroix: Die rasende Medea. 1838.

1. Gib die Sinnrichtung der beiden Ablativi absoluti des Textes (Z. 1, 5) an und begründe sie aus dem Kontext. 2 ★
2. Übersetze die drei nd-Konstruktionen, die im Text vorkommen, möglichst elegant. 3 ★
3. Gib für zwei Steigerungsformen aus dem Text an, ob es sich um echte Vergleiche oder um Hervorhebungen handelt. 2 ★
4. Arbeite die Begriffe heraus, mit denen Medeas Gefühle zu Iason beschrieben werden. 3 ★
5. Erläutere die Funktion von Medeas Selbstgespräch (Z. 2 – 5). 3 ★
6. Erkläre Medeas Satz **„Hoc est praemium tuum, Iason."** 2 ★
7. Arbeite aus dem Text zwei mögliche Gründe für Iasons Selbstmord heraus. 2 ★
8. Stelle Erkenntnisse zusammen, die Besucher einer antiken Medea-Aufführung mit nach Hause nehmen konnten. 3 ★

Der Philosoph als Hebamme

A In der Palästra eines Athener Gymnasions trifft der Philosoph Sokrates (Sōcratēs, is) auf den jungen Mathematiker Theaitetos (Theaetetus). Dieser ist ein vielversprechender junger Mann, geradezu ein Star auf seinem Gebiet – ihn verwickelt Sokrates in ein philosophisches Gespräch über das Wissen (scientia).

SOCRATES: Scio, amice, te multum scire. Plus scis quam alii iuvenes. Dic mihi igitur, quid sit ipsa scientia.

THEAETETUS: Diligenter de hac re cogitavi. Qua de re diligentius cogitavi quam de omnibus aliis rebus. Quamquam diligentissime cogitavi, tamen dicere non possum, quid sit ipsa scientia. Ea de re cogitare desinere non possum.

SOCRATES: Partu laboras *(du leidest an Geburtswehen)*, Theaetete!

B Ein junger Mann, der in den Wehen liegt? – Kein Wunder, dass die Athener Sokrates für einen Spinner halten! Sokrates aber, der Sohn einer Hebamme (obstetrīx, īcis), bleibt dabei.

SOCRATES: Utinam scias me esse filium obstetricis!

THEAETETUS: Scio quidem. Sed ...

SOCRATES: Utinam audiveris me artis eiusdem peritum esse!

THEAETETUS: Socrates, cur me rides?

SOCRATES: Te non rideo. Utinam diligentius studeres!

THEAETETUS: Utinam tu me audivisses! Non partu laboro (*s. o.*), sed scire volo.

SOCRATES: Audi! Femina, cum puer nascitur, clamat: Veniat obstetrix! Nunc ego tibi adesse volo. Incipiamus ergo!

C Skeptisch und ratlos zugleich blickt Theaitetos zu Sokrates.

SOCRATES: Hoc exponendum est: Obstetrix feminam iuvat; nam femina iuvanda est. Etiam salus pueri probanda est. Nunc ego munus obstetricis suscipiam: Mihi mens tua iuvanda est. Praeterea mihi rationes tuae probandae sunt.

THEAETETUS: Recte. Sed ...

SOCRATES: Audi: Puer in corpore matris iam vivit. Auxilio obstetricis puer e corpore matris in lucem ducendus est. Item scientia in te iam est. Mihi id studendum est, ut scientia e te ducatur.

A Beschreibe die Bildung der Steigerungsformen zum Adverb und übersetze **A**.

B Die Konjunktivformen in Z. 1 – 6 sind Optative, sie drücken Wünsche aus.

1. Die Wünsche in Z. 1 und 3 können nach Meinung des Sprechers (Sokrates) in Erfüllung gehen. Erschließe eine passende Übersetzung für **utinam** mit Konjunktiv in diesen Wunschsätzen; beachte auch das Tempus.
2. Die Konjunktive in Z. 5 – 6 kannst du wörtlich übersetzen; **utinam** musst du hier allerdings anders wiedergeben (vgl. Lernwortschatz 28).

A1 Positiv → Komparativ → Superlativ. Bilde die fehlenden Adverbformen und übersetze.

1. diligenter → ? → diligentissime **2.** vehementer → vehementius → ? **3.** fortiter → fortius → ? **4.** honeste → honestius → ? ▷ **5.** pulchre → ? → pulcherrime **6.** crudeliter → crudelius → ? ► **7.** multum → ? → plurimum ▷ T

A2 Platon, ein Schüler des Sokrates, ist von seinem Lehrer begeistert. Bilde zum Adverb den Komparativ bzw. den Superlativ und übersetze.

1. Socrates de omnibus rebus (diligenter) cogitat quam ceteri. **2.** Socrates quidem non (celeriter) currit quam alii; at (sapienter) loquitur. **3.** (Facile) magnam gloriam accipit. ▷ **4.** Semper Socrates rationi (vehementer) studet. ► **5.** Quo difficiliores res sunt, eo (acriter et fortiter) Socrates studet.

B1 Sokrates' Wünsche. Übersetze.

1. Utinam omnes homines sciant se nihil scire! **2.** Utinam Theaetetus mihi crederet! **3.** Utinam omnes adulescentes docuissem! ▷ **4.** Utinam omnes se ipsos cognoscant! **5.** Utinam ne homines mortem metuerent! ► **6.** Vellem omnes cognoscerent melius (*besser*) esse iniuriam sustinere quam iniuriam facere! ▷ T

B2 Was will Sokrates? Hortativ oder Jussiv? Entscheide und übersetze.

1. Amici, de virtute loquamur! **2.** Liberi simus a metu! **3.** Dei nobis auxilio veniant! ▷ **4.** Theaetete, semper deos immortales colamus! **5.** Omnes homines bono animo sint! ► **6.** Sententiae omnium honestorum audiantur! ▷ T

C1 Wer muss was machen? Bilde zu den Nomina in Klammern den Dativ und übersetze.

1. (Sapiens) multa exponenda sunt. **2.** (Adulescentes) de virtute loquendum est. **3.** (Vos) superbia neglegenda est. ▷ **4.** (Philosophi) de vita beata cogitandum est. ► **5.** Socrates dixit (homines) mortem metuendam non esse.

C2 Sokrates und seine Ehefrau Xanthippe. Übersetze.

1. Multae res de Socratis coniuge narrantur; neque vero cunctis credendum est. **2.** Socrates, postquam cum coniuge vehementissime disputavit (*streiten*), ante domum sedit et cogitavit: **3.** „Utinam ne verba mala fecissem!" **4.** Subito uxor ira capta eum lotio (*mit Urin*) perfudit (*übergießen*) clamans: ▷ **5.** „Mihi acerrime in te consulendum est." ► **6.** Hominibus, qui aderant, ridentibus Socrates quoque ridebat dicens: „Providi post tantum tonitrum (*Donner*) pluviam (*Regen*) sequi." ▷ T

Luca Penni (1500 – 1556): Sokrates und Xanthippe.

INHALT

GRUNDWISSEN

Ein lästiger Zeitgenosse

Anders als die vorsokratischen Naturphilosophen stellte der athenische Philosoph **Sokrates** (469–399 v. Chr.) die Frage, wie sich Menschen verhalten sollten, beschäftigte sich also mit der **Ethik**. Von seinen Vorgängern unterschied er sich auch darin, dass er keine Lehren verkündete oder aufschrieb, sondern die Menschen in **Gespräche** verwickelte, in denen er die Überzeugung seiner Mitmenschen so lange in Frage stellte, bis diese nicht mehr weiterwussten; diesen Zustand bezeichnet man als Aporie. Dies tat Sokrates aber nicht, weil er seine Mitbürger blamieren wollte oder weil er dachte, es gebe kein richtiges Verhalten. Nach Sokrates' Überzeugung besitzt jeder Mensch wahres Wissen über das richtige Verhalten; nur ist dieses von Scheinwissen überlagert, von dem sich die Menschen leiten lassen. Erst wenn dieses widerlegt wird, kann das wahre Wissen ans Tageslicht kommen. Da sich Sokrates nicht als Lehrer, sondern als Helfer verstand, verglich er seine Tätigkeit mit der Hebammenkunst (der **Maieutik**), mit deren Hilfe Frauen ihre Kinder bekamen. Die Mitbürger fühlten sich durch die Gespräche mit Sokrates allerdings oft bloßgestellt; so verwundert es nicht, dass er in Athen angeklagt und zum Tod verurteilt wurde.

Jacques-Louis David: Der Tod des Sokrates. 1787.

SPRACHE

1 Partizipien und nd-Formen

Ordne die folgenden Formen danach, ob es sich um ein Partizip Präsens Aktiv, ein Partizip Perfekt Passiv oder ein Gerundium / Gerundivum handelt.

servando ▪ servato ▪ viventes ▪ commotus ▪ sentiente ▪ timendi ▪ ridenti

2 Partizipialformen: Wiedergabe

Übersetze folgende Redeeinleitungen (wörtlich und mit einer weiteren Möglichkeit):

1. Filii dixerunt flentes: ... **2.** Amicus dixit ira commotus: ... **3.** Amici dixerunt querentes: ... **4.** Uxor dixerat ridens: ... **5.** Filius adiit dicens: ...

3 Relativsätze und indirekte Fragesätze

Übersetze die Mahnungen des Sokrates.

1. Respice eos, qui iusti sunt! **2.** Ne respexeris, quid alii sentiant! **3.** Eos, qui adsunt, lacrimis commoveri nolo. **4.** Semper respice, quid leges velint!

Sokrates bleibt konsequent

Sokrates wurde wegen seines angeblich schlechten Einflusses auf die Jugend und wegen Gottlosigkeit zum Tode verurteilt (→ S. 32 oben). Kurz bevor er den tödlichen Schierlingsbecher (vgl. Angabe 1) trinken muss, kommen seine Familie und einige Freunde ins Gefängnis, um noch einmal mit ihm zu sprechen.

Ultima vitae hora uxor infelix et filii multis cum lacrimis Socratem adierunt querentes: „Gravissime ferimus te capitis damnatum esse, quamquam abes ab omni culpa.“
SOCRATES ridens: „Mavultisne me in culpa esse, priusquam e vita cedam?“
Statim uxor vehementissime commota: „Quin potius supplex dixisti in actione? Cur tamquam magister iudicum egisti? Utinam ne iram iudicum sermone levi movisses! Nunc familiam tuam respicias! Fugiamus e custodia quam celerrime! Pecunia accepta vigiliae te liberabunt.“
SOCRATES: „Iudicio parendum est. Audiatis, quid sentiam: Omnibus, qui in civitate fructum libertatis consequuntur, leges quoque civitatis servandae sunt. In civitate vivere nolo, in qua iudicia nihil valent.“
Socrates, cum uxorem filiosque acrius flentes educi iussisset, ad amicos: „Qui adhuc adsunt, laetius mecum loquantur – tamquam in convivio! Mors enim nihil aliud est nisi iter in alium quendam locum, ubi sunt illi, qui iuste vixerunt.“
AMICI: „Socrates, nonne mors nobis metuenda est?“
SOCRATES: „Minime, nam anima nostra post mortem a corpore divisa tandem libera est. Anima enim neque nata neque mortalis est. Quare mortem ne timeamus!“
Tunc senex cicutam[1] bibit laeto vultu dicens: „Nunc est tempus abeundi, mihi ad mortem, vobis ad vitam. Quid autem melius sit, res est incerta. Quae res hominibus latet; nemini nota est praeter deos immortales.“

1 cicūta der Schierling (Pflanze, aus der starkes Nervengift gewonnen wird)

1. Gliedere den Text mit Hilfe zentraler Begriffe nach Gesprächspartnern und Gesprächsthemen.
2. Beschreibe mit Hilfe des Einleitungstextes und des Bildes auf S. 32 die Stimmung der Personen beim Besuch im Gefängnis.
3. Arbeite bei der Übersetzung für **Socrates ridens** und **uxor vehementissime commota** (Z. 3/4) die Stimmung der Szene durch eine freiere Wiedergabe treffend heraus.
4. (PA) Arbeite möglichst genau heraus,
(Partner A) worin Sokrates' konsequentes Verhalten besteht (vgl. auch S. 32 oben) oder
(Partner B) welche Vorstellung Sokrates vom Tod hat.
Belege deine Lösung mit Textstellen.
Stellt euch die Ergebnisse gegenseitig vor und nehmt Stellung zu Sokrates' Position.

Marmorbüste des Sokrates.

INHALT

Wissen vernetzen

1. Auch heute werden zu wichtigen Entscheidungen lange Gespräche zwischen Politikern, Wissenschaftlern und den betroffenen Menschen geführt. Erläutere den Zusammenhang dieser Praxis mit der Staatsform Demokratie.
2. (PA) Gebt Sokrates' Haltung zu den Gesetzen seiner Heimatstadt wieder. Diskutiert dann, wie ihr sein im Lektionstext beschriebenes Verhalten beurteilt. Stellt auch Überlegungen dazu an, ob und wie die Haltung des Sokrates zu einer gerechten Gesellschaft beitragen könnte.
3. Der römische Schriftsteller, Politiker und Philosoph Cicero (→ S. 36) charakterisierte Sokrates' Philosophie im Gegensatz zur vorsokratischen folgendermaßen: „Sokrates rief als Erster die Philosophie vom Himmel herab, siedelte sie in den Städten an und zwang dazu, Fragen über das Leben, die Sitten, das Gute und das Schlechte zu stellen." Erläutere dieses Zitat.

Ein philosophisches Gespräch. Sarkophagrelief aus dem 1. Jh. n. Chr.

SPRACHE

1 Deutsch ist anders

Aufforderungen und Wünsche an die 3. Person formulieren

BEISPIEL:	BEACHTE:
Cives leges servent! Die Bürger sollen die Gesetze beachten! Amicus legibus pareat! Der Freund soll den Gesetzen gehorchen! Hoffentlich gehorcht der Freund den Gesetzen!	Im heutigen Deutsch verwendet man den Konjunktiv I als Modus der Aufforderung eigentlich nur noch in festen Wendungen wie „Gott sei Dank!". Meist wird der lateinische Konjunktiv Präsens deshalb umschrieben mit „sollen" + Infinitiv oder durch „hoffentlich" + Indikativ.

Übersetze:

1. Socrates: (Utinam) uxor salva sit! **2.** Etiam amici leges sequantur! **3.** Vir bonus legibus pareat et liberis consulat! **4.** Lex moneat, non doceat!

2 Wortarten unterscheiden

Bestimme die Wortart der unterstrichenen Formen und übersetze.

1. Amici mortem Socratis <u>graviter</u> tulerunt. **2.** Quod uxor eius <u>gravissime</u> tulit. **3.** Amici non putaverunt Socratem <u>capitis</u> damnari. **4.** Amici <u>ultimā</u> horā Socratem adierunt. **5.** Socrates in actione <u>suppliciter</u> locutus non est. **6.** Cicutam (*Schierling*) <u>laetus</u> bibit. **7.** Post mortem amici Socratem <u>vehementissime</u> desiderabant.

Epikur und das glückliche Leben

Aulus (A) und Bassus (B), zwei junge Römer, studieren seit kurzer Zeit in Athen Philosophie und diskutieren regelmäßig über philosophische Themen – diesmal über die Vorstellungen des griechischen Philosophen Epikur (Epicūrus) vom glücklichen Leben.

A: Epicurus hominibus novam viam bene vivendi ostendit; voluptatem enim summum bonum vitae beatae esse contendit.

B: Sed quid est voluptas? Estne luxuria[1] ciborum aut vestium? An Epicurus vult nos omnes celeriter multum pecuniae et potentiae petere?

A: Quod Epicurus certe negavisset. Immo de voluptate haec docet: Dolorem corporis et perturbationem[2] animi vitare debemus. Itaque haec consilia nobis dat: Ne rebus publicis studueritis! Sic curas vitabitis et in otio vivetis. Ne deos timueritis! Nam superi vitam beatissimam in caelo agunt; neque hominibus auxilio veniunt neque poenas eis decernunt.

Vivite more deorum immortalium! Loquimini bene ac libere cum amicis! Ne questi sitis sortem vestram! Nolite plus cupere quam satis est! Ita in summa libertate et otio vivetis – ut dei.

B: Sed quid de maioribus malis dicit velut de morte?

A: Epicurus timorem doloris et mortis abstulit dicens: Quo gravior est dolor, eo brevior est; longus ergo dolor gravis non est. Dum vivimus, mors non adest. Si mors aderit, nos non iam erimus.

B: Iam intellego nullam rationem vitam agendi dulciorem esse.

1 luxuria: *vgl. Fw.*

2 perturbātiō, ōnis die Verwirrung

1. Erschließe mit Hilfe der Überschrift und des deutschen Einleitungstextes den Inhalt des Abschnitts, in dem gehäuft Imperative und Prohibitive vorkommen (Z. 7 – 12).
2. Gib die Gerundien aus dem Text an; bestimme jeweils den Kasus und nenne das Bezugswort.
3. Vergleiche die gängige Vorstellung von **voluptas**, wie sie auch die gelernten Bedeutungen nahelegen, mit der Definition Epikurs; vgl. dazu auch S. 38.
4. Erschließe aus dem Text die Gottesvorstellung Epikurs. Erkläre, wie Epikur versucht, den Menschen die Furcht vor dem Tod zu nehmen.
5. Die im Comic beschriebene „eigene Philosophie" (→ Abb.) gleicht einer Textstelle. Gib diese an und diskutiere mit deinem Partner, ob Epikur dieselbe Philosophie vertritt.

TEXT 1

★ Cicero über den perfekten Politiker

Epikur empfiehlt ein Leben im otium, fern der Politik (→ S. 35), um glücklich zu sein; ganz anders hält der Redner und Schriftsteller Cicero die Tätigkeit als Staatsmann für selbstverständlich. Freilich stellt er hohe Ansprüche an den idealen Politiker:

Semper putabam rem publicam optimis civibus regendam esse. Postulo, ut magna ingenia multaeque virtutes eis sint: Primum habeant bonos mores, deinde scientiam[1] multarum rerum studiumque nova discendi[2], tum voluntatem summis viribus saluti rei publicae providendi!

Illi viri non solum ius optime sciant! Etiam historia populi Romani aliarumque gentium eis nota esse debet. Quod quidem satis non est: Viris egregiis, qui principes potius nominantur, etiam gravissimae partes philosophiae perspiciendae sunt. Praeterea arti bene dicendi studeant! Nisi enim oratione dulci populum, senatum, nobiles movere potuerint neve didicerint[2] verbis et ad rem et ad audientes idoneis uti, rem publicam optime regere non poterunt.

Nulla civitas melior maiorque est civitate Romana. Utinam omnes cives intellegerent rem publicam nostram labore, fide, concordia[3] omnium servandam esse!

1 scientia die Kenntnis

2 discere, discō, didicī lernen

3 concordia die Eintracht

TEXT 2

★★ Seneca über Sklaven und Menschen

Der Philosoph Seneca machte in den Briefen an seinen Freund Lucilius die stoische Lehre einem weiten Kreis gebildeter Römer näher bekannt. Im folgenden Text erfahren wir Senecas Einstellung zum Umgang mit Sklaven. Seneca hatte gehört, dass Lucilius seinen Sklaven freundlich begegnet; daraufhin schreibt er:

Te laudo, quod servis tuis bene consulis. Plurimos autem homines clamare audio: „Servi sunt!“ Equidem contendo: Immo homines sunt! Nam etiam servi homines et humiles[1] amici sunt.

Multi domini cupidi sunt conviviorum, cibos egregios sumunt, vina[2] vetera bibunt. Superbe iubent: „Servi cibos afferant, bene serviant, taceant!“ Et servis infelicibus parendum est. Num domini meliores sunt quam servi? Nonne isti domini ipsi quoque servi sunt – servi libidinum?

Etiam haec vox nota est: „Tot inimicos habes quot[3] servos!“ At servi inimici non sunt; in dominos numquam animadvertunt, nisi iniuriis et poenis duris opprimuntur. Praeterea fortuna nos omnes omni tempore servos reddere potest: Quidam milites, qui laeti in pugnam inierant, victi et capti sunt; ita infelici fato servi facti sunt. Vivamus ergo cum servis clementer[4]! Ultima enim hora vitae omnes pares faciet.

1 humilis, e niedrig

2 vīnum der Wein

3 quot wie (viele)

4 clēmenter *Adv.* mild

WAS MIR VORAB HELFEN KANN

1. Ich stelle aus dem Text alle Jussive und prädikativen Gerundive zusammen und übersetze sie. Ich erschließe, welchen Charakter der Text durch diese Formen erhält.
2. Ich erschließe die Bedeutung des Begriffs **ars bene dicendi** (Z. 8) und eine im Kontext treffende Übersetzung.

WIE ICH DEN TEXT ERFASSEN KANN

3. Ich stelle aus Z. 2 – 8 die Kompetenzen zusammen, die Cicero für einen Politiker fordert.
4. Ich belege am Text Ciceros Ansicht über die herausgehobene Stellung des römischen Staates.

WO ICH WEITERDENKEN KANN

5. Ich erläutere anhand zweier Anforderungen an einen Politiker, wie Cicero diese selbst erfüllte; dazu nutze ich meine Kenntnisse aus dem Vorjahr und die Informationen auf S. 39.
6. Ich diskutiere in meiner Lerngruppe, ob die Anforderungen an einen römischen Politiker mit denen an einen modernen Politiker vergleichbar sind. Dazu stelle ich die für einen Politiker heute wünschenswerten Kompetenzen schlagwortartig auf einem Plakat zusammen.

WAS MIR VORAB HELFEN KANN

1. Ich stelle mit Hilfe eines Lexikons oder eines Geschichtsbuchs die wichtigsten Informationen über Senecas Leben und seine philosophische Haltung zusammen.

WIE ICH DEN TEXT ERFASSEN KANN

2. Ich erkläre am Text die Einstellung von Seneca und Lucilius zum Umgang mit Sklaven im Unterschied zu den anderen **domini**.
3. Ich belege an zwei Stellen des Textes, dass auch Herren als Sklaven bezeichnet bzw. selbst zu Sklaven werden können.
4. Ich erläutere am Text, unter welchen Bedingungen Sklaven zu Feinden ihrer Herren werden können.

WO ICH WEITERDENKEN KANN

5. Ich recherchiere zur antiken Vorstellung der **rota Fortunae** und erkläre so den Satz **„fortuna nos omnes omni tempore servos reddere potest“** (Z. 10).
6. Ich erkläre den letzten Satz aus der philosophischen Vorstellung der **Stoa**; dazu nutze ich die Informationen auf S. 38.

GRUNDWISSEN

Philosophie – Schule zum Glück

Nach dem Tod des Sokrates (→ S. 32) entstanden Philosophenschulen, die ihren Anhängern den Weg zu einem glücklichen Leben zeigen wollten. Eine bleibende Bedeutung erlangten seit der ersten Hälfte des 3. Jh.s v. Chr. die nach ihrem Gründer Epikur benannten **Epikureer** und die **Stoiker**, die ihren Namen von der Stoa (Säulenhalle) in Athen, in der sie sich anfangs versammelten, erhielten.

Epikur (→ S. 35) sah das größte Glück des Menschen darin, gemeinsam mit Freunden das Leben zu genießen. Bis heute wird die Lehre oft missverstanden: Epikur empfahl nicht, in Saus und Braus zu leben, sondern abzuwägen, was eine Tätigkeit zum persönlichen Wohlbefinden (voluptas) beitragen könne und wie sie diesem schade. Ein üppiges Abendessen beispielsweise bringt kurzfristiges Wohlbefinden; führt es dann aber zu Schlaflosigkeit und Bauchschmerzen, wird dieser Vorteil in einen Nachteil verkehrt. Daher empfahl Epikur ein eher bescheidenes Leben mit kleinen Genüssen ohne politische Betätigung, da diese auf Dauer Frust bringe. Er glaubte, dass die **Götter** zwar existieren, sich aber nicht um die Menschen kümmern; außerdem lehrte er, dass alles aus kleinsten Teilchen, den Atomen, bestehe, durch deren zufällige Bewegungen auch alles entstanden sei. Auch die menschliche Seele zerfalle nach dem Tod wieder in diese Atome, lebe also nicht weiter. Somit sei die Angst vor den Göttern oder dem Tod unnötig.

Die **Stoiker** glaubten, dass die Welt nach **vernünftigen Prinzipien** eingerichtet sei; daher solle der Mensch im Einklang mit seiner Vernunft (ratio) leben. Da alle Menschen die gleiche Vernunft hätten, seien sie in gewisser Weise verwandt und gleichwertig, egal ob äußere Einflüsse sie zu Männern oder Frauen, Reichen oder Armen, Sklaven oder Freien gemacht hätten. Einsatz für die Gemeinschaft und politische Betätigung waren für den Stoiker sehr wichtig. Sie lehrten, der Lauf der Welt sei durch das **Schicksal** vorherbestimmt; wer also versuche, sich gegen sein Schicksal aufzulehnen, vergeude damit nur Energie.

Auch Streben nach Reichtum und heftige emotionale Reaktionen machten die Menschen nach Ansicht der Stoiker unglücklich; so empfahlen sie, sich Ruhe und Ausgeglichenheit (tranquillitas) gegenüber äußeren Ereignissen anzutrainieren.

1. **(GA) Im Ethikunterricht geht es um die Frage, was dem Leben Sinn geben kann. Findet dazu eigene Antworten und vergleicht eure Positionen mit denen der Epikureer. Folgende Fragen können euch zur Diskussion anregen: Eine Session mit Computerspielen? Das wöchentliche Fußballtraining? Ein Besuch bei Verwandten im Altersheim? Eine Party mit Freunden?**

Naturphilosophen (Vorsokratiker): Beobachtung und Erklärung der Natur

Sokratische Wende: Verhalten des Menschen im Zentrum

um 550 v. Chr.

469 – 399 v. Chr.

Griechische Philosophie bei den Römern

Die Römer waren zunächst skeptisch gegenüber der griechischen Philosophie. Im Laufe der Zeit verstanden aber immer mehr Menschen ihren Wert. Wer es sich leisten konnte, wie etwa Cicero, verbrachte auch einige Zeit in Griechenland, um dort die griechische Philosophie zu studieren.

1. Erläutere, warum die stoische Philosophie für politisch engagierte Römer attraktiv war.

Cicero studierte an der Akademie, der Philosophenschule des Sokrates-Schülers Platon, wo die Studenten trainiert wurden, in der Tradition des Sokrates falsche Meinungen im Gespräch zu widerlegen. Cicero übernahm diese Praxis und verfasste seine philosophischen Werke oft als **Dialoge**, in denen die Ansichten verschiedener Philosophen vorgetragen und gegeneinander abgewogen wurden (→ S. 36 oben).

Zu Ciceros großen Leistungen gehört es auch, dass er in seinen philosophischen Werken passende lateinische Übersetzungen für die griechischen Fachbegriffe prägte und die lateinische Sprache so erst für komplexe Themen geeignet machte.

Der Philosoph **Seneca** lebte zur Zeit des Kaisers Nero (vgl. S. 54), dessen Erzieher er zeitweise war. Er war Anhänger der **stoischen Lehre**, die er in Briefen, aber auch in Tragödien thematisierte. Zu seinen Verdiensten gehört es, philosophische Themen einfach und an Beispielen aus der Lebenspraxis darzustellen, sodass die stoische Philosophie einem großen Personenkreis bekannt wurde (→ S. 36 unten).

Traditionelle römische Wertbegriffe bekamen durch die Beschäftigung mit der Philosophie neue Bedeutungen. So bezeichnete der Begriff virtus ursprünglich Durchhaltevermögen, Leistungsfähigkeit und militärische Tapferkeit. Als Cicero die Lehren der griechischen Philosophen ins Lateinische übertrug, bezeichnete er mit diesem Begriff einen vortrefflichen Lebenswandel.

2. Erläutere die Illustrationen zur Geschichte der antiken Philosophie. Nutze dazu die Informationen auf den Seiten 14 und 32 sowie auf dieser Doppelseite.

Schulen der Lebensführung

Vermittlung der griechischen Philosophie an die Römer

ca. 400 – 100 v. Chr.

1. Jh. v. Chr. / 1. Jh. n. Chr.

TEXT 1

★ Der Hund und das Fleisch

Die beiden folgenden Fabeln sind schon beim griechischen Fabeldichter Äsop (→ S. 42) überliefert, sie wurden auch von Phädrus (→ S. 42) bearbeitet und dann in der Weltliteratur unzählige Male verwendet, umgeschrieben oder in neue Zusammenhänge gesetzt.

- 1 canis, is *m* der Hund
- 2 carō, carnis *f* ein Stück Fleisch
- 3 natāre schwimmen

Nonnulli canes[1] in forum ad pugnandum convenerant. Praemium caro[2] erat. Unus e canibus[1] fortior erat ceteris. Qui, postquam ceteros pugnando vicit, victoria laetus et contentus carnem[2] ex urbe tulit et viam sequens flumen petivit.

Nunc opus erat flumen transire. Canis[1] in flumen iit et carnem[2] ferens membris ad natandum[3] usus est. Dum igitur per flumen natat[3], in aqua simulacrum suum vidit. Cum aliam carnem[2] ab altero cane[1] ferri putaret, statim cupidus erat huius carnis[2] eripiendae. Sic cibus in aquam cecidit et statim defuit; neque cibum, quem cupiebat, attingere potuit.

Fabula docet: „Is recte et iure suum amittit, qui alienum appetit.“

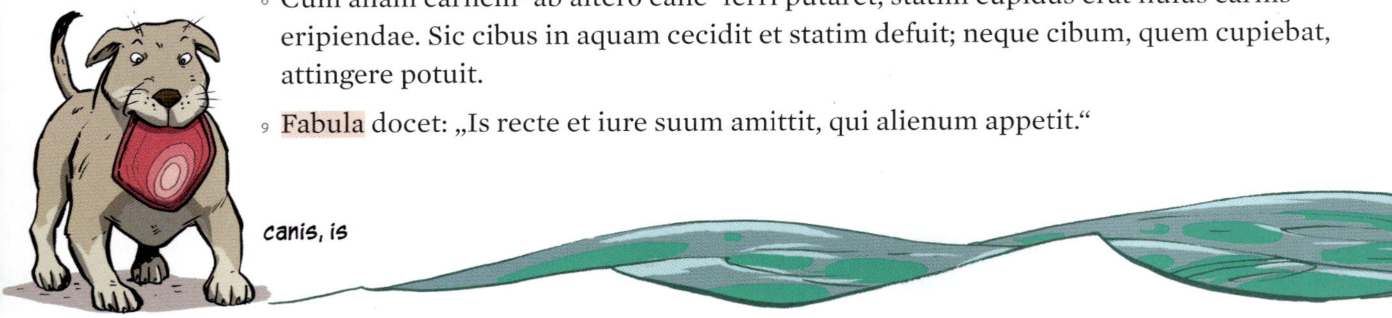

TEXT 2

★★ Der Fuchs und der Rabe

- 1 comesse essen
- 2 avis, is *f* der Vogel
- 3 stultus der Dummkopf
- 4 ōs, ōris *n* der Mund, das Maul

Qui se laudari verbis dulcibus gaudet, is postea dolum perspicit. Ne neglexeritis id, quod corvo evenit!

Cum corvus caseum de fenestra captum in arbore alta sedens comesse[1] vellet, vulpes hunc vidit.

Deinde vulpes sic loqui coepit: „Corve, tu pulchrior omnibus avibus[2] es, tu celerior plurimis equis es, tu fortior etiam leonibus es! Certe pulcherrimus, celerrimus, fortissimus omnium es. Non dubito, quin etiam carminibus ceteris avibus[2] praestes. Si vocem haberes, nulla avis[2] te vinceret.“

At ille stultus[3], dum vocem ostendere vult, caseum ex ore[4] dimisit. Quem dolosa vulpes statim cepit. Tum demum corvus dolo vulpis cognito magna voce querebatur.

WAS MIR VORAB HELFEN KANN

1. Im Text kommen vier nd-Formen vor. Ich ermittle jeweils, ob ein Gerundium oder ein Gerundivum vorliegt, und bestimme anschließend den Kasus.
2. Ich erschließe aus dem Kontext, welche Bedeutung das Wort **simulacrum** (Z. 5) hier hat.

WIE ICH DEN TEXT ERFASSEN KANN

3. Ich paraphrasiere mit eigenen Worten den Inhalt der Fabel (ohne die letzte Zeile).
4. Ich belege am Text die Eigenschaft des Hundes, die zum Verlust seiner Beute führt.
5. Ich stelle lateinische Wörter zusammen, die für die Handlung Schlüsselwörter sind.

WO ICH WEITERDENKEN KANN

6. Ich erläutere die „Lehre", die am Schluss der Fabel vom Dichter formuliert wurde (→ S. 42), und beschreibe dazu eine passende Situation aus meinem Erfahrungsbereich.
7. Ich entwickle eine eigene Fabel mit einem anderen Tier, die eine ähnliche Moral aufweist. Dazu gestalte ich eine passende Illustration.

WAS MIR VORAB HELFEN KANN

1. Ich erschließe die Bedeutungen der Wörter **caseus** und **dolosus**. Dabei hilft mir das deutsche Lehnwort von **caseus** und die Ableitung des Adjektivs **dolosus, a, um** vom Substantiv **dolus**.
2. Ich nutze die Abbildungen, um den Inhalt der Fabel vorab zu erfassen.

WIE ICH DEN TEXT ERFASSEN KANN

3. Ich bestimme zuerst die Subjekte und Prädikate im dritten Satz der Fabel und beziehe dann die beiden Partizipien **captum** und **sedens** richtig ein.
4. Ich erkläre die Wirkung der Komparative in der Rede des Fuchses (Z. 7 – 11).

WO ICH WEITERDENKEN KANN

5. Der Dichter hat im ersten Satz eine Erklärung zur Deutung der Fabel geliefert. Ich interpretiere die Fabel, indem ich die Aussage dieser „Moral" anhand der Geschichte aufzeige (→ S. 42).
6. Ich recherchiere im Internet oder in der Schulbibliothek zu einer modernen Nachdichtung oder Bearbeitung dieser Fabel und stelle sie (auch im Unterschied zum antiken Vorbild) in einer kurzen digitalen Präsentation vor.

GRUNDWISSEN

Die Fabel – Lebensweisheit in prägnanter Form

Nicht nur die Philosophen gaben Lebensweisheit weiter. Eine andere Form, die den Menschen einen Spiegel ihres Verhaltens vorhielt und sie so zum Nachdenken über ihr Leben anregte, waren **Fabeln**, kurze Erzählungen, in denen eine bestimmte Charaktereigenschaft jemandem oft einen Nachteil bringt. Hauptsächlich treten **Tiere** auf, aber auch Menschen, Pflanzen, leblose Dinge oder Gottheiten können vorkommen. Sie alle sind keine Individuen, sondern werden als **Typen** dargestellt. Oft beschränkt sich die Erzählung auf zwei Akteure, die gegensätzliche Eigenschaften aufweisen.

Fabeln bestehen meist aus einer **Einleitung**, einer **Handlung** und einem **Ergebnis**. Oft kommen **Dialoge** vor, am Anfang oder am Ende fasst ein Spruch häufig die **Moral der Geschichte** (fabula docet) zusammen.

Bereits im 2. Jahrtausend vor Christus verwendeten die Sumerer in Mesopotamien Fabeln als belehrende Texte für den Unterricht. Als der berühmteste griechische Fabeldichter gilt **Äsop**.

Hauptvertreter der römischen Fabel ist **Phädrus**, der auch viele Fabeln Äsops bearbeitete. Er kam als griechischer Sklave nach Rom und verfasste seine Fabeln in der ersten Hälfte des 1. Jh.s n. Chr. Seine teils nacherzählten, teils neu erfundenen Fabeln blieben bis in die Gegenwart beliebt und dienten zahlreichen Schriftstellern, etwa dem Franzosen Jean de **La Fontaine** (17. Jh.) und dem deutschen Dichter Gotthold Ephraim **Lessing** (18. Jh.), sowie Malern als Vorlage. Auch in anderen Kulturkreisen sind Fabeln beliebt; so diente etwa die arabische Sammlung Kalīla wa Dimna bis vor wenigen Jahrzehnten in den Schulen Afghanistans dazu, die Kinder lesen zu lehren.

1. **Arbeite aus dem Infotext Merkmale der Textsorte Fabel heraus und weise diese an den Texten auf S. 40 nach.**

2. **Erschließe, welche Fabel auf der Abbildung rechts dargestellt ist, und weise sie einer der im Text erwähnten Fabelsammlungen zu.**

Buchillustration aus dem 13. Jh.

Gotthold Ephraim Lessing, Der Rabe und der Fuchs

Ein Rabe trug ein Stück vergiftetes Fleisch, das der erzürnte Gärtner für die Katzen seines Nachbarn hingeworfen hatte, in seinen Klauen fort.

Und eben wollte er es auf einer alten Eiche verzehren, als sich ein Fuchs herbeischlich und ihm zurief: „Sei mir gesegnet, Vogel des Jupiter!"

„Für wen siehst du mich an?" fragte der Rabe.

„Für wen ich dich ansehe?" erwiderte der Fuchs. „Bist du nicht der rüstige Adler, der täglich von der Rechten des Zeus auf diese Eiche herabkommt, mich Armen zu speisen? Warum verstellst du dich? Sehe ich denn nicht in der siegreichen Klaue die erflehte Gabe, die mir dein Gott durch dich zu schicken noch fortfährt?"

Der Rabe erstaunte und freute sich innig, für einen Adler gehalten zu werden. „Ich muss", dachte er, „den Fuchs aus diesem Irrtum nicht bringen." – Großmütig dumm ließ er ihm also seinen Raub herabfallen und flog stolz davon.

Der Fuchs fing das Fleisch lachend auf und fraß es mit boshafter Freude. Doch bald verkehrte sich die Freude in ein schmerzhaftes Gefühl: Das Gift fing an zu wirken, und er verreckte.

Möchtet ihr euch nie etwas anderes als Gift erloben, verdammte Schmeichler!

3. **Vergleiche Äsops Fabel (S. 40) mit der Nacherzählung von Gotthold Ephraim Lessing. Nimm begründet Stellung zu der Frage, welche der beiden Versionen deiner Meinung nach die überzeugendere Moral vermittelt.**

Buchillustration zur Fabel „Der Rabe und der Fuchs".

LEKTIONEN 29 – 31

CHRISTEN UND CÄSAREN

Die frühe Kaiserzeit

In Band 2 hast du erfahren, wie Octavian nach einem Jahrhundert der Bürgerkriege mit dem Prinzipat eine neue Regierungsform begründete und fortan als Augustus herrschte – mit Licht- und Schattenseiten. Von da an wurde das Römische Reich von Cäsaren (Kaisern) regiert. Mit Caligula und Nero lernst du zwei Herrscher kennen, die man wegen ihres Verhaltens während ihrer Herrschaft nach ihrem Tod am liebsten völlig vergessen hätte.

Die mittlere Kaiserzeit

In der mittleren Kaiserzeit erreichte das Römische Reich seine größte Ausdehnung. Mit Trajan, Hadrian und Mark Aurel begegnen dir drei Kaiser, die sich um die Stabilisierung der Reichs-

Unsere Themen:

Cäsarenwahn
- Caligula (37 – 41 n. Chr.)
- Nero (54 – 68 n. Chr.): Brand Roms, Christenverfolgungen

Größte Ausdehnung des Reiches
Trajan (98 – 117 n. Chr.)

Frühe Kaiserzeit (1. Jh.)

Mittlere Kaiserzeit (2. / 3. Jh.)

grenze verdient gemacht haben. Du erfährst, wie Römer und Germanen an der Grenze miteinander umgingen und Handel trieben. Gegen Ende des 3. Jh.s geriet das Reich in eine neue Krise, bis Diokletian das Herrschaftssystem reformierte.

Eine neue Religion

In die frühe und mittlere Kaiserzeit fällt die Auseinandersetzung der Machthaber mit dem Christentum, das sich nach Jesu Tod (ca. 30 n. Chr.) schnell im Römischen Reich verbreitete. Mit Paulus begegnest du einem seiner Anhänger, der dabei eine große Rolle spielte. Im Zusammenhang mit Nero erfährst du, wie die Christen als unbeliebte Minderheit zu Sündenböcken gemacht wurden. Plinius, der dir bereits als Augenzeuge des Vesuvausbruchs begegnet ist (→ Bd. 1), fragt als Provinzstatthalter beim Kaiser an, wie er mit den Christen umgehen soll. Unter Diokletian kommt es schließlich zu den heftigsten Christenverfolgungen.

Grenzsicherung: Limes

- Hadrian (117 – 138 n. Chr.)
- Mark Aurel (161 – 180 n. Chr.)

Konsolidierung des Reiches

Diokletian (284 – 305 n. Chr.): Christenverfolgungen und Reichsteilung

Was Christen glauben

In der römischen Kaiserzeit schlossen sich viele Menschen Religionen an, die ein besseres Leben nach dem Tod versprachen. Auch die Christen (Chrīstiānī, ōrum) glaubten, dass sie nach dem Tod auferstehen und ewig leben würden. Sie glaubten, Gott habe seinen Sohn Jesus auf die Erde gesandt, um die Menschen durch seine Botschaft vor dem Tod zu retten.

A Theophilus, ein christlicher Prediger, verkündet die Lehre:
„Deus filium suum homines servare voluit.
Itaque deus filium suum, Iesum Christum, in terram misit {homines servaturus}.
Nam filius, quamquam in terra necatus est, mortem superavit.
Mox in terram redibit {homines iustos in caelum ducturus}.
Deus homines in caelum acceptūrus est."

B Dies ist für Scepticus, einen der Zuhörer, unvorstellbar; er fragt kritisch nach:
SCEPTICUS: „Quemadmodum id fieri potest? Quemadmodum filius dei homo fit?"
THEOPHILUS: „Ita factum est: Iesus in terra natus est, homo factus est.
Mox in terram redibit, tunc mortui iterum vivi fient."
SCEPTICUS: „Num ego quoque post mortem vivus fiam?"
THEOPHILUS: „Ita fiet. Omnes vivi fiemus. Nam voluntate dei factum est, ut mors victa sit."

C Ein anderer Zuhörer wendet ein:
„Dei nostri semper nobis providebant. Sed nunc aliquis poscit, ut deo suo confidamus. Ille autem confidit alicui deo, quem maiores non noverant. Si quis me prohibere vult a sacris antiquis, is dicat, cur aliqui deus novus maiori usui mihi sit quam dei nostri."

Hieronymus Bosch: Das Jüngste Gericht. Um 1490.

A Das Partizip Futur Aktiv (PFA) drückt wie das Verb velle eine Absicht aus. In den ersten beiden Beispielen ist das PFA als Pc verwendet; gib die in Klammern stehenden Wendungen treffend wieder und beschreibe deine Übersetzung. Im letzten Beispiel bildet das PFA mit esse das Prädikat. Übersetze treffend.

B Das Verb fieri (*gemacht werden, geschehen, werden*) weicht in der Formenbildung von den bekannten Konjugationsklassen ab.

1. Erschließe die Form fit (Z. 1).
2. Erkläre anhand der Verbformen in Z. 2, inwiefern fieri für das Passiv von facere verwendet wird.
3. Bestimme das Tempus der Formen von fieri in Z. 3 – 5, indem du die Analogie zu anderen Konjugationsklassen nutzt.
4. Beschreibe die Bildung anderer Tempora und Modi von fieri anhand von Übung **B1** (**1.** und **2.**).

A1 Aus dem PPP wird das PFA. Bilde zu allen Infinitiven zuerst das Partizip Perfekt Passiv und dann das Partizip Futur Aktiv.

BEISPIEL: **ducere → ductus → ducturus**

1. servare ▪ terrere ▪ audire ▪ mittere ▪ facere **2.** vincere ▪ incendere ▪ dare ▷ **3.** prohibere ▪ occupare ▪ petere ▪ capere ► **4.** ferre ▪ tollere ▷ T

A2 Welche Absicht steckt dahinter? Übersetze.

1. Christiani (!) crediderunt: Deus filium misit homines confirmaturus.
2. Iesus Christus homines adibat vitam beatam nuntiaturus.
3. Multi homines Iesum Christum audiebant rationem bene vivendi cognituri.
▷ **4.** Christiani in alienas terras profecti sunt homines ad pacem adducturi.
► **5.** Etiam omnes, qui Iesum secuti erant, multas orationes habuerunt homines meliores reddituri. ▷ T

B1 Aktiv sucht Passiv. Stelle die entsprechenden Pärchen zusammen.

1. facio ▪ facerem ▪ faciunt ▪ faciat ▪ facies | fio ▪ fiunt ▪ fies ▪ fiat ▪ fierem
2. faciebant ▪ facit ▪ facere ▪ facimus ▪ faciam | fiam ▪ fiebant ▪ fieri ▪ fit ▪ fimus
▷ **3.** fecerim ▪ feceram ▪ fecisset | factus eram ▪ factus sim ▪ factus esset
► **4.** Bilde die Passivformen: facis ▪ faciemus ▪ fecisse ▪ faciant

B2 **Deus** oder **iudex**? Übersetze und ordne einem möglichen Sprecher zu. Achte auf die verschiedenen Bedeutungen von **fieri**.

1. Fiat lux! **2.** Quid de meo filio fiet? **3.** Scelus factum est.
▷ **4.** Factum infectum (*ungeschehen*) fieri non potest.
► **5.** Quod tibi fieri non vis, alteri ne feceris! ▷ T

B3 Die Bekehrung des Apostels Paulus. Übersetze.

1. Primo Saulus Christianis (!) multa scelera in imperio Romano fieri putavit. **2.** Itaque Christianos adiit in eos animadversurus. **3.** Quondam Damascum (*nach Damaskus*) profecturus erat. ▷ **4.** In via subito lux fit et Saulus de equo in terram cadens vocem audit: „Saule, Saule, cur me persequeris (per-sequī *verfolgen*)?“ ► **5.** Tum Saulus nihil videns Dominum cognovit. **6.** Ita e Saulo Paulus apostolus (!) factus est.

C Anhänger der alten römischen Götter sprechen über die neue Religion. Wähle jeweils das passende Pronomen aus und übersetze.

1. (Aliquis / Quis) dicit: **2.** „Audivi nonnullos homines deo (alicui / aliquem) novo confidere. **3.** Mihi quidem Iuppiter, Iuno, Minerva semper celerius aderant quam (aliqui / aliquis) deus Christianus.“ **4.** Alius: „(Quis / Aliquis) istum deum novum colere vult? ▷ **5.** Puto neminem (aliqua / aliquid) mala melius a nobis prohibere quam Iovem.“ ► **6.** Alius: „Si (quid / quod) boni de isto deo Christiano audiveris, nunc narres!“ ▷ T

INHALT

GRUNDWISSEN

Das Christentum

Der Tod des Juden **Jesus** (ca. 30 n. Chr.), den seine Anhänger **Christus** nannten, wurde zum Startpunkt für eine neue religiöse Bewegung: das **Christentum**. Schnell verbreitete sich die Religion über das ganze Imperium Romanum.

Das Christentum passte gut in einen Trend: Schon lange waren die Menschen den Göttermythen gegenüber skeptisch geworden und suchten neue Gottheiten und Kulte. Solange diese der Verehrung der alten Götter nicht im Weg standen, gingen die Römer pragmatisch mit ihnen um: Neue Götter wurden oft mit den bekannten gleichgesetzt (**interpretatio Romana**). So gelang es auch, die Götter unterworfener Völker in das bestehende System zu integrieren.

Zudem durften die Menschen alle möglichen Kulte ausführen, solange sie auch an den offiziellen Opfern für die römischen Götter und dem Kaiserkult, der gottgleichen Verehrung der Kaiser, teilnahmen. Doch die Christen verehrten strikt nur einen einzigen Gott (**Monotheismus**), den sie nicht abbildeten. Es dauerte daher nicht lange, bis sie mit den Anhängern der alten Religion in Konflikt gerieten.

Frühchristlicher Sarkophag. Frühes 3. Jh.

SPRACHE

1 Unterscheidung von Verbformen

Immer „i" am Schluss! Weise die Formen zu: Infinitiv Präsens Passiv, PPP-Form, Imperativ und Indikativ Perfekt. Wo gibt es mehrere Möglichkeiten?

veni ▪ vocari ▪ vocavi ▪ vocati ▪ putari ▪ perditi ▪ perdi ▪ impelli ▪ impulsi ▪ dari

2 Verben: Futurformen und Konjunktivformen

Wähle aus der folgenden Reihe die Futurformen aus und übersetze sie. Wo gibt es mehrere Möglichkeiten?

exstinguatis ▪ exstinguetis ▪ vocemus ▪ perdam ▪ cognoscet ▪ veniant ▪ venient ▪ spectarent ▪ spectent

3 Komposita von esse und ire

Gib an, ob sich die folgenden Formen von **esse** oder **ire** herleiten.

aderat ▪ adeat ▪ adit ▪ adibit ▪ adsis ▪ adis ▪ adsumus

Aufruhr in Ephesus

Bei der Verbreitung des Christentums spielte ein Mann namens Paulus eine große Rolle. Auf Reisen durch ganz Griechenland machte er den neuen Glauben bekannt und hatte keine Angst vor Konflikten – auch nicht in Ephesus, wo die folgende Begebenheit spielt.

„Venite et emite!“, Demetrius mercator clamat, qui ante templum Dianae laborat et aliqua negotia agit. Hodie autem pauci ei aures praebent. Demetrius iam desperat cognoscens merces[1] suas non iam emi. Antea plures homines aderant templum notum Dianae spectaturi deamque culturi. Qui frequentes mercatores adibant minima templa ex argento facta empturi et domum laturi. Nunc autem nemo mercatores requirit, nemo tales res emit.
Quemadmodum id fieri potuit? Quid tandem factum est? Mercatores putant hoc effectum esse culpa unius viri: Pauli, qui urbes Asiae adiit homines ad fidem Christianam vocaturus. Cum multi iam Christiani facti sint, homines magis magisque templa deserunt. Mercatores ergo clamorem tollunt: „Paulus orationibus dignitatem Dianae perditurus est! Cuius facinoris testes sumus. Si quis homines a cultu deorum prohibet, nemo merces[1] nostras emet.“ Furore impulsi statim aliqui mercatores tres comites Pauli secum in theatrum rapiunt ibique accusant. Aliquis rem his dictis profert: „Isti viri religionem patriam tollent; tunc nemo iam veniet templum Dianae visurus!“ Nunc clamor crescit; alii adiciunt: „Magna est Diana nostra! Illum deum ignotum, de quo Paulus narrat, neglegimus.“ Subito autem fit, ut scriba[2] surgat mercatoribus solacium daturus: „Haec civitas quasi sedes aeterna magnae deae est. Numquam fiet, ut cultus Dianae exstinguatur. Ergo tranquilli[3] fiatis et e theatro excedatis!“ Statim silentium fit, omnes exeunt.

1 merx, mercis *f* die Ware

2 scrība der Stadtschreiber

3 tranquillus ruhig

Die Kaufleute gehen besänftigt nach Hause. Paulus blieb allerdings nicht mehr lange in Ephesus, sondern reiste weiter nach Makedonien.

Kultbild der Artemis von Ephesus. 2. Jh. n. Chr.

1. (PA) Lest den gesamten Text. Weist einzelne Begriffe den Sachfeldern „Religion“ und „Handel“ zu und formuliert mit Hilfe der Überschrift eine mögliche Konfliktlage. Beachtet dabei auch die verwendeten Tempora.
2. Wähle bei der Übersetzung der Partizipialkonstruktionen die im Kontext passende Sinnrichtung aus. Prüfe, wo eine Unterordnung (Adverbialsatz) oder eine andere sprachliche Umsetzung die Übersetzung eleganter erscheinen lässt.
3. Arbeite die veränderte Situation der **mercatores** heraus und beschreibe ihre Stimmung. Paraphrasiere, wie sie eine Veränderung ihrer Lage erzielen wollen.
4. Könnten die Händler den „**deus ignotus**“ (Z. 16) nicht ebenso vermarkten? Analysiere die Gründe, weshalb sie sich damit wohl schwertun. Beachte dazu auch die Sachinformation auf S. 48.

INHALT

Wissen vernetzen

1. Erschließe aus der Inschrift, für wen der Sarkophag (S. 48) bestimmt war und in welchem Alter die Person verstorben ist (Hilfe: **Q**(uae) **V**(ixit) **AN**(nos) **XXIIII** **M**(enses) **VIIII**).
2. Deute die frühchristlichen Symbole des Sarkophags (S. 48). Stelle gegebenenfalls Recherchen im Internet an und gib an, welche heute noch gebräuchlich sind.
3. Die Griechen und Römer kannten schon lange den Sonnengott Helios bzw. Sol (→ Bd. 2). Seit der Kaiserzeit wurde er unter orientalischem Einfluss als Sol Invictus besonders beliebt und zum Teil mit Apoll gleichgesetzt. Erkläre, woran man ihn auf der Abbildung erkennen kann, und benenne diese Art des Umgangs mit neuen Göttern.

Sol Invictus. Marmorrelief.

SPRACHE

1 Deutsch ist anders

Lateinisches Passiv im Deutschen umschreiben

BEISPIEL:	BEACHTE:
1. Clamor factus est. Ein Geschrei (wurde gemacht) erhob sich. **2.** Mercatores negotia mutari vident. Die Kaufleute sehen, dass sich ihre Geschäfte ändern.	Das lateinische Passiv wird im Deutschen manchmal mit anderen Formulierungen umschrieben, z. B. mit dem unpersönlichen „man"; vergleiche auch: „sich bewegen" statt „bewegt werden", „etwas geschenkt bekommen" statt „beschenkt werden".

Übersetze:

1. Paulus iam procul conspicitur. **2.** Verba Pauli haud facile intelleguntur. **3.** Statim turba hominum cogitur. **4.** Nam mercatores verbis Pauli moventur; nonnulli vehementer terrentur.

2 Vokabeln vernetzen

Nenne aus WS 29 jeweils ein Kompositum zu **facere**, **cedere**, **ire**, **quaerere** und **regere** und ergänze so viele früher gelernte Komposita zu diesen Verba simplicia wie möglich.

3 Wortbedeutung erschließen

Paulus wird als **doctor gentium** und **praedicator veritatis** bezeichnet. Erfasse mit Hilfe bekannter Vokabeln (**docere**, Präfix **prae-**, **dicere**, **verus**) und deiner Kenntnisse zur Wortbildung die Bedeutungen dieser Formulierungen.

Ein unbekannter Gott

Auf seinen Reisen kam Paulus auch nach Athen, wo Mitte des 1. Jh.s nicht nur Griechen lebten, sondern sich auch viele Römer aufhielten. Dort wandte er einen besonderen Trick an, um die Menschen neugierig auf seine Botschaft zu machen.

Die Rede des Paulus in Athen.

Paulus, cum Athenis[1] comites exspectaret, ira incensus est, quia deos deasque quam maxima cura coli animadverterat. Itaque per multos dies in foro cum iis, qui ibi sermones habebant ac negotia agebant, locutus est:
„Viri Athenienses[2]“, inquit, „non dubito, quin pii sitis. Cum templa vestra viserem, inveni non solum aras deorum clarorum, sed etiam aram quandam, in qua scriptum erat: ‚Ignoto Deo.‘ Ego venio nuntiaturus aliquid de illo deo, quem nescientes colitis.“
Tum quidam requirebant: „Narra nobis, qualis iste deus sit!“ Atheniensibus[2] enim nihil magis placebat quam dicere aut audire aliquid novi.
Paulus ergo dixit: „Ille deus, qui solus fecit caelum et terram et omnia, ille, qui omnibus dat vitam, non in templis, quae manibus hominum facta sunt, colendus est. Neque sacris illi opus est. Nam multo maior est iis deis, quos vos colitis. In eo ipso vivimus et movemur et sumus.“
Ea oratione habita alii clamorem tollebant, alii ridentes excedebant. Pauci autem ei crediderunt et Christiani facti sunt.

1 Athēnīs in Athen

2 Athēniēnsis, is athenisch, der Athener

1. Übersetze das Partizip im Relativsatz **quem nescientes colitis** (Z. 13) und das Prädikat **movemur** (Z. 19) möglichst elegant. 2 ★
2. Gib aus dem Text je ein Beispiel für folgende sprachliche Erscheinungen an: Superlativ, Partizip Futur Aktiv, prädikatives Gerundiv. Deute jeweils ihre Aussageabsicht. 5 ★
3. Beschreibe den Trick, mit dem Paulus auf seine Botschaft aufmerksam macht, und die Reaktion der Zuhörer im Laufe des Textes. 4 ★
4. Bestimme aus dem Kontext den Kasus der Inschrift **„Ignoto Deo“** (Z. 11). Erkläre, weshalb ein Altar mit dieser Inschrift typisch für die antike Religion war (→ S. 48 oben). 3 ★
5. Im Laufe des Textes ändert sich die Darstellung des christlichen Gottes, den Paulus verkündet, von einem Gott unter vielen zum einzigen und höchsten Gott. Belege dies am Text. 3 ★
6. Paulus war nicht der erste, der die antike Religion kritisierte. Gib die Kritikpunkte, die Xenophanes (→ S. 21) mehrere Jahrhunderte zuvor geäußert hatte, wieder und vergleiche sie mit denen des Paulus. 3 ★

Was sind das nur für Leute?

Die Missionsreisen des Paulus und anderer Christen hatten Erfolg: Überall entstanden christliche Gemeinden. Da sich die Christen jedoch nicht tagsüber in öffentlichen Gebäuden, sondern nachts in Privathäusern trafen, entstanden zahlreiche Gerüchte und Vorwürfe gegen sie.

A Der Römer Caecilius äußert sich kritisch über die Christen:
„Maiores auxilio deorum paene totum orbem terrarum occupaverunt; quos semper deos coluisse scimus.
Sed nunc undique Romam veniunt homines, quos deos nostros neglegere scimus: Illi Christiani appellantur. Sacra rident, templa vitant, ne Circum quidem adeunt, in quo homines ludos spectare constat. Isti nocte conveniunt, ‚fratres' aut ‚sorores' se appellant. Colunt asinum (*Esel*), quem in cruce (*Kreuz*) interfectum esse audivi."

Spottzeichnung der Kreuzigung mit Unterschrift „Alexamenos betet seinen Gott an."

B Der Christ Octavius entgegnet und stellt richtig:
„Ea crimina ficta sunt. Deus autem noster talis est, qualis nullus deorum vestrorum est. Is solus caelum et terram et omnia fecit. Iuppiter autem tanta libidine captus est, quanta homini permissa non est: Nemo enim hominum libidine captus feminas raperet.
Circum vitamus, quia homines ibi tam crudeliter necantur, quam nullum animal necari oportet. Profecto alios Christianos ‚fratres' aut ‚sorores' appellamus; sed eos non ita amamus ut viri coniuges, sed ut parentes liberos. Pauperibus totiens pecuniam aut cibum donamus, quotiens inopia premuntur. Neque asinum (*Esel*) in cruce (*Kreuz*) interfectum colimus, sed Iesum Christum.

C Is nos docuit: ‚Amate omnes homines! Omnis, qui pauper est, frater vester aut soror vestra sit! Quicumque in vincula coniectus est, frater vester aut soror vestra sit! Quicumque vir et quaecumque mulier fidem Christianam accipere vult, vobis carus sit! Quisquis auxilium petit, accipiat auxilium!'
Itaque nonnulli Christiani pauperibus donant, quidquid habent."

A Maiores ... orbem terrarum occupaverunt; quos semper deos coluisse scimus.
Übersetze die zwei Teile des ersten Satzes und benenne die grammatische Erscheinung, die beim Relativpronomen quos vorliegt.
Sed nunc ... veniunt homines, quos deos nostros neglegere scimus.
Erschließe nun eine deutsche Wiedergabe, die quos ... scimus wie im Lateinischen als Nebensatz (Relativsatz) auffasst. Erkläre an diesem Beispiel den Begriff „verschränkter Relativsatz".

C Übersetze Z. 1 – 3 und erschließe aus dem Zusammenhang, was das Suffix -cumque bedeutet, das an die Formen des Relativpronomens angehängt ist (qui-cumque, quae-cumque). Die Bedeutung von quisquis und quidquid kannst du aus dem Kontext erschließen.

A Der Römer Caecilius spricht weiter über die Christen. Übersetze und wähle jeweils eine passende Wiedergabemöglichkeit für den verschränkten Relativsatz aus.

1. „Illi homines, quos sacra more Romanorum facere constat, non peccant.
a) von denen feststeht, dass … b) die – wie feststeht – … c) die bekanntlich …
2. Isti autem, quos mores Romanos neglegere scimus, ad supplicium dandi sunt.
a) von denen wir wissen, dass … b) die – wie wir wissen – … c) die nach unserem Wissen …
▷ **3.** Nuper etiam amicum, quem imperatorem nostrum semper coluisse putabam, cum Christiano quodam convenire vidi.
a) von dem ich glaubte, dass … b) der – wie ich glaubte – … c) der meiner Meinung nach …
► Überlege, womit der Relativsatz hier verschränkt ist, und übersetze treffend:
4. Iste Iesus Christus, quo interfecto multi tristes erant, mihi non placet.“ ▷ T

B1 Der Christ Octavius spricht über Jesus Christus. Setze jeweils die richtigen Korrelativa ein:

tanto … quanto ▪ totiens … quotiens ▪ tam … quam

1. Iesus Christus miseris ? adfuit, ? eos vidit. **2.** Iesu Christo (*Dat.*) pauperes ? cari erant ? divites. ▷ **3.** Iesus Christus ? amore hominum movebatur ? nemo hominum. ► Finde das passende Korrelativum: **4.** Scimus deum omnes homines ? amare ? parentes filios. ▷ T

B2 Ordne zu und übersetze.

1. Haec puella tam celeriter currit quam nemo.
2. Hic equus tantus est, quanta est arbor.
▷ **3.** Qualis est pater, talis filius.
► Erkläre die Sentenz:
4. Qualis rex, talis grex (*Herde*).

C1 Ein römischer Richter spricht in einem Christenprozess. Ersetze den unterstrichenen Ausdruck jeweils durch das bedeutungsgleiche verallgemeinernde Relativpronomen und übersetze.

quaecumque ▪ quicumque ▪ quisquis ▷ quaecumque ▪ quidquid

1. <u>Omnes, qui</u> verum dicunt, poenam minorem accipiunt. **2.** <u>Omnis</u> femina, quae principem coluerit, libera abibit. **3.** <u>Omnis, qui</u> deos nostros coluerit, non tangetur. ▷ **4.** <u>Omnia, quae</u> iuravistis, probare debetis. **5.** <u>Omne, quod</u> agitis, prudenter (*klug*) agatis! ► Bilde selbst das verallgemeinernde Relativpronomen und übersetze:
6. ? homines mores nostros neglegunt, necantur. ▷ T

C2 Verallgemeinernde Relativpronomina kommen oft in lateinischen Sentenzen vor. Übersetze die folgenden Sentenzen und erkläre sie.

1. Quidquid natum est, etiam perire debet. ▷ **2.** Quidquid agis, prudenter (*klug*) agas et respice finem. ► **3.** Der trojanische Priester Laokoon sagt, als er das hölzerne Pferd der Griechen sieht, Folgendes: „Quidquid id est, timeo Danaos (*Griechen*) et dona ferentes.“

INHALT

GRUNDWISSEN

Cäsarenwahn und Christenverfolgung

Nach dem Tod des ersten Kaisers Augustus folgten mit Tiberius, Caligula, Claudius und Nero Männer aus seiner Familie auf den Kaiserthron. Man bezeichnet sie als Mitglieder der **julisch-claudischen** Dynastie.

Caligula und **Nero** begannen ihre Herrschaft recht positiv. Doch zunehmend wurden sie zu grausamen Tyrannen: Sie ließen aus persönlichen oder politischen Gründen Menschen ermorden, lebten in ungeheurem Luxus und widmeten sich größenwahnsinnigen Bauprojekten. So ließ Nero u. a. seine Mutter und seine Ehefrau töten und zwang seinen einstigen Erzieher, den Philosophen Seneca, zum Selbstmord. Auch wenn die moderne Forschung das negative Bild dieser Kaiser in einigen Punkten korrigieren konnte, deutet man ihr Verhalten bis heute als „**Cäsarenwahn**“.

Als 64 n. Chr. ein schrecklicher **Brand** Rom verwüstete, beschuldigte das Volk bald – vermutlich zu Unrecht – Nero, das Feuer absichtlich gelegt zu haben. Nero fand in den unbeliebten Christen (→ S. 57) eine Minderheit, die er zu Sündenböcken machen konnte. So kam es zur ersten **Christenverfolgung**.

Jean-Léon Gérôme: Das letzte Gebet der Christen im Circus Maximus. 1880.

SPRACHE

1 Formen unterscheiden

Wähle aus folgenden Vokabeln die Adverbien aus und gib ihre Bedeutungen an.

saepe ▪ ille ▪ maxime ▪ iste ▪ bene ▪ duce ▪ quoque ▪ timore ▪ specie ▪ denique ▪ fere ▪ genere

2 Partizipialformen

Gib jeweils an, ob das PPP Teil einer finiten Verbform oder einer satzwertigen Konstruktion ist. Benenne ggf. die Konstruktion. Übersetze dann.

oblatum est ▪ factus est ▪ vi allata ▪ equos regere coactus est ▪ nobili genere nati sunt ▪ sceleribus commissis ▪ species turpis perlata est ▪ timore necis perterritus

3 ne: Bedeutungen

Gib jeweils die Bedeutung von **ne** in den folgenden Sätzen an und übersetze.

1. „Cave, **ne** munera publica neglegas!“ **2.** „**Ne** mihi illas res praeceperis!“
3. „Poenis crudelibus Christianos perterrere debemus, **ne** scelera committant.“
4. „**Ne** imperatori vim afferant!“

Das ist Wahn(sinn)!

Der Philosoph und Schriftsteller L. Annaeus Seneca stand Nero sehr nahe, da ihn dessen Mutter als Erzieher engagiert hatte. Er versuchte stets, ihn positiv zu beeinflussen.

1 Caligula Caligula (römischer Kaiser 37 – 41 n. Chr.)
2 aemulus der Konkurrent
3 septendecim siebzehn

Haec fere Seneca Neroni iterum atque iterum praecepit: „Imperator quoquo modo cavere debes, ne patres verbis factisque perterreas! Iam saepe tibi hoc exemplum malum aperui: Ille imperator Caligula[1] senatum valde perturbavit, praesertim cum equum, quem maxime amabat, palam consulem fecisset. Iste equus, quem etiam cenis interfuisse audivi, in domo regia quiescere solebat. Quaecumque ad bene vivendum necessaria erant, ei offerebantur. Quisquis illas res indignas ac incredibiles dicere audebat, poena crudelissima affectus est. Ne talem potestatem tibi vindicaveris!“

Nero Seneca duce primo vitiis carebat, quamquam – aemulis[2] occulte a matre occisis – adulescens septendecim[3] annorum imperator iam factus est. Tum autem tantum studium ad carmina recitanda contulit quantum ad equos regendos; munera quidem publica praeteriit. Saepe extra urbem certaminibus interfuit, e quibus semper victor exire cupivit. Mox senatus quoque excitatus est. Nam imperator, quem timore necis permotum esse constat, severe et in familiares et in cives vindicavit. Denique adversus Senecam quoque scelus commisit: Philosophus sibi vim afferre coactus est. Haec fama Romae sparsa est: Quotiens Nero per vias urbis ruit, totiens secum dixit: „Quot annos species turpis Romae mihi perferenda erit? Tot annos, quot urbs incolumis remanebit!“

Quidam auctores, quos nobili genere natos esse scimus, primo p. Chr. n. saeculo facta impia Caesarum in operibus suis prodiderunt: Quicumque imperator flagitium fecit, ab auctoribus verbis acerbis accusatus est. Ita Nero quoque exemplum furoris factus est.

Jan Styka: Nero in Baiae. Um 1900.

1. Stelle die Konnektoren aus Z. 9–20 zusammen und erschließe daraus den gedanklichen Zusammenhang dieses Abschnittes.
2. Arbeite aus Z. 1 – 8 die politischen Anforderungen an einen Kaiser heraus, die Seneca hier formuliert. Erkläre den Trick, durch den seine Ratschläge besonders eindringlich werden.
3. Fasse die Kritik an Neros Herrschaftsausübung, die in Z. 9 – 13 ausgedrückt wird, zusammen und erkläre den Widerspruch zwischen Neros Interessen und seinen Pflichten als Herrscher.
4. Stelle aus dem Text Symptome des „Cäsarenwahns“, die bei Nero auftraten, zusammen und vergleiche sie mit der Abbildung zum Text und der Abbildung auf S. 44 f. Recherchiere, auf welches Ereignis Z. 18 – 20 anspielen. Die Gerüchte in Zusammenhang damit haben den Verdacht auf den „Cäsarenwahn“ noch verstärkt.

INHALT

Wissen vernetzen

1. Moderne Forscher versuchten, das negative Image von Caligula und Nero in einigen Punkten zu relativieren. Erläutere, was Caligula mit den im Text auf S. 55, Z. 4 f. beschriebenen Handlungen bezweckt haben könnte.
2. (PA) Im Deutschunterricht beschäftigt ihr euch in diesem Schuljahr mit der Frage, wie man die Seriosität von Informationen in verschiedenen Texten bewerten kann. Erörtert, ob die späteren Schriftsteller, von denen der Text spricht, ein seriöses Bild von Nero vermitteln und wie die Haltung dieser Schriftsteller ggf. erklärt werden kann.
3. Erläutere die abgebildete Karikatur. Stelle dabei Überlegungen über die Schreibweise NErO an (Tipp: die griechische Vorsilbe *neo* kennst du z. B. von Markennamen). Recherchiere im Internet nach weiteren Karikaturen, die eine Anspielung auf Nero enthalten, oder gestalte selbst eine derartige Zeichnung.

Karikatur zu Nero.

"Still not punchy enough. Try putting NERO all in capi

SPRACHE

Deutsch ist anders

Verallgemeinernde Relativpronomina übersetzen

BEISPIEL:	BEACHTE:
1. Quisquis / Quicumque flagitium fecit, accusatus est. Jeder, der (wer auch immer) eine Schandtat beging, wurde angeklagt. **2.** Quaecumque imperatores fecerunt, ab auctoribus conscripta sunt. Alles, was (was auch immer) die Kaiser taten, wurde von Autoren aufgeschrieben.	Die verallgemeinernden Relativpronomina quisquis und quicumque haben im Lateinischen kein Bezugsnomen im übergeordneten Satz. Daher übersetzt man quicumque und quisquis (*m/f*) am besten mit „jeder, der" oder „wer auch immer". Im Neutrum passt für quidquid und quodcumque (Sg.) bzw. quaecumque (Pl.) „alles, was" oder „was auch immer".

Die folgenden Sätze von lateinischen Autoren sind Sentenzen geworden. Übersetze treffend und gib jeweils eine Erklärung aus deinem Erfahrungsbereich.

1. Quidquid vides, currit cum tempore. (Seneca) **2.** Hostis est, quisquis mihi non ostendit hostem. (Seneca) **3.** Quisquis es, noster eris. (Vergil) **4.** Quisquis amat, valeat! (Ovid) **5.** Quidquid conaris (*du unternimmst*), quo pervenias, cogites! (P. Syrus)

Sündenböcke gesucht … und gefunden!

Kaiser **Nero** (Nerō, ōnis) regierte in den ersten fünf Jahren Rom so gut, dass viele glaubten, das goldene Zeitalter des Augustus sei zurückgekehrt. Doch dann wendete sich das Blatt und es begann eine Schreckensherrschaft. 64 n. Chr. kam es zu einem verheerenden Brand in Rom …

Nero. Aus Henryk Sienkiewicz' „Quo vadis?" (1897).

Nox erat. Magna pars hominum somno capta erat, cum subito maior clamor omnes terruit: „Surgite! Ne dubitaveritis! Maximo in periculo sumus – ardet tota Roma! Fugiamus! Urbs nobis sine mora relinquenda est. Utinam dei nobis adsint!" Profecto undique flammae instabant. Undique gemitus, undique clamor … Post sex dies septemque noctes flammae denique victae sunt.

Roma adhuc ardente tales sermones iam fiebant:

„Nero de domo regia incendium Romae spectavit et carmen de exitu[1] Troiae recitavit …"

„Iam diu Nero aedificia[2] vetera principe claro indigna esse putabat; praeterea locum appetebat ad constituendam domum auream …"

„Nerone auctore Roma igne paene exstincta est …"

At constat Neronem incendio ineunte in oppido Antio[3] fuisse. Nuntio calamitatis accepto statim quam celerrime Romam profectus est ad homines miseros servandos. Istis autem sermonibus acceptis imperator incendium vitio dedit Christianis, quorum numerus tum magnus erat in urbe. Ea de causa crudelissime in illos animadvertit multosque suo in Circo ad supplicium dedit.

1 exitus, ūs der Untergang
2 aedificium das Gebäude, das Haus
3 Antium: Antium (Stadt in der Nähe von Rom)

1. (GA) Belegt die folgenden sprachlichen Phänomene am Text (arbeitsteilig in Expertengruppen): Partizipialkonstruktionen, nd-Formen, Konjunktive im Hauptsatz, Steigerungsformen.
2. (PA) Diskutiere mit deinem Banknachbarn Übersetzungsmöglichkeiten für die folgenden sprachlichen Erscheinungen im Text: Nominaler Ablativus absolutus – Ablativus absolutus mit PPA bzw. PPP – Hortativ, Prohibitiv, Optativ – Attributives und prädikatives Gerundiv – **cum** (Z. 2).
3. Bestimme die Formen der Deponentien, die im Text vorkommen.
4. Gib die Textstelle an, die das Geschehen auf der Abbildung beschreibt.
5. Erläutere, weshalb der Verdacht der Brandstiftung zunächst auf Nero fiel und wie es dazu kam, dass die Christen letztendlich dafür büßen mussten.
6. Erkläre die Wendungen **domum auream** (Z. 13) und **suo in Circo** (Z. 19); führe dazu eine Recherche zu den folgenden Begriffen durch: **domus aurea**, Circus des Nero. Präsentiere deine Ergebnisse vor der Klasse.

TEXT 1

★ Habe ich richtig entschieden?

Bei Plinius, dem Statthalter der Provinz Bithynien, wird immer häufiger Anzeige gegen Christen erstattet, weil sie sich nicht zum Kaiser bekennen oder nicht an den überlieferten Opfern teilnehmen. Plinius muss die Prozesse leiten, ist aber unsicher, was im Einzelfall richtig ist. In einem Brief an Kaiser Trajan (98 – 117 n. Chr.) schildert er sein bisheriges Vorgehen:

Indicaverunt mihi aliqui cives animos multorum hominum fide Christiana occupatos esse. Itaque eos, qui deos nostros negabant, in vincula conici iussi supplicium eis proponens. Sed – aliquos saltem[1] Christianos ad fidem nostram revocaturus – etiam hoc dixi: „Quicumque vir aut quaecumque mulier a fide Christiana defecerit, liber abeat! Quisquis sacra fecerit, dimittatur!“

Tum factum est, ut epistula hominis cuiusdam afferretur; in qua nomina multorum Christianorum scripta erant. Sic egi: Eos, quos simulacra colere audivi, liberos dimisi. Sed istos, quos sacra negare vidi, ad supplicium dedi.

Saepe difficile erat rem iudicare: Complures enim contenderunt se numquam talia facinora commisisse, qualia testes confirmaverant. Nonnulli autem – etiam morte proposita – tantam pertinaciam[2] ostenderunt, quantam numquam videram. Iudicavine iuste, domine? Nuntio tuo accepto agam, sicut praeceperis.

1 saltem *Adv.* wenigstens

2 pertinācia die Hartnäckigkeit

TEXT 2

★★ Die Antwort des Kaisers

Post multos dies aliqui nuntius ad Plinium accessit rescriptum Traiani traditurus. Statim Plinius consilia imperatoris aliquibus magistratibus audientibus recitavit:

„Quaecumque iudicavisti, Plini, fiebant aliqua de causa iusta et a me quoque probantur. In causis Christianorum inquirendis[1] recte rogavisti, num illi parati essent ad sacra facienda et simulacra colenda. Fieri enim non potest, quin[2] aliquid in universum statuamus. Quot sunt homines, tot sententiae!

Investigandi[3] Christiani non sunt! Quicumque autem indicatur et convincitur, ad supplicium ducatur! Si vero negat se Christianum esse sacraque facit deis nostris auxilium petiturus, ei parcatur! Quisquis autem epistulam sine nomine tibi mittit aliquos Christianos accusaturus, non respiciatur! Quod quidem saeculi nostri non est.“

1 inquīrere untersuchen

2 quīn *m. Konj.* dass

3 investīgāre aufspüren, ausfindig machen

Kaiser Trajan mit den Insignien des göttlichen Herrschaftsanspruchs. 2. Jh. n. Chr.

WAS MIR VORAB HELFEN KANN

1. Ich deute die verwendeten Konnektoren und die wörtlichen Zitate und erschließe mir so Plinius' Rechtfertigungsstrategie.
2. Ich stelle die wesentlichen Vorwürfe, die im Römischen Reich gegen die Christen erhoben wurden, zusammen.

WIE ICH DEN TEXT ERFASSEN KANN

3. Ich unterscheide die verwendeten Pronomina, indem ich ihre Bedeutungen und ihre Verwendung im Kontext angebe.
4. Ich stelle Hinweise aus dem Text zusammen, an denen sich erkennen lässt, dass es sich um den Auszug aus einem Brief handelt.
5. Ich fasse das Vorgehen des Statthalters Plinius mit eigenen Worten zusammen und präsentiere die Untersuchungsergebnisse mit Hilfe einer graphischen Übersicht.

WO ICH WEITERDENKEN KANN

6. Ich recherchiere, wie das heutige Recht mit anonymen Anzeigen verfährt, und vergleiche damit das Vorgehen des Plinius.

WAS MIR VORAB HELFEN KANN

1. Ich erschließe aus den Prädikaten in Z. 1 – 7 die grundsätzliche Einstellung des Kaisers zu Plinius' Vorgehen.
2. Ich analysiere die Satzarten in Z. 8 – 13 und deute ihre Aussageabsicht.
3. Ich wiederhole die nd-Konstruktionen und wende die Übersetzungsmöglichkeiten für die entsprechenden Stellen im Text an.

WIE ICH DEN TEXT ERFASSEN KANN

4. Ich unterscheide die verwendeten Pronomina, indem ich ihre Bedeutungen und ihre Verwendung angebe.
5. Ich stelle aus Text 2 die Antworten Trajans zu den einzelnen Aussagen und Fragen des Plinius (Text 1) zusammen. Ich erkläre, was die Aufforderung „**Investigandi ... non sunt!**" (Z. 8) für das Vorgehen des Plinius bedeutet.

WO ICH WEITERDENKEN KANN

6. Ich bewerte die Antwort Trajans im Hinblick auf seinen Umgang mit einer neuen, von manchen als gefährlich eingestuften Religion.
7. Trajan wird hier die Sentenz eines römischen Dichters in den Mund gelegt: **Quot homines, tot sententiae** (Z. 7). Ich deute diesen Ausspruch im Zusammenhang mit der Behandlung der Christen und stelle Situationen zusammen, in denen diese Sentenz heute noch passt.

Kaiser Hadrian kümmert sich

Kaiser Hadrian regierte das Imperium nicht nur vom Zentrum Rom aus. Auf zahlreichen Inspektionsreisen durch die Provinzen des Reiches machte er sich ein Bild vor Ort – vor allem weil das Problem der Grenzsicherung immer akuter wurde. In einem Brief an den Gouverneur der Provinz Rätien (Raetia), Gaius Sempronius, kündigt der Kaiser seinen Besuch an:

Imperator Caesar Hadrianus Augustus C. Sempronio suo.

A

    Postquam imperator factus sum,
saluti populi Romani,
    qui valere non potest,
        nisi omnes cives in pace vivunt,
semper summis viribus ac opibus consului.

B

Sed
    { *imperio* rebus gestis populi nostri *aucto* }
nunc nobis intellegendum est
    { *pacem* etiam in provinciis *esse defendendam*. }

C

    Si et quidam senatores et quidam praetores dubitant,
        quo modo pax nostra servari possit,
aperte (*offen*) dicam
    meum esse officium fines totius imperii defendere.

    Ergo omnibus provinciis Romanis consulens
ipse Raetiam petiturus sum,
    ut consilium meum
        ad imperium defendendum
    aperiam.
Vale.

Tipps für laaaange Sätze!

Wichtig für das erfolgreiche Übersetzen längerer Sätze (sog. Perioden) ist, dass du dir vor dem Übersetzen einen Überblick über den Bauplan des Satzes verschaffst. Dabei musst du folgende Checkliste abarbeiten:

1. Welche Wörter bilden den Hauptsatz? (Wo sind Subjekt und Prädikat?)
2. Gibt es Signale, die auf einen Nebensatz hinweisen?
3. Gibt es Signale, die auf eine satzwertige Konstruktion hinweisen?

A **ist eine Periode aus Haupt- und Nebensätzen**

Zur Erleichterung ist die Periode so aufbereitet, dass du sehr schnell erkennst, welche Wörter den Hauptsatz bilden: Ganz links stehen die Bestandteile des Hauptsatzes, Prädikat und ggf. Subjekt sind hervorgehoben. Nach rechts eingerückt stehen die Nebensätze.

Die Signale, die auf einen Nebensatz hinweisen, sind die Subjunktionen, also jene kleinen Wörter, die uns die Sinnrichtung des Nebensatzes angeben (nisi: konditional; postquam: temporal), die Relativpronomina und Fragewörter. Achtung: Nebensätze können natürlich auch von anderen Nebensätzen abhängig sein (hier z. B. „nisi ... vivunt“)!

Übersetze zuerst den Hauptsatz und füge dann die Nebensätze ein.

B **ist eine Periode mit satzwertigen Konstruktionen**

Auch hier stehen zur Erleichterung die Bestandteile der Hauptaussage ganz links.

Die Signale, die auf satzwertige Konstruktionen hinweisen können, sind:
- Partizipien → Participium coniunctum oder Ablativus absolutus
- Infinitive → AcI
- nd-Formen: werden im Deutschen oft wie eine satzwertige Konstruktion übersetzt.

Die satzwertigen Konstruktionen sind wie Nebensätze eingerückt und zusätzlich durch Klammern { } gekennzeichnet.

Lasse auch hier zunächst die satzwertigen Konstruktionen weg und übersetze nur den Hauptsatz; erschließe dann eine treffende Wiedergabe für die satzwertigen Konstruktionen.

C **enthält sowohl Nebensätze als auch satzwertige Konstruktionen**

Prüfe anhand der bekannten Signale, ob ein Nebensatz oder eine satzwertige Konstruktion vorliegt. Den Hauptsatz erkennst du wieder daran, dass er ganz links abgedruckt ist.

Markiere die Sätze bei Bedarf auf einem gesonderten Blatt wie in A und B. Übersetze zunächst den Hauptsatz. Binde dann die Nebensätze und die satzwertigen Konstruktionen sinnvoll ein.

Der Hadrianswall in Nordengland.

INHALT

GRUNDWISSEN

Vorsicht Grenze!

In die **mittlere Kaiserzeit** (2./3. Jh.) fällt die größte **Ausdehnung des Imperium Romanum** unter Kaiser **Trajan** (98 – 117 n. Chr.). Sein Nachfolger **Hadrian** (117 – 138 n. Chr.) konzentrierte sich in erster Linie darauf, sichere Grenzen für das Reich zu schaffen. Das bedeutete auch, dass er von seinem Vorgänger eroberte Gebiete zum Teil wieder aufgab. Vor allem aber legte er neue Grenzbefestigungen (limites) an, z. B. den Hadrianswall im Norden Englands (vgl. Abb. S. 60/61), und baute bestehende aus (den 550 km langen Obergermanisch-Rätischen **Limes** im heutigen Deutschland), um das Imperium vor Überfällen der „Barbaren" zu schützen. Nicht nur Bewegungen von Personen, sondern auch der Warenaustausch konnte auf diese Weise zuverlässig kontrolliert werden. Durch Einfuhrzölle wurden zusätzliche Einkünfte geschaffen und die Einnahmen römischer Händler sichergestellt (→ S. 63).

Rekonstruktion eines Limeswachturms.

SPRACHE

1 Partizipialausdrücke

Übersetze und gib jeweils an, ob ein PPA oder ein PPP vorliegt:

1. populus inopia commotus **2.** cives provinciam relinquentes **3.** milites beneficiis gaudentes

2 Wortschatz: Bedeutungen

Wähle die richtigen Bedeutungen aus:

1. consulere *m. Dat.*: jdn. befragen ▪ für jdn. sorgen ▪ gegen jdn. einschreiten
2. temptare: versuchen, angreifen ▪ ordnen, lenken ▪ zügeln, maßregeln
3. praeterea: außer ▪ inzwischen, unterdessen ▪ außerdem

3 Wortschatz: Verwechselbare Wörter

Gib die Bedeutungen an:

1. committere ▪ commovere ▪ comperire
2. respondere ▪ restituere ▪ relinquere

Die Grenze muss gesichert werden!

121 n. Chr.: Gaius Sempronius, der Statthalter der Provinz Rätien, ist soeben von einer Reise zurückgekehrt und findet einen Brief des Kaisers Hadrian vor, in dem dieser eine Inspektionsreise ankündigt. In seinem Antwortschreiben an den Kaiser schildert Sempronius die Situation in der Provinz und berichtet von Bedrohungen der römischen Grenze.

C. Sempronius Hadriano imperatori salutem dicit.

Itinere meo confecto epistulam tuam gratus accepi. Nuntio tuo, domine, quo adventum tuum indicavisti, maxime gaudeo. Item cives, qui beneficia tua bene sciunt, gratiam habent tibi, cum semper saluti populi Romani consulas. Comperire vis, quae condicio provinciae sit. Aperte respondebo:

Ecce, gentes exterae cupiditate praedae commotae e diversis lateribus provinciam saepe temptant. Saepe fures furtis commissis imperium rursus relinquunt, cum nemo fere finem defendat. Ita fieri potest, ut vici a manibus hostium vel a furibus opprimantur, equi pecoraque auferantur, cives saepius in servitutem deducantur. Ex quo sequitur, ut salus et libertas hominum usque summo in periculo sint. Isti hostes furesque, qui vel Romanos expellere vel ius neglegere volunt, audacia et avaritia semper nobis instant.

Praeterea mercatores barbari multas res, velut pecora, vinum, vestes, varios fructus crebri in fora nostra deferunt ac parvo vendunt – nullum portorium[1] solventes. Cives nostri parvo pretio gaudentes res parvo emunt. Mercatores autem Romani inopia dolent; quibus quippe portoria[1] remitti non possunt. Itaque vectigalia[2] necessaria, quibus templa, monumenta, munitiones restituuntur, a magistratibus exigi non possunt. Quam ob rem probo consilium fines imperii muro ligneo[3] turribusque altis muniendi et cingendi. Ita milites et portitores[4] imperio provideant!

Vale.

1 portōrium der Zoll
2 vectīgal, ālis *n* die Steuer
3 ligneus aus Holz
4 portītor, ōris der Zöllner

1. Erschließe anhand der Prädikate und Pronomina den inhaltlichen Aufbau des Briefes. Stelle die entsprechenden Vokabeln absatzweise in der Reihenfolge des Textes zusammen.
2. Paraphrasiere vor einer präzisen Übersetzung den Lagebericht in Z. 6 – 9 so, dass die dargestellte Bedrohung sprachlich verdeutlicht wird.
3. (PA) Arbeitet die einzelnen Aspekte der Gesamtlage heraus und prüft (auch anhand der Abbildungen auf S. 60 – 62), ob die geplanten Maßnahmen (vgl. auch S. 66 oben) sinnvoll sind.
4. Stelle die geschilderte Gefahrensituation in einer reißerischen Zeitungsmeldung dar. Wende dazu die Kenntnisse an, die du im Deutschunterricht in diesem Jahr erworben hast.

Kaiser Hadrian als Oberbefehlshaber. Die Bronzestatue diente als Kultbild in einem Legionslager in Judäa. Um 135 n. Chr.

INHALT

Wissen vernetzen

1. Belege anhand von geeignetem Kartenmaterial (z. B. aus Geschichtsbüchern oder dem Internet), dass Hadrian schon eroberte Gebiete wieder aufgegeben hat, und stelle mögliche Gründe für seine Entscheidungen zusammen.

2. (GA) Nutzt Bücher, Lexika und das Internet für die Bearbeitung folgender Arbeitsaufträge; organisiert eure Arbeit in Kleingruppen und legt vorab fest, wie ihr die Ergebnisse der Klasse vermittelt.

a) Der Limes wurde im 3. Jahrhundert aufgegeben. Begründet diese Entscheidung.

b) Auch heute noch werden dem Limes ähnliche Anlagen gebaut. Nennt einige Beispiele aus der Gegenwart oder der jüngeren Vergangenheit und vergleicht sie untereinander sowie mit dem Limes.

Das Kastell Weißenburg, in der Antike Biriciana genannt, am Obergermanisch-Rätischen Limes.

SPRACHE

1 Deutsch ist anders

Unterschiedlichen Satzbau beachten

BEISPIEL:

Imperator Hadrianus, postquam ex itinere rediit, litteras accepit.

Nachdem Kaiser Hadrian von der Reise zurückgekehrt war, erhielt er einen Brief.

BEACHTE: Wenn ein Haupt- und ein Nebensatz das gleiche Subjekt haben, stellt man dieses im Lateinischen besonders gern an die Spitze des gesamten Satzes, vor den Nebensatz. Im Deutschen wirkt der Satzbau eleganter, wenn das Subjekt in den Nebensatz hineingezogen wird.

Übersetze und markiere wie im Beispiel:

1. Gentes exterae, cum cultum Romanorum desiderarent, imperium Romanum saepe temptabant. **2.** Itaque multis furtis commissis imperator, postquam salutem imperii in summo periculo esse vidit, magistratus Romanos fines defendere iussit.

2 Kontext entscheidet

Übersetze; beachte die im Satzzusammenhang treffende Wiedergabe der fett gedruckten Wörter.

1. Mercatores barbari, qui res diversas parvo vendunt, civibus Romanis **grati** sunt. Sed Gaius Sempronius mercatoribus **gratus** non est: Portorium (*Zoll*) enim non solvunt. **2.** Mercatores barbari res **diversas** in provinciam deferunt. Saepe autem fures a gentibus **diversis** missi illas res rapiunt. **3.** Itaque C. Sempronius **exigit**, ut fines imperii muro ligneo (*hölzern*) muniantur. Profecto is murus **exactus est**.

Ein Bau für die Ewigkeit

Der geniale Architekt Apollodorus von Damaskus hatte schon unter Kaiser Trajan wichtige Bauten entworfen. Auch die Planungen für den Wiederaufbau des 110 n. Chr. niedergebrannten Pantheon (Panthēum) gehen wohl auf ihn zurück. Trajans Nachfolger Hadrian (117 – 138 n. Chr.) trieb die Planungen und deren Umsetzung voran.

Hadrianus: „More maiorum commotus de novo templo cogito. Tu quidem in tectis constituendis omnes superas. Quaecumque a te confecta esse videmus, praeclara sunt. Itaque te oro: Da mihi consilium!"
Apollodorus secum dicit: „Nescio, quid mihi faciendum sit. Imperator amicus mihi est – tamen eius superbiam timeo." Ad imperatorem: „Quidquid optas, ego efficiam."
Hadrianus: „Pantheo restituendo et dignitatem imperii ac gentis meae ostendere et deos nostros colere volo." Deinde dicit: „Certe hic locus idoneus est ad aedem condendam, quae omni aetate hominibus placebit."

Apollodorus präsentiert dem Kaiser seinen Entwurf. Um ihn zu überzeugen, fertigt er vor seinen Augen eine Zeichnung des Tempels an und erläutert so seine Ideen:

„Templum rotundum[1] erit. Tholus[2] ingens et egregie ornatus tectum templi erit. Quisquis contendit id fieri non posse, nihil veri dicit. Ingentissimi muri arte egregia confecti tholum[2] ferent, qui summo in loco foramen[3] habebit, per quod caelum aspicitur."

1 rotundus rund
2 tholus die Kuppel
3 forāmen *n* die Öffnung

1. Bestimme die im Text vorkommenden nd-Formen und übersetze sie passend zu diesem Kontext. 4 ★
2. Gib drei verallgemeinernde Relativpronomina aus dem Text an und deute ihre Aussageabsicht. 3 ★
3. Arbeite drei Motive Hadrians für den Wiederaufbau des Pantheon heraus und belege sie am Text. 6 ★
4. Paraphrasiere die Textpassage, in der das zwiespältige Verhältnis zwischen Apollodorus und Hadrian deutlich wird. 2 ★
5. Erläutere, wie sich die im Text beschriebenen Pläne für das neue Pantheon von denen eines klassischen römischen Tempels unterscheiden. 2 ★
6. Im Pantheon wurden vermutlich sieben Götter verehrt: Luna (Mondgöttin), Merkur, Mars, Jupiter, Venus, Saturn und Sol. Erschließe den Zusammenhang zwischen diesen Gottheiten und deute so auch die Form und die Öffnung im Dach des Tempels. 3 ★

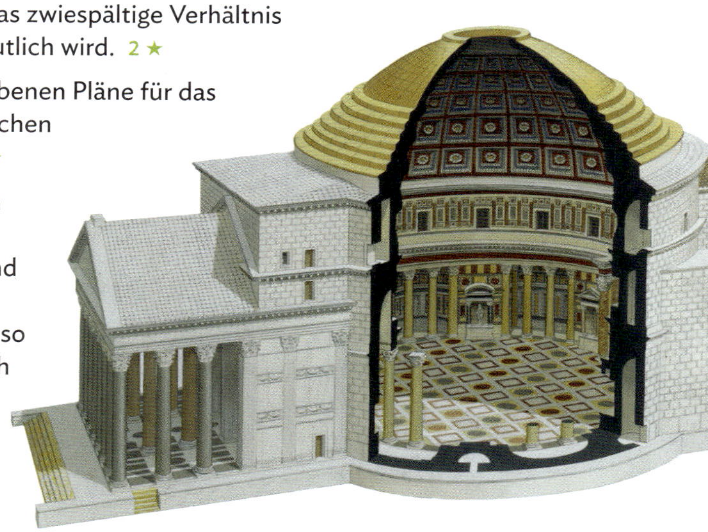

Das Pantheon in Rom. Rekonstruktion von Peter Connolly.

GRUNDWISSEN

Rom und die Germanen

Der Limes – römische Grenze im heutigen Deutschland

Zum Teil bildeten Flüsse, die von Patrouillenbooten gesichert wurden, den sogenannten „nassen Limes“: Dies war in der Provinz Germania superior (Obergermanien) der Rhein, dann über ein kurzes Stück der Main und in der Provinz Raetia östlich von Abusina (Eining) die Donau. Die übrigen Grenzen wurden mit dem „trockenen Limes“ befestigt, der unter Hadrian zwischen Rhein und Main zu einer Mauer mit Wachtürmen ausgebaut wurde. In Rätien schützte ein Palisadenzaun mit hölzernen Wachtürmen die Grenze.

Im Lauf der Zeit wurden im Hinterland in regelmäßigen Abständen Kohortenkastelle angelegt, von wo aus bei einem Überfall Soldaten zum Schutz der Grenze heranrücken konnten. Dennoch sollte der Limes nicht die römische strikt von der germanischen Welt trennen. Er ließ durchaus einen Kulturaustausch zu.

1. **(GA) Recherchiert, wie ein typisches Limeskastell in Rätien ausgesehen hat, und gestaltet dazu einen Übersichtsplan mit Erläuterungen.**
2. **Stelle Orte oder Städte zusammen, die ehemals in der Provinz Rätien lagen und sich aus einem Limeskastell entwickelt haben.**

Der Handel boomt

Aus zahlreichen dieser Schutzkastelle haben sich Dörfer oder sogar Städte entwickelt. Dies ist der Tatsache zu verdanken, dass sich um die größeren Kastelle, wo auch der Handel mit nichtrömischen Nachbarn blühte, Zivilsiedlungen mit Handwerkern, Händlern und Gasthäusern gebildet haben.

Als „Importwaren“ aus Rätien bzw. Germanien waren vor allem Holz, Getreide, Blei, Vieh, Sklaven, später auch Bernstein, Felle und blondes Haar begehrt. Dafür standen vor allem folgende Exportgüter bei den „Barbaren“ hoch im Kurs: Ton-, Bronze- und Glasgefäße, Silbergeschirr, Waffen, Ringe, Textilien und natürlich Wein. Mit den Waren hat auch die lateinische Sprache die Grenze überschritten: So hat das Lateinische vor allem im Bau-, Verkehrs- und Militärwesen, in der Landwirtschaft und im Handel seine Spuren hinterlassen.

An besonders gesicherten Kontrollposten wurde die Zahlung von Zoll verlangt, auch um „Dumpingpreise“ zu verhindern. Direkt vor den Grenzübergängen gab es die Möglichkeit, dass Römer und Nicht-Römer miteinander Handel trieben, ohne dass Zölle entrichtet werden mussten.

3. **Vergleiche die Import- bzw. Exportwaren auf römischer und germanischer Seite und erläutere auf dieser Basis die kulturelle (Weiter-)Entwicklung diesseits und jenseits des Limes.**
4. **Erschließe die deutschen Begriffe, die sich von folgenden lateinischen Wörtern ableiten: caseus – vinum – radix – murus – [via] strata – vallum**

Römische Lebensart nördlich der Alpen

Städte, die auf eine römische Gründung zurückgehen oder unter römischer Verwaltung standen, verfügten über Gebäude und Einrichtungen, die dem Wohl und dem Nutzen der Bevölkerung zugutekamen: Foren, Wasserleitungen, Thermen, (Amphi-)Theater und weitere Einrichtungen römischer Kultur und Lebensart. Diese komfortablere Lebensweise schätzten auch nicht-römische Bevölkerungsgruppen, die in diesen Städten ansässig waren. Zudem wurde dadurch die Akzeptanz der römischen Verwaltung und Herrschaft erhöht.

5. Erschließe anhand der geographischen Lage, warum die mit Dreiecken bezeichneten Lager von den Römern wieder aufgegeben wurden.
6. Vergleiche die Standorte der Legionslager Colonia Agrippina, Bonna und Castra Regina mit der Lage der anderen Standorte und erschließe strategische Vor- und Nachteile, die sich aus der Lage des Standorts ergeben.
7. Ermittle den Ort deiner Schule auf der Karte und gib an, auf welcher Seite des Limes er liegt.

Spuren der Römer: Inschriften in der Nähe des Limes

Gründungsinschrift eines Legionslagers

179 n. Chr. gründete Kaiser Mark Aurel das Legionslager Castra Regina, den Ursprung des heutigen Regensburg, wo die dritte italische Legion (Legio III Italica) stationiert war. Aus den erhaltenen Teilen der Inschrift lässt sich der folgende Text rekonstruieren:

Zeile 1: [Imperator Caesar, Divi Antonini Pii filius, Divi Veri Parthici Maximi] **frater, Divi Hadriani nepos, Divi Traiani Pa**[rthici pronepos, Divi]

Zeile 2: [Nervae abnepos, Marcus Aurelius Antoninus Augustus, Germanicus, Sarmat]**icus, Pontifex Maximus, tribuniciae potestatis XXXVI**[, Imperator VIIII, consul III, pater patriae]

1. Gib an, wo du in der Inschrift den Namen des Kaisers finden kannst, und nenne seinen vollen Namen; nutze dazu die Textrekonstruktion.
2. Die Bezeichnungen, die auf **-icus** enden, zeichnen jeweils einen Sieger über ein bestimmtes Volk oder einen bestimmten Stamm aus. Erschließe die Bedeutung von **Parthicus, Germanicus, Sarmaticus.**
3. Der Anfang der Inschrift klärt die Verwandtschaftsbeziehungen des Kaisers. Entwickle einen Stammbaum; erschließe dazu die Bedeutung von **nepos** und **pro-** bzw. **ab-nepos.**
4. Zeile 2 drückt aus, welche Ämter der Kaiser bereits wie oft innehatte. Gib sie an.

Weiheinschrift für einen Tempel

1. Weise nach, dass Rufonius Placidus aus der dritten italischen Legion einen Merkurtempel errichtet oder wiederaufgebaut hat.
2. Rufonius Placidus war **optio**. Recherchiere, was dieses Amt bedeutete.

Aufschriften auf Medikamenten

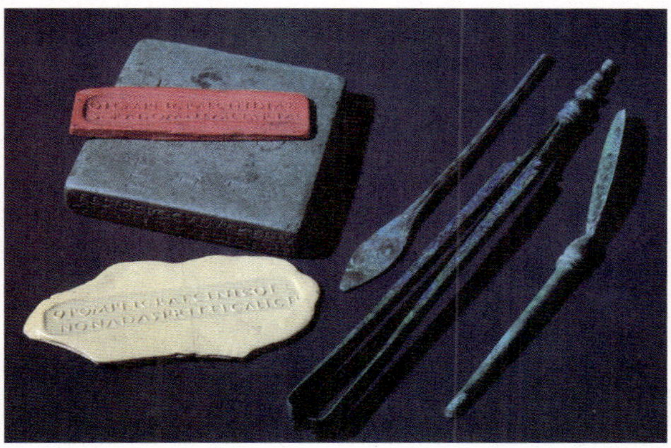

Römische Ärzte stellten aus Milch, Öl, Wein, Honig, Wachs und weiteren Zutaten wie Safran, Weihrauch oder Blei Salben her. Sie wurden zu quaderförmigen Paketen gepresst und konnten dann in Wasser aufgelöst und aufgetragen werden. Auf die Quader brachten manche Ärzte Stempel mit Aufschriften an.

Eine der Aufschriften auf einer Augensalbe lautet:

QUINTI POMPEI GRAECINI DIABSORBICUM AD OMNEM CLARITATEM FACIENS

1. Gib den Namen des Arztes an.
2. Erschließe die Bedeutung von **claritas** und stelle Vermutungen über die erwünschte Wirkung des Medikaments an.

TEXT 1

★ Lob eines Philosophenkaisers

Nach der Beisetzung von Kaiser Mark Aurel (161–180 n. Chr.) im Mausoleum Hadrians unterhalten sich zwei adelige Römer, Catilius und Fulvius, über den beliebten Regenten:

Catilius: „Ecce! Tot homines adsunt imperatori mortuo honorem tributuri, quot numquam hoc loco vidi!“

Fulvius: „Quicumque imperatorem cognovit, morte eius dolet – nonnullis enim quasi frater, pluribus quasi pater fuit. Constat omnes, qui funeri[1] intererant, dixisse illum nunc ad deos redisse.“

Catilius: „Certe solacium nobis afferunt dicta imperatoris ipsius, quae de morte neglegenda prolata esse scimus: Quisquis natus est, ei e vita excedendum est; nemini enim in terra remanere licet, ne iis quidem, quos divites potentesque omnes dicunt. Mors semper in conspectu est – incertum autem est, quo loco te exspectet.“

Fulvius: „Etiam haec dixit: Mortem multi acerbam putant, neque vero est malum. Finis est cupiditatum, sensuum, laborum. Nemo talem finem timere debet.“

1 fūnus, eris das Begräbnis

TEXT 2

★★ Eine Legende entsteht

Georg (Geōrgius, ī), ehemals ein Offizier unter Kaiser Diokletian, war 303 n. Chr. als Christ hingerichtet worden. Er hatte energisch für seinen Glauben gekämpft und sich für verfolgte Christen eingesetzt. Später wurden ihm wunderbare Taten zugeschrieben, z. B. ein Kampf mit einem Drachen (dracō, ōnis), der die Bewohner der Stadt Silena bedrohte ...

Quisquis ad urbem accessit, ab isto monstro peste[1] acerba affectus est. Ut pax tandem fieret, cives animali saevo oves[2] donabant, ne ipsi occiderentur. Ovibus[2] autem deficientibus consilium inierunt isti monstro homines sorte delectos[3] offerre. Aliquo autem die filia regis sorte delecta[3] est, quam pater vehementer amabat. Pater diu dubitabat, tum civibus haec dixit: „Faciam, quaecumque vultis. Tollite tantum mearum opum, quantum vobis placet – sed parcite filiae meae!“

Das Volk wollte dem König diesen Wunsch aus Gründen der Gerechtigkeit nicht erfüllen. Die Tochter wurde also vor die Stadt geführt und wartete auf den schrecklichen Drachen. Da sah sie den jungen Soldaten Georg heranreiten, den sie sogleich warnte:

„Fuge celeriter, iuvenis fortis, nam draco crudelis hic vivit. Te quoque tali modo interficiet, quali multos cives iam interfecit meque interfecturus est.“ Georgius autem crucem[4] prehendens incredibili quadam virtute draconem adeuntem petivit virginem pulchram servaturus. Et profecto ei contigit, ut bestiam armis fidei suae superaret.

1 pestis, is *f*: *vgl. Fw.*

2 ovis, is das Schaf

3 dēligere (*PPP* dēlēctum) auswählen

4 crux, crucis das Kreuz

WAS MIR VORAB HELFEN KANN

1. Ich erfasse Schlüsselbegriffe, die die Überschrift des Textes rechtfertigen, und nutze sie, um den Text in Sinnabschnitte einzuteilen.
2. Ich erschließe die Bedeutung des Substantivs **conspectus** (Z. 9) mit Hilfe eines bekannten Verbs.

WIE ICH DEN TEXT ERFASSEN KANN

3. Ich fasse den zentralen Gedanken jedes Abschnittes zusammen, in dem die beiden Römer die Philosophie Mark Aurels wiedergeben.
4. Ich recherchiere die wichtigsten Gedanken Mark Aurels zum Thema „Tod". Ich vergleiche sie mit meiner Zusammenfassung zu den einzelnen Abschnitten.

WO ICH WEITERDENKEN KANN

5. Ich recherchiere, worauf Mark Aurels Ruf des „Philosophen auf dem Kaiserthron" beruht und welche Lehre er vertrat (→ S. 38). So erkläre ich die Bedeutung der folgenden Sätze: **Finis est cupiditatum, sensuum, laborum. Nemo talem finem timere debet.** (Z. 11)

WAS MIR VORAB HELFEN KANN

1. Ich stelle Vokabeln aus dem Text zusammen, die sich auf die Abbildung beziehen, und erfasse so das Handlungsgerüst des Textes.
2. Ich erkläre, warum es sich bei den Wörtern „Drache" und „Pest" um Lehnwörter handelt.

WIE ICH DEN TEXT ERFASSEN KANN

3. Ich erschließe, was inhaltlich mit „**ab isto monstro peste acerba affectus est**" (Z. 1) gemeint ist.
4. Ich erschließe die in diesem Kontext passende Bedeutung von „**fides**" (Z. 10).
5. Ich beschreibe die Stimmung des Königs in Z. 4 – 6 und entwickle Gedanken, die ihm durch den Kopf gehen könnten.

WO ICH WEITERDENKEN KANN

6. Der heilige Georg begegnet uns auch heute noch. Ich recherchiere, was man über die Person des heiligen Georg weiß bzw. zu wissen glaubt und welche Bedeutung der Heilige für die Menschen hatte. Ich erkläre, wie und warum er mit Kaiser Diokletian (→ S. 76) in Verbindung gebracht wurde.

Der heilige Georg tötet den Drachen.

LEKTIONEN 32 – 34

ZEITEN DER WENDE

Die späte Kaiserzeit

Um 300 n. Chr. begann die späte Kaiserzeit, die den Übergang von der Antike zum Mittelalter bildet. Sie unterscheidet sich in vielem von der frühen und mittleren Kaiserzeit. Seit Kaiser Diokletian war das Reich geteilt: Statt eines Kaisers regierten nun mehrere, neben der Hauptstadt Rom gab es neue Residenzstädte (z.B. Trier und Byzanz). Germanen bekamen immer mehr Einfluss in der Verwaltung und im Heer.

Unsere Themen:

Kaiser Konstantin (306 – 337 n. Chr.)
- Schlacht an der Milvischen Brücke
- Residenzstädte Trier und Byzanz
- Toleranzedikt von Mailand (313 n. Chr.)

Das Christentum wird Staatsreligion (380 n. Chr.)

Der Siegeszug des Christentums

Auch der Umgang der Kaiser mit den Christen änderte sich grundlegend: Kaiser **Konstantin** erlaubte ihnen 313 n. Chr. im Toleranzedikt von Mailand die Ausübung ihrer Religion, 380 n. Chr. wurde das Christentum Staatsreligion.

Am Beispiel des heiligen Martin wirst du erfahren, was das für das Leben der Christen bedeutete: Wie sollten sie mit Jesu Aufforderung, sich um die Armen zu kümmern, im Alltag umgehen? Durften sie noch Kriegsdienst leisten, wo sie womöglich Menschen töten mussten? Das Beispiel der Philosophin Hypatia zeigt, dass Christen genauso gewaltbereit sein konnten wie einst ihre Verfolger. Mit Justinian begegnet dir ein Kaiser des oströmischen Reiches, der die Entwicklung des Rechtswesens bis heute geprägt hat.

Christen im Alltag

- Der heilige Martin: Fürsorge für die Armen und Verzicht auf Gewalt (4. Jh.)
- Die Philosophin Hypatia: Gewalt gegen Andersgläubige (um 400 n. Chr.)

Untergang des weströmischen Reiches (476 n. Chr.)

Justinian (527 – 565 n. Chr.)

Sammlung und Ordnung des Rechts – eine bleibende Leistung

Das Zeichen am Himmel

Nach der Reichsteilung durch Kaiser Diokletian wollte Konstantin (Cōnstantīnus) seinen Mitregenten Maxentius (Maxentius) loswerden. Die Schlacht an der Milvischen Brücke vor den Toren Roms sollte die Entscheidung bringen: Von den christlichen Zeitgenossen wurde diese Auseinandersetzung als entscheidender Wendepunkt angesehen, da sie den Sieg auf Konstantins Hinwendung zum Christentum zurückführten.

A Constantinus, qui bellum contra Maxentium initurus esset, haec secum cogitavit: „Maiores nostri sacra fecerunt deis, qui auxilium ferrent. Equidem nunc quaero talem deum, qui in periculo mihi adsit. Non dubito, quin numen sit, quod auxilio veniat."

B Vor der Entscheidungsschlacht an der Milvischen Brücke soll Konstantin am Himmel ein Kreuz (crux, crucis) erschienen sein; er kannte dies als Zeichen der Christen.
Constantinus, dum hoc signum tuetur, valde miratus est. Nam in cruce haec verba scripta erant: „Hoc signo vinces!" Postera autem nocte Christus in somnio (*Traum*) eum hortatus est, ut scuta (*Schilde*) militum hoc signo crucis (*Kreuz*) afficeret. Non iam veritus, ne proelium adversus Maxentium iniret, Constantinus nunc omnia experiri cupit et summa vi pugnare conatur. Certe enim scit: „Nullo modo cladem (*Niederlage*) patiar."

C Denique Maxentius fuga salutem petivit. Christus Constantino victoriam donavisse videbatur. Itaque Constantinus Christo gratiam habuisse dicitur. Multi dicunt imperatorem ipsum postea Christianum factum esse.

Giulio Romano: Kaiser Konstantin erscheint das Kreuz. Um 1520.

A Der Konjunktiv kann im Relativsatz eine bestimmte Sinnrichtung ausdrücken. Überprüfe dies an Z. 1–4: Übersetze die Hauptsätze und überlege, welche Zusatzinformation jeweils sinnvoll wäre (z. B. die Angabe eines Grundes, einer Folge oder einer Absicht). Erschließe dann jeweils eine freiere Wiedergabe für das Relativpronomen.

C Untersuche den zweiten und dritten Satz, insbesondere das Genus verbi der Prädikate. Erkläre dann den Begriff „Nominativ mit Infinitiv" (NcI).

A1 Mehrdeutig. Bestimmt im Wettbewerb alle möglichen Kasus, Numeri und Genera der folgenden Formen.

qui ▪ quibus ▪ cuius ▪ quorum ▪ quae ▪ quo ▪ quod ▪ cui

A2 Einer von Konstantins Soldaten hat Angst vor Maxentius. Übersetze und erfasse jeweils den Nebensinn des konjunktivischen Relativsatzes.

1. „Timeo Maxentium, qui crudelis sit. **2.** Maxentius talis est vir, qui nos acerrime appetat. **3.** Eius milites, qui fortes sint, pericula non timent. **4.** At Constantinus huc duxit nos, qui hostem imperii Romani vincamus. ▷ **5.** Tales sunt omnes Constantini milites, qui maxima pericula subeant. **6.** Nostri milites digni sunt, qui laudentur. ► **7.** Bestimme den adverbialen Nebensinn und übersetze: Quis est, qui Maxentium vincat?“ ▷ T

A3 Weitere Soldaten äußern sich. Übersetze.

1. „Non dubito, quin plurimi milites, qui intra moenia sint, etiam Constantinum timeant.“ **2.** „Constantinus multos milites, qui Maxentio parerent, in armis esse dixit.“ ▷ **3.** „Multi milites Maxentium laudare negant, quia iniquus sit.“ ► **4.** „Quis est, qui eum, cui parere nolit, sequatur?“

B1 Bringe die Formen in die richtige Reihenfolge und übersetze.

1. conaris – conamini – conantur – conamur – conor – conatur **2.** patiuntur – pateris – patior – patitur – patimini – patimur **3.** experta est – expertae sumus – experta sum – expertae estis – experta es – expertae sunt ▷ **4.** vereremur – vererentur – vereremini – vererer – vereretur – verereris ► **5.** veremini – verere ▷ T

B2 Die Schlacht beginnt. Setze folgende Deponentien richtig ein und übersetze.

pati – hortatur – experiuntur – verebar

1. Constantinus ante proelium suos ? : **2.** „Milites, ego primo ? , ne proelium adversus Maxentium inirem. **3.** Sed nunc scio nos nullo modo calamitatem ? .“ ▷ **4.** Tum proelium incipit; et milites Constantini et milites Maxentii omnia ? . ► **5.** Bilde die richtigen Formen von **tueri** und **conari**: Constantinus iterum hortatur: „Viri, crucem (*das Kreuz*) ? et hoc signo vincere ? !“ ▷ T

C Über Konstantin. Übersetze.

1. Multi dicunt Constantinum primum imperatorem Christianum fuisse. Constantinus primus imperator Christianus fuisse dicitur. **2.** Sed alios quoque deos vereri videbatur. **3.** Helena, Constantini mater, crucem (*das Kreuz*) Christi repperisse putatur. ▷ **4.** Quae etiam baptizata (baptizare *taufen*) esse dicitur. ► **5.** Formuliere den Satz als NcI: Nonnulli Constantinum divum esse putant. ▷ T

INHALT

GRUNDWISSEN

Ein „Rom“ in Germanien

Ende des 3. Jahrhunderts befand sich das Römische Reich in einer wirtschaftlichen und machtpolitischen Krise, die die **späte Kaiserzeit** einleitete. Kaiser **Diokletian** (284 – 305 n. Chr.) versuchte die Krise dadurch zu beheben, dass er das Reich in West und Ost teilte und die Verwaltung dezentralisierte, indem die Herrschaft auf vier Herrscher verteilt wurde (Tetrarchie).

Als **Konstantin** (→ S. 74) zum Caesar ernannt wurde, musste auch er sich die Herrschaft zunächst teilen. Seine Kaiserresidenz hatte er zuerst in Trier (Colonia Augusta Treverorum). In ihrer Anlage und auch kulturell machte diese Stadt Roms Macht nördlich der Alpen sichtbar und bot das Bild eines zweiten Rom.

Konstantin erkannte, dass es seine Herrschaft stärken würde, wenn er die Christen als Verbündete hatte. So erlaubte er mit dem **Toleranzedikt von Mailand** 313 n. Chr. das Christentum offiziell, ohne die anderen Religionen wesentlich einzuschränken. Durch den Sieg über seinen Rivalen Maxentius (→ S. 74) einte Konstantin das Reich für eine gewisse Zeit wieder und machte Konstantinopel (Byzanz, heute Istanbul) zur Hauptstadt.

Rekonstruktion der Barbara-Thermen im kaiserlichen Trier. Die Thermen umfassten eine Fläche von 42.000 m² und waren damit die zweitgrößte Badeanlage des Römischen Reiches.

SPRACHE

1 AcI

Wähle die Sätze mit einer AcI-Konstruktion aus. Benenne jeweils die Bestandteile des AcI und übersetze die Sätze.

1. Intellexi virtutem nostram. **2.** Intellexi virtutem nostram maiorem esse vestra. **3.** Videmus vim hostium crescere. **4.** Videmus manum hostium.

2 Verwendung des Konjunktivs

Begründe die Verwendung des Konjunktivs in den folgenden Sätzen und übersetze.

1. Germani corpora totiens exercent, ut fortissimi sint. **2.** Quaeris, quare hoc non intellexerim. **3.** Milites exerceant corpora, ut parati sint ad fortissime pugnandum! **4.** Ne contenderis virtutem Germanorum maiorem esse virtute Romanorum!

3 nd-Formen im Präpositionalausdruck

Übersetze treffend:

paratus ad respondendum ▪ in monendo ▪ in patria defendenda ▪ ad intellegendum

Ausgerechnet Germanen?

Trier besaß eine berühmte Gelehrtenschule, in der Rhetorikstudenten lernten, eindrucksvoll und überzeugend zu reden, um später in der Politik erfolgreich zu sein. Dazu hielten sie wirklichkeitsnahe Übungsreden. Der Student Septimus hatte sich eine Rede Kaiser Konstantins an seine Soldaten überlegt – sein Thema: „Warum Germanen zu Grenzsoldaten machen?“

Quaeritis, milites, quare Germanos captivos milites fecerim. Res ipsa me monuit et hortata est: Manus hostium in dies[1] crescunt, deficit nostri exercitus vis. Itaque intellexi: Maiore numero equitum opus est, qui limitem defendant. Ergo conatus sum equitatum Germanis augere. Nam Germani tam frequentes equis utuntur, qui in hostibus persequendis adesse nobis possint.

Viri imprimis ad bellum idonei esse videntur, qui plurimum pugnantes corpora exerceant. Nonne furorem eorum experti sumus? Nonne miramini, quanta sit virtus eius nationis? Virtutem Germanorum illo libello, qui „Germania“ dicitur, Tacitus satis extulit: Germani etiam hiemem facile pati dicuntur. Sunt, qui vultus eorum tam feros esse contendant, ut Germanis ipsis terrorem afferant.

Veritus, ne illi proximos suos Rhenum transire sinant, certe dicet aliquis: „Memoria teneo Germanos Coloniam Augustam Treverorum vastam reddidisse! Timeo, ne periculum novum efferatur. Res nefarias suspicor. Pollicere hoc numquam futurum esse[2]!“ Illi autem respondebo: „Arbitror complures mulieres Germanas viris Romanis nupsisse atque amicitiā Romanorum uti. Ea natio etiam fidem magni aestimare dicitur. Ceterum magnus numerus mercatorum hanc urbem petit, qui curribus frumentum portent.“

Certe scio: Germani parati erunt ad fortissime pugnandum, ad vulnera accipienda, supra ad moriendum pro patria nostra. Inde vos obsecro atque hortor: Patimini Germanos finem nostrum tueri!

1 in diēs von Tag zu Tag

2 futūrum esse *Inf. Futur von* esse

1. (PA) Gliedert die Rede, auch mit Hilfe der verwendeten Konnektoren, und notiert aus jedem Abschnitt Begriffe, die für den Einsatz von Germanen sprechen.
2. Übersetze die im Text vorkommenden NcI möglichst elegant.
3. Paraphrasiere Septimus’ Argumente.
4. Welches Germanen-Bild vermittelt der Text? Stelle dazu
   a) die Vorzüge der Germanen, die genannt werden, und
   b) die Eigenschaften der Germanen, die aus der Perspektive der Römer eher unzivilisiert wirken, zusammen.
5. Belege am Text, dass Septimus auch auf die Anziehungskraft der römischen Kultur und den damit verbundenen Kulturaustausch setzt (vgl. auch S. 66).
6. Trage die Rede wirkungsvoll lateinisch vor.
7. Stellt Gedanken für eine Übungsrede in der Gelehrtenschule von Trier zusammen. Setzt euch das Thema, ausgehend von den Informationen auf S. 66 – 69, selbst.

Ausrüstung eines römischen Auxiliarsoldaten im 3. Jh. n. Chr.

INHALT

Wissen vernetzen

1. Stelle mögliche Vorteile einer Reichsteilung in Ost- und Westrom zusammen, wie Diokletian sie vorgesehen hat. Deute dazu auch die Reliefdarstellung der vier Herrscher (Tetrarchen).
2. Trier wurde auch als „zweites Rom" bezeichnet. Stelle Bauwerke und Einrichtungen zusammen, die dort vorhanden gewesen sein müssen, damit dieser Titel zutraf. Vergleiche dann deine Zusammenstellung mit einem Plan des römischen Trier, den du im Internet findest. Nutze geeignete Suchbegriffe. Präsentiere deine Ergebnisse in Form eines (Werbe-)Flyers für ein Leben im „Rom Germaniens".

Die sog. Gruppe der Tetrarchen am Markusdom in Venedig.

SPRACHE

1 Deutsch ist anders

NcI im Deutschen wiedergeben

BEISPIEL:	BEACHTE:
Temporibus antiquis Germani barbari esse putabantur. In alten Zeiten glaubte man („wurde geglaubt"), dass die Germanen Barbaren sind (die Germanen seien Barbaren). *Long time ago Teutons were supposed to be barbarians.*	Während es im Englischen eine NcI-Konstruktion wie im Lateinischen gibt, ist eine wörtliche Wiedergabe des NcI im Deutschen nicht möglich. Meist passt die Verwendung eines dass-Satzes (wie beim AcI) oder eine Infinitivkonstruktion. Das Passiv beim Prädikat des Satzes gibt man am besten mit unpersönlichem „man" wieder.

Übersetze:

1. Germani captivi milites Romani fieri iubentur. **2.** Nam ea gens summa virtute esse videtur. **3.** Imperator equitatum Germanis auxisse dicitur ad hostes prohibendos.

2 Kontext entscheidet

Erschließe aus dem jeweiligen Satzzusammenhang die treffende Wiedergabe der fett gedruckten Wörter.

1. **Manus hostium** versucht, die Grenze zu überschreiten. Der Soldat hält einen Feind **dextera manu** fest. **2.** **Multi mirantur**, weshalb Konstantin diese Entscheidung getroffen hat. **Imperator miratur** die Tapferkeit der germanischen Männer. **3.** Diese haben von klein auf gelernt, **multos labores pati**. Der Kaiser **patitur** keinen Widerspruch. **4.** Wenn die Bürger ihn nicht **ut deum verentur**, müssen sie **vereri, ne poena afficiantur**.

3 Wortfamilien bilden

Nenne aus WS 32 jeweils ein neu gelerntes Wort aus der gleichen Wortfamilie wie **amicus**, **mors**, **terrere**, **equus**, **ferre**, **plus** und **prope**.

Ein neues Rom entsteht

Mit Kaiser Konstantin (Cōnstantīnus) bricht für Rom in vielerlei Hinsicht eine neue Zeit an.

Kaiser Konstantin mit dem Stadtmodell Konstantinopels. Mosaik in der Hagia Sophia in Istanbul.

Constantino imperatore tandem decretum est neminem iam propter religionem opprimendum esse. Princeps ipse religionem Christianam maxime probabat, cum crederet se Christo auctore contra Maxentium vicisse. Romae primas basilicas[1] Christianas condi iussit.

Postea etiam lege constitutum est neque deos antiquos colendos neque templa eorum ineunda esse. Principes autem templa deorum exstincturi non erant, sed secum cogitabant: „Quaedam templa in basilicas[1] Christianas mutemus! Utinam eius modi basilicae[1] deo nostro placeant!“

Pace facta Constantinus decrevit urbem Byzantium[1] alteram Romam fieri. Illam urbem, quam nomine principis Constantinopolim[1] appellatam esse scimus, monumentis pulcherrimis ornaturus erat. Constantinopolis[1] mox tantam pulchritudinem[1] oculis praebuit quantam nulla alia urbs.

Postquam imperium divisum est in partem occidentalem[1] et orientalem[1], illa urbs alterum caput imperii Romani facta est. Urbe Roma a barbaris iam capta Constantinopolis[1] adhuc valebat.

1 *vgl. Aufg. 1*

1. a) Erschließe die Bedeutung der folgenden Wörter über bekannte Fremdwörter und aus dem Kontext: **basilica**, **occidentalis**, **orientalis**.

   Zu **Byzantium** und **Constantinopolis** vergleiche ggf. das Eigennamenverzeichnis.

   b) Erschließe mit Hilfe der Regeln zur Wortbildung (→ 30 M, S. 149) die Bedeutung des Substantivs **pulchritudo**.
2. Erkläre die im Text vorkommenden Konjunktive und gib sie im Deutschen passend wieder.
3. Stelle aus dem Text die Formen von **fieri** zusammen und finde jeweils eine im Kontext passende Übersetzung.
4. Erkläre, inwiefern die Überschrift zweideutig ist. Beachte dabei auch die Abbildung zum Text.
5. Auch das Pantheon (→ S. 65) wurde zur christlichen Kirche: Recherchiere im Internet oder in einem Reiseführer der Stadt Rom, in welcher Beziehung der kirchliche Feiertag, der am 1. November begangen wird, zu diesem Bauwerk steht.

Ein ungewöhnlicher Soldat

A Als ein hochrangiger römischer Soldat im 4. Jh. n. Chr. einen Sohn bekommt, hat er große Pläne:
„Certe filius meus miles fortis erit, certe imperatori bene serviet. Eum multos hostes victurum (esse) puto. Spero (*ich hoffe*) eum non solum militem acrem ac fortem futurum esse (fore); sed confido etiam legiones nostras eum secuturas esse."

El Greco: Der heilige Martin und der Bettler. 1597 – 1599.

B So nannte er seinen Sohn nach dem römischen Kriegsgott Martin (Martīnus). Als Sohn eines Offiziers war Martin zum Militärdienst verpflichtet. Er wollte aber Christ werden. Von dem jungen Soldaten ist folgende Legende überliefert:
Quadam hieme, cum vi algoris (*Kälte*) multi homines iam perissent, Martinus pauperi cuidam occurrit. Secum cogitavit: „Quid **faciam**? Num virum vi algoris perire **sinam**? Ille **moriatur** – itaque opem ferre debeo." Martinus autem nihil praeter arma et vestem (*Mantel*) militis secum habebat. Statim gladio vestem in duas partes divisit, quarum alteram pauperi dedit, alteram ipse tenuit. Comites mirati sunt: „Credere non possumus militem Romanum partem vestis isti pauperi donare. Nemo hoc **crediderit**."

C Martinus autem celeriter abiit. Neque enim id fecerat gloriam sibi paraturus; sed vestem diviserat viri pauperis servandi causa. Postera nocte in somno vidit virum quendam ea parte vestis, quam pauperi dederat, tectum; tum cognovit illum virum Christum esse. Qui dixit: „Martinus illa veste me texit." His verbis auditis Martinus hanc sententiam Christi intellexit: „Quidquid minimo homini fecistis, mihi fecistis." Martinus, cum esset annorum duodeviginti (*18*), parentibus invitis baptizatus est (*er wurde getauft*). Tribuno autem ei persuadente miles esse non desinebat. Nam sperabat (*er hoffte*) se cum hostibus pugnaturum non esse.

B Die hervorgehobenen Konjunktive drücken Folgendes aus:
- eine Überlegung bzw. eine Unentschlossenheit (Konjunktiv Präsens)
- eine Möglichkeit bzw. eine Abschwächung (Konjunktiv Präsens oder Perfekt)

Ordne richtig zu und übersetze treffend.

C
1. Nenne aus **C** je ein Beispiel für die folgenden satzwertigen Konstruktionen: Ablativus absolutus, Participium coniunctum, Akkusativ mit Infinitiv, attributives Gerundiv.
2. Untersuche die Participia coniuncta und die Akkusative mit Infinitiv und gib jeweils das Zeitverhältnis an.

A1 Bestimme die Infinitive nach Tempus und Genus verbi.

orare ▪ oraturum esse ▪ oravisse ▪ divisum esse ▪ divisurum esse ▷ surrexisse ▪ surrecturum esse ▪ daturum esse ▪ datum esse ▪ dari ► secutum esse ▷ T

A2 Väter über ihre Söhne. Übersetze und weise den Satz jeweils einer Person zu.

Philipp von Makedonien – Anchises – Laios – Mars

1. „Puto filium fortem ex urbe ardente me educturum esse." **2.** „Scio filium meum Romam conditurum esse." **3.** „Credo hunc puerum imperatorem fortissimum fore et totum orbem terrarum capturum esse." ▷ **4.** „Spero (*ich hoffe*) filium neque me interfecturum neque matrem uxorem ducturum (*heiraten*) esse." ► Übersetze und nenne Vater und Sohn: **5.** „Scio senatum Romanum meo filio auctore rem publicam restituturum esse."

B1 Weise die folgenden Konjunktiv-Formen dem entsprechenden Tempus zu.

accipiam ▪ necaretur ▪ putaveris ▪ dubitet ▪ impellat ▪ fecissemus ▷ necem ▪ mitteretur ▪ existimet ► Bilde zu allen Formen, die nicht im Präsens stehen, die entsprechende Präsensform. ▷ T

B2 Übersetze die Überlegungen der Soldaten, als sie Martins erstaunliche Tat sehen.

1. Quid agamus? **2.** Num viro vestem tollamus? **3.** Iusserimus pauperem Martino vestem reddere. **4.** Ille pauper autem moriatur. ▷ **5.** Sed cives Romani existiment nos miseros esse. **6.** Quid faciamus? ► **7.** Narremus hominibus de facto Martini! **8.** Sed quis hoc credat? ▷ T

C1 Ablativus absolutus, AcI oder Pc? Bestimme und übersetze.

1. Martinum militem honestum fuisse audivimus. **2.** Viro paupere auxilium petente Martinus misericordiā (*Mitleid*) captus est. **3.** Pauper Martino vestem donanti gratiam habuit. ▷ **4.** Veste divisa et pauperi donata comites Martinum valde mirabantur. ► **5.** Patre invito Martinus deum novum coluit arbitratus se religionem veram invenisse.

C2 Die Regel des heiligen Benedikt: **„Ora et labora"**. Übersetze.

1. Nobis orandum et laborandum est. **2.** Benedictus nos et orare et laborare iussit. **3.** Saepe oro laborans. **4.** Labore confecto oro. **5.** In labore conficiendo oro. ▷ **6.** Quando mihi orandum est, quando mihi laborandum est? **7.** Initio facto sine fine oro. ► **8.** Benedictus dixit orantibus laborandum et laborantibus orandum esse. ▷ T

Der heilige Benedikt übergibt seinen Mönchen die neue Ordensregel. Französische Buchmalerei. 1129.

INHALT

GRUNDWISSEN

Von der Randgruppe zur Staatsreligion

Kaiser **Konstantin** hatte zwar die freie Religionsausübung erlaubt und damit das Christentum legalisiert, er selbst wollte sich aber noch nicht auf den neuen Glauben festlegen. Erst auf dem Totenbett ließ er sich taufen.

Nachdem Kaiser **Julian** (360 – 363 n. Chr.) zum letzten Mal wenig erfolgreich eine Rückbesinnung auf die alten Götter eingefordert hatte, wurde unter Kaiser **Theodosius** (379 – 394 n. Chr.) das Christentum 380 n. Chr. zur Staatsreligion erhoben. Heidnische Kulte wurden zunächst noch toleriert, doch etwa zehn Jahre später wendete sich das Blatt: Sämtliche heidnischen Kulte wurden verboten. Theodosius schaffte 394 n. Chr. sogar die Olympischen Spiele ab. Doch erst unter Kaiser **Justinian** (527 – 565 n. Chr.) wurden die letzten geduldeten Tempel geschlossen, um die „alten" heidnischen Kulte endgültig zu beseitigen. Oft wurden dann aber Tempel zu christlichen Kirchen umgebaut bzw. umgewidmet.

Der Tempel des Antoninus Pius und der Faustina in Rom. Dank der Umwandlung in die Kirche San Lorenzo in Miranda ist er einer der am besten erhaltenen antiken Tempel Roms.

SPRACHE

1 Verben: Futurformen und Konjunktivformen

Lege zwei Spalten (Futur und Konjunktiv Präsens) an und trage die folgenden Formen ein. Gib die doppeldeutigen Formen zweimal an.

efficias ▪ petam ▪ dubitet ▪ existimem ▪ putemus ▪ iurent ▪ accipiat ▪ serviam ▪ servies ▪ serves

2 Partizip Futur Aktiv

Übersetze die folgenden Ausdrücke und Sätze.

1. imperator militibus pecuniam donaturus **2.** Imperator militibus pecuniam donaturus est. **3.** Milites fortiter pugnaturi sunt. **4.** imperator contra hostes processurus **5.** Imperator milites mittit pacem petituros.

3 Satzwertige Konstruktionen

Benenne die jeweils vorliegende Konstruktion und übersetze.

1. Provincia armis petita imperator militibus pecuniam donavit.
2. Imperator milites fortiter pugnare putat. **3.** pacis petendae causa

Können Christen Soldaten sein?

Zur Zeit von Kaiser Julian (→ S. 82) überfielen immer wieder Germanenstämme die römische Provinz Gallien, die der Kaiser mit seinem Heer sichern wollte. Als Offizier im römischen Heer diente auch der Christ Martin (→ S. 80). Als Julian beschloss, den Kampfgeist seiner Truppen mit Geldgeschenken zu heben, sah Martin den Moment der Entscheidung gekommen ...

Germanis Galliam provinciam armis petentibus imperator Iulianus singulis militibus aurum et argentum donavit. Speravit enim milites dono accepto fortius pugnaturos esse ac proelium ita secundum fore. Tum vero Martinus: „Quid faciam?“, secum cogitabat. „Num donum imperatoris accipiam, quo saevius barbaros necem? Quotiens dubitabam, num pugnis interessem! Tempus opportunum est, ut missionem[1] petam.“

Itaque imperatori haec confessus est: „Usque ad hunc diem tibi serviebam. Officium militis praestabam fortiter pugnando. Nunc permitte, quaeso, ut serviam Deo. Hostes necare nolo. Neque iam dona tua appetam: Magnam pecuniam, amplam villam, multos servos possidere nihil refert. Quod didici.“

Imperator verum Martinum acriter reprehendit: „Nonne omnes milites iuraverunt se quam fortissime semper pugnaturos esse? Nemo dubitet, quin mens mala – sive potius conspectus hostium – te impellat.“ Ad haec Martinus: „Me militem parum fortem esse opinatus sis. At ego promitto me sine armis contra aciem adversam processurum esse.“ Et addidit: „In nomine Domini Iesu – signo crucis modo tectus – impetum eorum solus impediam.“ Tum imperator voce aspera: „Hercule! Nemo te isto modo barbaros pulsurum existimet.“

Barbari autem milites e castris non eduxerunt, sed pacis petendae causa legatos miserunt. Itaque Christiani proferebant Dominum ipsum effecisse, ut pariter Martinus omnesque milites servarentur.

1 missiō, ōnis die Entlassung (aus dem Militärdienst)

1. Ermittle die Hauptakteure mit ihren Handlungen und stelle über den groben Handlungsverlauf des Textes Vermutungen an; nutze u. a. die Subjekte (außerhalb der wörtlichen Reden) und die Prädikate.
2. Beschreibe den Gewissenskonflikt, in dem Martin sich befindet.
3. Erschließe für jeden Absatz des Textes, wie sich der Konflikt zwischen Martin und dem Kaiser steigert.
4. Nimm in einem Brief an den Kaiser Stellung zum Tadel an Martin. Beziehe das Bild in deine Überlegungen ein.

INHALT

Wissen vernetzen

1. a) Weise anhand der Darstellung auf dem folgenden Medaillon nach, dass sich Konstantin nicht eindeutig als Christ positionieren wollte, und suche eine mögliche Erklärung dafür.
b) Deute die Aufschrift mit Hilfe deines Wissens über Konstantin (→ S. 74 f.):
IMP CONSTANTINVS PF AVG (Hilfe: **P**(ius) **F**(elix))

2. (GA) In Rom gibt es viele Kirchen an Stellen, wo früher heidnische Tempel und Heiligtümer standen. Recherchiert arbeitsteilig die Geschichte von folgenden Kirchen und stellt sie den Mitschülern vor: San Lorenzo in Miranda – Santa Maria sopra Minerva – San Clemente – Santi Cosma e Damiano – Santa Francesca Romana.

3. Erschließe aufgrund der Gebäudeform und der Nutzung, weshalb frühe christliche Kirchen in der Architektur oft einer Basilika und nicht einem römischen Tempel nachempfunden sind. Nutze dazu Grundrisse von römischen Tempeln und Basiliken sowie von christlichen Basiliken (z. B. der Konstantinbasilika in Trier).

4. Christen begehen den Gedenktag des heiligen Martin am 11. November. Informiere dich über die Bräuche zu diesem Tag und stelle sie deinen Mitschülern vor.

Silbermedaillon mit dem Porträt Kaiser Konstantins. Um 315 n. Chr.

SPRACHE

1 Deutsch ist anders

Potentialis im Deutschen	
BEISPIEL: Putaveris me militem parum fortem esse. Du glaubst vielleicht, dass ich als Soldat nicht tapfer genug bin.	**BEACHTE:** Im Deutschen gibt es keine Verbform, um den lateinischen Potentialis auszudrücken. Daher musst du den lateinischen Konjunktiv mit deutschem Indikativ übersetzen und „abschwächende“ Wörter einfügen (z. B. „könnte“, „dürfte wohl“, „vielleicht“, „eventuell“).

Übersetze schriftlich und unterstreiche in deiner Übersetzung jeweils das „abschwächende“ Wort:

1. Si hoc dixerim, multi riserint. **2.** Quis hoc dubitet? **3.** Quod facile intellexeris. **4.** Ubi militem invenias, qui solus in hostes procedat?

2 Kontext entscheidet

Übersetze mit der jeweils passenden Bedeutung für **praestare** und **pellere**.

1. Romani Germanos e Gallia pepulerant. **2.** Itaque imperator Iulianus militibus praemia praestitit. **3.** Martinus diu officium militis bene praestabat. **4.** Sed missionem (*Entlassung*) petendo fortiorem se praestitit.

Eine außergewöhnliche Frau

Nachdem das Christentum als Religion offiziell anerkannt war, lebten Christen, Juden und Anhänger der alten Religion nebeneinander. Im ägyptischen Alexandria störte sich jedoch eine Gruppe von Christen um den Bischof Cyrill (Cyrillus episcopus) daran, dass eine Frau öffentlich die Lehren der alten Philosophen verkündete: die Philosophin (philosopha) Hypatia.

Hypatia philosopha omnes ingenio superabat. Etiam Orestes praefectus[1] eam saepe consulebat. Cyrillus autem episcopus invidia commotus dicebat: „Homines philosophia[2] a fide Christiana prohibentur. Ista Hypatia docet philosophorum sententias, quibus fides hominum perturbetur.“ Orestes, cum id animadvertisset, secum cogitabat: „Ego Christianus sum; sed omnes in pace vivere volo. Quid faciam?“ Iterum atque iterum Cyrillum hortatus, ne verbis suis iram Christianorum augeret, tamen ei persuadere non potuit.

Die Sache eskaliert, als ein Christ namens Petrus die Situation weiter aufheizt.

Petrus comites excitat: „Hypatia praefectum[1] contra Christianos commoveat. Capiamus consilium!“ Proxima nocte nonnulli viri Petro duce in parva via Hypatiam exspectant. Qua veniente „Capite eam!“ clamant. Tum Petrus: „Ista praefectum[1] adibat cultum antiquorum deorum iterum institutura! Ista interficienda est!“ Statim comites feri Hypatiam petunt – denique philosopha graviter violata mortua est. Isto facinore postridie[3] aperto multi Christiani dicebant: „Num oportet nos tam crudeles esse quam eos, qui prius nos persecuti sunt?“

Tod der Hypatia. Holzstich. 1876.

1 Orestēs praefectus der Stadtpräfekt Orestes
2 philosophia: *vgl. Fw.*
3 postrīdiē am nächsten Tag

1. Weise im Text je ein vorzeitiges und ein nachzeitiges Participium coniunctum nach und übersetze beide möglichst elegant. 4 ★
2. Gib die konjunktivischen Prädikate in den Hauptsätzen an und erkläre jeweils den Modus. 3 ★
3. Wähle aus den folgenden Sätzen die Aussagen aus, die du mit Textstellen belegen kannst: 4 ★
   Hypatia war hochintelligent. – Hypatia informierte den Stadtpräfekten über ihre Pläne. – Bischof Cyrill hetzte die Christen auf. – Orestes wollte Christ werden. – Petrus und seine Gefährten töteten Hypatia. – Viele Christen verurteilten diese Tat.
4. Gib die Gründe an, aus denen die Rivalität zwischen Cyrill und Hypatia entstanden ist. 2 ★
5. Arbeite heraus, wie die Situation eskaliert. Stelle Bezüge zu modernen Medien her: Vergleiche, wie sie dazu beitragen, dass Situationen eskalieren. 4 ★
6. Erkläre die christliche bzw. ethische Haltung, die im letzten Satz zum Ausdruck kommt. 3 ★

Nicht zum Kaiser geboren

482 n. Chr. wurde in einem kleinen Dorf auf dem Balkan, in der Provinz Dacia mediterranea, Petrus Sabbatius als einziger Sohn einer Bauernfamilie geboren. Derselbe Petrus Sabbatius wurde 45 Jahre später in Konstantinopel als Justinianus I. zum oströmischen Kaiser (Augustus) gekrönt. Ein fantastischer und keinesfalls unumstrittener Aufstieg eines Mannes, mit dem niemand gerechnet hatte.

A „Iustiniane Auguste, imperator noster! Cives imperatoribus confidere non semper audent. Tibi autem iam diu confisi sumus. Omnes gaudent, quod tu imperium accipere ausus es. Te ad agros patris reverti nolumus. Utinam maneas imperator noster! Ne reverteris ad agros!“

B „Iustiniane Auguste, imperator noster! Ut vixisti, ita nunc regas! Gloria orbis, gloria regni! Utinam diu vivas! Sumus tui servi.“
Hae erant voces, quae audiri poterant, cum Iustinianus signa imperii acciperet.

De sua vita Iustinianus, cum cultum civium animadverteret, secum cogitavit: „Quotiens puer per agros Tauresii[1] ii! Ibi procul a magnis urbibus cum patre et cum matre amata vitam beatam egi. Etsi patri meo, qui rusticus[2] modo erat, semper durissime laborandum fuit, ut familia ab inopia prohiberetur, tamen laetus illum locum, illud tempus memoria teneo. Illic vivere potui sine divitiis[3], sine invidia.“

Dum Iustinianus ita cogitat, quidam senatores nobili genere nati locuti sunt: „Rustici[2] filius huc venerat, rustici filius imperator factus est. Quis istum virum nobis imperare patiatur?“

1 Taurēsium Taor (Justinians Geburtsort)
2 rūsticus der Bauer
3 dīvitiae, ārum der Reichtum

Kaiser Justinian und sein Gefolge. Mosaik in der Basilika San Vitale in Ravenna, Italien. Um 547.

Tipps zur Texterschließung

B

1. Das Thema des Textes

Erschließe **vor dem Übersetzen des Textes** anhand der gelb markierten Schlüsselwörter die zentralen Wort- und Sachfelder des Textes. Formuliere dann „Überschriften“ zu den drei Abschnitten des Textes.

2. Der Handlungsverlauf des Textes

Erschließe **vor dem Übersetzen des Textes** das Geschehen, indem du zu den „Handlungsträgern“ die Prädikate notierst und so herausfindest, was über sie ausgesagt wird.

3. Die Zeitstruktur der Handlung

Untersuche **vor dem Übersetzen des Textes** alle Verbformen der Hauptsätze im Hinblick auf ihr Tempus. Erschließe davon ausgehend „Haupthandlung(en)“ (Perfekt) und „Hintergrundhandlung(en)“ (Imperfekt). Die wörtlichen Reden beachtest du dabei noch nicht.

4. Der Zusammenhang des Textes

Suche **vor dem Übersetzen des Textes** Konjunktionen, Subjunktionen und Adverbien heraus. Anhand dieser „Konnektoren“ kannst du den logischen Zusammenhang von Themen, Handlungen und Handlungsträgern erschließen.

Nachdem du wichtige Vorinformationen über den Text gewonnen hast, übersetze den Text ins Deutsche.

5. Der Stil des Textes

Antike Sprecher oder Schreiber setzten oft ganz bewusst sprachliche Effekte ein, um eine bestimmte Wirkung zu erzielen: Sie wollten durch ihre besondere Art zu sprechen oder zu schreiben Gefühle ansprechen, Inhalte hervorheben oder bewusst von dem Erwarteten abweichen.

a) Zeige im *ersten Absatz* des Textes, wie das römische Volk seine Begeisterung über Justinian äußert. Beachte vor allem die Satzarten und die Gestaltung der Sätze.

b) Achte im *zweiten Absatz* auf den besonderen Klang der Sprache. Lies dazu den Textabschnitt mehrmals laut. Gib an, welche Inhalte durch Klangeffekte hervorgehoben werden.

c) Im *dritten Abschnitt* findest du die direkte Rede einiger Senatoren. Schreibe auf Deutsch ebenfalls eine direkte Rede, die denselben Inhalt zum Ausdruck bringt – aber in ganz einfacher, natürlicher Sprache. Vergleiche deine Variante mit der Rede der Senatoren und beschreibe die Unterschiede.

INHALT

Der Untergang Roms – das Erbe Roms

GRUNDWISSEN

Als **Justinian** 527 n. Chr. den Kaiserthron in Konstantinopel bestieg, setzten die Adeligen und Beamten keine großen Hoffnungen in den neuen Mann an der Spitze des Reiches. Sie mussten aber bald erkennen, mit welch großer, ja brutaler Energie der Kaiser Reformen anpackte: Er organisierte den Verwaltungsapparat neu, sicherte die Außengrenzen des Imperiums, das er zum letzten Mal formal einte, und förderte das Christentum als Staatsreligion. Sein größtes Anliegen jedoch war die Vereinheitlichung von **Recht und Gesetz** als wichtigste Voraussetzung für die Einheit des Reiches. Das Römische Reich war schon seit der Einrichtung der Tetrarchie (→ S. 76) dezentral verwaltet worden und 395 n. Chr. in zwei Herrschaftsbereiche mit eigenen Regenten zerfallen. Westrom existierte schließlich seit der Absetzung des letzten weströmischen Kaisers Romulus Augustulus 476 n. Chr. durch die Goten, die Rom erobert hatten, nicht mehr. Den endgültigen Todesstoß aber versetzte Justinian dem weströmischen Reich, als er 554 n. Chr. den Senat abschaffte und Italien samt Rom zu einer Provinz Ostroms machte.

Hermann Knackfuß: Überreichung der Pandekten (Zusammenstellung aus den Werken von Rechtsgelehrten) an Kaiser Justinian (→ S. 95). 1891.

SPRACHE

1 Verben: Futur und Konjunktiv

Bestimme die folgenden Verbformen: Futur, Konj. Präsens oder beides?

serviet ▪ augeamus ▪ regam ▪ scietis ▪ probetis ▪ incendatur ▪ conscribatis ▪ videar

2 Funktionen des Konjunktivs

Begründe jeweils den Modusgebrauch in folgenden Sätzen und übersetze dann.

1. Populo leges **dentur**! **2.** Populo leges **dentur**, ut ius **augeatur**! **3.** Cum caedes **commissa esset**, praetor supplicium constituit. **4.** Leges ab omnibus **probentur**! **5.** Fieri potest, ut leges non ab omnibus **probentur**.

3 Imperativ

Wähle die Verbformen aus, die Imperativ sein können. Bestimme die übrigen Formen.

copia ▪ da ▪ vidi ▪ clama ▪ publica ▪ regite ▪ aetate ▪ fieri ▪ parce ▪ tuere

Justinians Herrschaft – Willkür oder Weitblick?

Justinians Reformmaßnahmen stießen auf Widerstand, insbesondere bei den Adeligen. Als er eine radikale Steuerreform durchsetzen wollte, kam es 532 zu einem gewaltigen Aufstand in Konstantinopel. Doch Justinian sah keinen Grund, seine Politik zu ändern. Einige Senatoren warfen dem Kaiser unverhohlen vor, er verletze seine Pflichten und erkenne die Gefahren nicht.

Hoc in periculo praetor urbis supplicium constituerat: Duos viros, qui coniurationi praefuerunt, in patibulo pendi[1] volebat. Tunc mirum est factum. Simul ambo de collo pependerunt[2], furca[3] est fracta. „Signum Dei!“, fassus est, quisquis hoc viderat. Praesentes, quasi una voce precarentur, a Iustiniano petere ausi sunt: „Utrique parcas!“ Cum Iustinianus precibus populi non cederet, clamor ingens media in urbe ortus est: „Nika[4]! Nika!“ Aedificia publica incensa, caedes crudelissima commissa. Multitudo ut fluctus per urbem se volvit clamans: „Egredere ex urbe, Iustiniane! Egredere foras! Imperator noster non iam es!“ Tum Iustinianus duces exercitus ad se vocavit eisque imperavit: „Secundum dignitatem a Deo mihi datam: Faciamus finem isti coniurationi – quoquo modo!“ Duces ad milites reverterunt et rem confecerunt ...

1 in patibulō pendere am Galgen aufhängen
2 dē collō pendēre (*Perf.* pependī) am Hals herabhängen
3 furca die Galgenstange
4 nīkā (*griech.*) Sieg

Die Generäle richteten ein beispielloses Massaker an. Mindestens 30.000 Menschen fanden den Tod. Doch für Justinian war die Niederschlagung des Nika-Aufstandes ein Erfolg. Mit eindrucksvoller Energie trieb er nun sein wichtigstes Projekt voran: die Vereinheitlichung des Rechts im gesamten Imperium. Dazu berief er die angesehensten Rechtsgelehrten zu sich:

„Ego Dei gratia delectus sum ad iustitiam augendam curandosque homines. Neque enim bella salutem nationum tuentur, sed iuris tantum vis serviet generi humano. Iustitiae confisi maiores nostri populo iura dederunt. Viri optimi populo nostro leges dederunt – sed quisnam nostra aetate copiam legum perspicere potest? Ne iudices quidem omnes leges sciunt. Quare omnes leges, quae universo in imperio sunt, vobis componendae, probandae, iungendae sunt. Quo facto libros conscribatis, qui ad totum imperium pertineant! Hoc opus – quasi lumen iustitiae – in ore omnium fore reor. Sic Deo placebit. Sic volo.“

1. (PA) Stellt aus dem ersten Textteil Wörter und Wendungen zum Sachfeld „Gewalt und Aufruhr“, aus dem zweiten zum Thema „Recht und Gerechtigkeit“ zusammen und formuliert eine Erwartung zum Inhalt.
2. Arbeite bei der Übersetzung der Pronomina genau die Bedeutungsnuancen heraus.
3. Analysiere, wie es zur Eskalation der Situation kommt und was die Menschen gegen Justinian aufbringt. Belege mit Beispielen, dass es auch heute noch zu ähnlichen Begebenheiten kommt.
4. Arbeite aus dem Text Justinians Verständnis von **iustitia** heraus und die Rolle, die er ihr bei der Einigung des Reiches zuschreibt (→ S. 88). Vergleiche sie mit deinem Verständnis von Gerechtigkeit.
5. „Gott“ wird mehrmals im Text als Argument benutzt. Beschreibe die jeweiligen Situationen und vergleiche die jeweiligen Funktionen dieses Arguments.
6. Arbeite Justinians Selbst- und Herrschaftsverständnis aus dem Mosaik auf S. 86 heraus, wie du es im Kunstunterricht gelernt hast. Vergleiche es mit der Darstellung Justinians im Text.

INHALT

Wissen vernetzen

1. Erkläre, wie sich Justinians Darstellung auf dem Mosaik (→ S. 86) von Kaiserbildnissen, wie du sie kennst, unterscheidet.
2. Darüber, ob man das Jahr 476 n. Chr. oder das Jahr 554 n. Chr. als Untergangszeitpunkt des weströmischen Reiches ansetzen soll, sind sich die Historiker nicht einig. Diskutiert, welcher Position ihr euch anschließen würdet, und begründet eure Meinung.

SPRACHE

1 Deutsch ist anders

Komplexe Sätze „zerschlagen"

BEISPIEL:

Gratia dei delectus ad iustitiam augendam curandosque homines cognovi non bella salutem hominum tueri, sed viros optimos vi iuris adductos, ut populo leges darent.

Durch die Gnade Gottes wurde ich erwählt, die Gerechtigkeit zu fördern und für die Menschen zu sorgen. Daher (So) erkannte ich, dass nicht Kriege das Wohlergehen der Völker schützen, sondern die besten Männer; diese werden nämlich durch die Kraft des Rechts veranlasst, dem Volk Gesetze zu geben.

BEACHTE: Im Lateinischen werden Sätze oft durch Partizipien erweitert. Übersetzt man diese im Deutschen durch Nebensätze, wird der deutsche Satzbau schnell unübersichtlich. Das kannst du verhindern, indem du den lateinischen Satz in kleinere Einheiten „zerschlägst" und so aus einem lateinischen Satz mehrere deutsche machst. Dabei musst du das logische Verhältnis z. B. durch Adverbien ausdrücken.

„Zerschlage" den lateinischen Satz in mehrere deutsche Sätze und übersetze:

Duobus viris, qui coniurationi praefuerant, accusatis Iustinianus a praesentibus, ut eis parceret, rogatus precibus populi tamen non cessit putans imperatori voluntati vulgi concedendum non esse.

2 Sprachliche Strukturen analysieren

Benenne die in den folgenden Sätzen markierten satzwertigen Konstruktionen. Übersetze zunächst den nicht markierten Text. Füge dann die satzwertigen Konstruktionen ein und erkläre jeweils ihre Funktion im Satz.

Hodie quoque multi homines Aegyptum petunt **monumenta templaque antiqua spectaturi**. Temporibus Iustiniani **non solum spectandi causa** venerunt, sed etiam **ad deos antiquos colendos**. Isis dea in Philae insula colebatur. **Odio deae incensus** Iustinianus **sacrum ante multos annos constitutum exstingui** iussit. Sacrum **simulacris ablatis** ecclesia (*Kirche*) factum est.

Die Reste der Tempelanlage von Philae heute. Justinian ließ den Tempel einst in eine Kirche umwandeln. 1977–1980 wurde der Komplex versetzt, um ihn vor der Überflutung durch den Assuan-Stausee zu retten.

Justinian und die Pest

542 wurde Konstantinopel von der Pest erfasst. Etwa ein Viertel der Bevölkerung in Justinians Reich fiel der bis dahin größten Seuche in der Antike zum Opfer. Es mehrten sich die Stimmen, dass der Weltuntergang und das Jüngste Gericht bevorstünden. Beinahe stündlich erreichten den Kaiser neue Schreckensmeldungen; ein Bote berichtet:

„Domine, omnes urbis viae completae sunt corporibus. Ut hac hora comperi, et Tribonianus[1], amicus tuus, de vita cedat." Talibus rebus delatis Iustinianus perterritus respondit: „Quod mihi narras, profecto crudele est. Alii nuntii, postquam ex omnibus partibus imperii redierunt, similia attulerunt et usque afferunt. Ubique[2] homines maxima inopia premi dicuntur. Equidem maxime doleo hoc malo gravi amici mei. Magnis curis torqueor, si ... Quaeso, abi nunc!"
Ubi nuntius abiit, Iustinianus secum: „Deo iuvante", inquit, „non patiar genus hominum me imperatore praedam fieri mortis. Quippe cum plures homines Deum vel religionem parum vereantur, pecuniam autem magni aestimare videantur, meum est officium coniungendi Deum et homines. Potentia Dei sicut lux clara cognoscatur ob salutem totius orbis terrarum!"

1 Tribōniānus: wichtigster Jurist und Vertrauter des Kaisers

2 ubīque überall

1. Justinian reagiert in den beiden Abschnitten auf die Katastrophe ganz unterschiedlich: Beschreibe seine Reaktion in seiner Antwort in Z. 3 – 6 anhand der Verben und Adjektive und seine Gedanken in Z. 7 – 11 anhand des Sachfeldes „Religion".
2. Übersetze die Wendung **de vita cedat** (Z. 2) treffend, indem du von den gelernten Bedeutungen zu **cedere** ausgehst.
3. Erkläre aus dem Kontext die Funktion folgender Ablative: **corporibus** (Z. 1), **hac hora** (Z. 1), **talibus rebus delatis** (Z. 2), **hoc malo gravi** (Z. 5), **magnis curis** (Z. 6), **Deo iuvante** (Z. 7), **me imperatore** (Z. 8).
4. Bestimme die folgenden Konjunktivformen nach ihrer Form und begründe den Modus: **cedat** (Z. 2), **vereantur** (Z. 9), **cognoscatur** (Z. 10).
5. Erkläre die Konstruktion im folgenden Satz: **„Ubique homines ... dicuntur"** (Z. 4 f.). Gib die wörtliche und eine elegantere Übersetzungsmöglichkeit an.
6. Nenne zwei konkrete Gründe, die nach Justinians Auffassung für die Pest-Epidemie verantwortlich sind, und nimm kritisch dazu Stellung.
7. Vergleiche das Verhalten Justinians in dieser Krisensituation mit dem der Römer früherer (vorchristlicher) Zeiten in ähnlichen Notlagen.
8. Erschließt die Aussage des Münzbildes mit der Aufschrift **SALUS ET GLORIA ROMANORUM** und diskutiert, ob sie für Justinians aktuelle Lage von Nutzen sein kann.

Goldmedaillon Kaiser Justinians I. Um 534.

TEXT 1

★ Schnäppchenfalle – ein Rechtsfall

Auch im alten Rom schützte ein Kaufvertrag nicht vor Mängeln, die man erst später feststellte. So auch in folgendem Rechtsfall, der weitreichende Konsequenzen hatte.

Ennius quidam a mercatore domum veterem et amplam parvo emerat. Tum fenestras domus magno sumptu renovaturus[1] erat: Modo servus aliqua tigna[2] manu probaverat, cum unum tignorum[2] in collum eiusdem cecidit; sic factum est, ut servus periret eiusque dominus ira arderet.

Is mercatorem in ius vocavit. Nam tigna[2] domus vetera esse contendit; quod mercatorem prius confiteri debuisse dixit. Vultu saeviore addidit servum bonum dolo malo alterius interfectum nunc sibi restituendum[3] esse. Mercator autem contendit neminem rogavisse, num tigna[2] essent integra[4]. Praeterea se damnum[5] effecisse negavit.

Uterque confirmavit se verum dixisse.

Iudici dubitandum non erat, quin Ennius bona fide domum integram[4] emisset, mercator autem dolo malo Ennium fefellisset.

1 renovāre: *vgl. Fw.*
2 tīgnum der Balken
3 restituere *hier:* ersetzen
4 integer, gra, grum unversehrt
5 damnum der Schaden

TEXT 2

★★ Kein Recht ohne Gerechtigkeit

Der Rechtsgelehrte Flavius Tribonianus, der als Justinians Justizminister ganz wesentlich an der Vereinheitlichung des römischen Rechts beteiligt gewesen ist, hält vor seinen Studenten ein flammendes Plädoyer für die Gerechtigkeit – ohne die es kein Recht geben könne:

Ab Ulpiano[1], quem iustitiae et iuri semper studuisse scimus, haec verba tradita sunt: „Est nomen iuris a iustitia appellatum. Nam ius est ars boni et aequi.“ Nobis ergo, qui item iuri studeamus, non solum usus singulorum tuendus est, sed imprimis salus universa nobis respicienda est.

Tamen ius iniustum esse saepe iudicatur. Quare autem non omnes homines iuri confidunt? Nemo enim dubitet, quin populus noster iniurias saepius fecerit – sub nomine iuris. Quod non solum iniustum, sed etiam impium duco. Nam ut sacerdotes deum colunt, nobis quidem iustitia colenda est.

Iustitia enim est perpetua voluntas ius suum cuique[2] tribuere. Ideo iuris praecepta[3] sint haec: honeste vivere neque alterum laedere!

1 Ulpiānus: Domitius Ulpianus (römischer Jurist des 3. Jh.s n. Chr.)
2 cuique *(Dat.)* jedem Menschen
3 praeceptum die Vorschrift, die Lehre

WAS MIR VORAB HELFEN KANN

1. a) Ich stelle je ein lateinisches Sachfeld zum Thema „Kauf“ und „Gericht“ zusammen und gebe zu jedem Wort bzw. jeder Wendung die deutsche Bedeutung an.

   b) Ich weise anhand von weiteren Schlüsselbegriffen im Text nach, dass die Überschrift passend gewählt ist.

WIE ICH DEN TEXT ERFASSEN KANN

2. Ich erschließe die Bedeutung von **in ius vocare** (Z. 5) aus dem Kontext.
3. Ich erfasse den Grund für die Klage (Z. 5 – 8).
4. Ich stelle die Argumente des Klägers und des Beklagten zusammen und überprüfe sie in Bezug auf ihre Stichhaltigkeit.

WO ICH WEITERDENKEN KANN

5. Ich erläutere die Tatsache, dass in dem römischen Rechtsfall eine Schadenersatzklage erhoben wurde, heute aber in einer vergleichbaren Sache wegen fahrlässiger Tötung verhandelt würde.
6. Ich weise anhand von geeigneten Beispielen nach, dass die Begriffe **bona fide** und **dolo malo** auch heute noch im Rechtswesen verwendet werden (vgl. auch S. 95), und nutze dazu gegebenenfalls das Internet.

WAS MIR VORAB HELFEN KANN

1. Ich erkenne die Verbform **tradita sunt** mit Hilfe der Analogie zu **prodere – proditum**.
2. Ich bestimme die nd-Konstruktionen im Text und wähle jeweils eine passende Wiedergabe.
3. Ich stelle die Konjunktive in Haupt- und Nebensätzen zusammen und erschließe jeweils die richtige Bedeutung.

WIE ICH DEN TEXT ERFASSEN KANN

4. Ich erkläre die Bedeutung der Aussage **„Ius est ars boni et aequi.“** (Z. 2).
5. Ich erschließe anhand des Textes, wie Tribonianus den Konflikt zwischen dem **„usus singulorum“** und der **„salus universa“** (Z. 3 f.) auflösen will.

WO ICH WEITERDENKEN KANN

6. Ich beschreibe das im zweiten Abschnitt angesprochene Problem anhand von Beispielen und erkläre, weshalb Tribonianus die Gerechtigkeit in eine religiöse Sphäre rückt.
7. Ich nehme Stellung zur Auffassung des Schweizer Rechtsprofessors Pascal Pichonnaz, dass von allen Einflüssen der römischen Antike auf die westliche Welt der Einfluss des römischen Rechts der bedeutendste gewesen sei; beachte dazu auch S. 94 f.

GRUNDWISSEN

Alles, was Recht ist

Die Anfänge: Griechische Philosophie und römische Gesetze

Bereits **die griechischen Philosophen** hatten sich der Frage gewidmet, was Gerechtigkeit eigentlich bedeutet. Sokrates' Schüler Platon verfasste ein langes Werk, in dem über den gerechten Menschen und den gerechten Staat diskutiert wurde.

1. **(PA) Im Religionsunterricht geht es in diesem Schuljahr auch um Ungerechtigkeiten in der Gesellschaft. Entwickelt selbst Definitionen von Gerechtigkeit und vergleicht eure Ergebnisse.**

Den Römern galt in früher Zeit als gerecht (iustus), wer sich an die Gesetze hielt. Diese waren aber oft zufällig aus einem aktuellen Anlass entstanden. Da in der Frühzeit Gesetze nur mündlich überliefert wurden, stellten die sogenannten Zwölftafelgesetze (die Aufstellung von zwölf Tafeln mit Gesetzestexten auf dem Forum Romanum) um 450 v. Chr. einen großen Schritt in Richtung Rechtsverbindlichkeit dar, da sich nun jeder Römer informieren konnte, nach welchen Grundsätzen Recht gesprochen wurde. Allgemein konnten Gesetze und Rechtsgrundsätze vom Volk, vom Senat, von hohen Beamten und später vom Kaiser erlassen werden.

2. **Informiert euch, wer heute Gesetze einbringen und erlassen darf.**

Iustitia – mehr als Gesetzestreue

Cicero dachte unter dem Einfluss der griechischen Philosophie genauer über den Begriff iustitia nach. So erklärte er:

„Die erste Aufgabe der Gerechtigkeit ist es, dass niemand jemandem schadet, es sei denn, durch ein Unrecht herausgefordert, und dann, dass er Gemeingut als Gemeingut benutzt, privates Gut als sein eigenes."

Iustitia wurde so zu einem **Wertbegriff**, mit dem sich Politiker wie Kaiser Augustus und seine Nachfolger schmückten. Die Juristen versuchten zunehmend, den einzelnen Gesetzen eine allgemeine Definition von iustitia als Grundlage zu geben. So kommt der Gelehrte Ulpian zu folgender Formulierung:

„Gerechtigkeit ist der zuverlässige und dauerhafte Wille, jedem zu seinem Recht zu verhelfen (ius suum cuique tribuere)."

3. **(PA) Vergleicht die beiden Definitionen von Gerechtigkeit mit euren Entwürfen (→ Aufg. 1). Entwickelt Situationen, in denen ihr einen Lehrer als gerecht beurteilen würdet. Weist jeder Situation eine der Definitionen zu.**

Ein kolossales Werk

Kaiser Justinian veranlasste im 6. Jh. n. Chr. eine Sichtung und Systematisierung von sämtlichen überlieferten Gesetzen in schriftlicher Form, um durch die Einheitlichkeit des Rechts seine Herrschaft zu festigen. Diese Sammlung, die später den Titel Corpus iuris civilis erhielt, bildete – mit einigen Änderungen und Anpassungen – zum Teil bis ins 20. Jahrhundert die rechtliche Basis in Europa. Für viele heute gültige Rechtssysteme bildete dieses systematisch aufgezeichnete (= kodifizierte) Recht die Grundlage, so auch für das deutsche Bürgerliche Gesetzbuch (BGB).

4. Viele Grundsätze des römischen Rechts sind in kurzen und einprägsamen Formulierungen zusammengefasst. Ordne den folgenden Zitaten ihr deutsches Äquivalent zu und erkläre ihre Bedeutung in eigenen Worten.

a) in flagranti	1. tatsächlich
b) pendente lite	2. Einem, der es so will, widerfährt kein Unrecht.
c) bona fide	3. auf frischer Tat
d) de facto	4. Drei bilden ein Kollegium.
e) de iure	5. im Zweifel für den Angeklagten
f) in dubio pro reo	6. von Rechts wegen
g) Tres faciunt collegium.	7. auf Treu und Glauben
h) Volenti non fit iniuria.	8. bei schwebendem Verfahren

Jncipit lib secūd9 de edēdo
mpa·pi9 Antonin9 emilio
Ipse dispice queadmodū
pecūiā quā te deposuisse di/
cis deberi tibi pbes · nā qđ
desideras / vt rōes suas ad
usaria tua exhibeat / id ex
cā ad offm iudicis ptinē solz
m· Seue·z·Antonī9·aa·
Fausto· Is apud quē res
agit acta publica tā ciui/
lia qm crimialia exhibei m
spiciendā / ad inuestigan/
dam veritatis fidē iubebit;
dem Augusti Valentinia
no· Edita actio / speciem
future litis monstrat·quā
emendari vel mutari licet

Druck des **Corpus iuris civilis** aus dem Jahr 1475.

LEKTIONEN 35 – 36

ROM – FIXSTERN EUROPAS

Nach dem Untergang des Weströmischen Reiches verschwand das Lateinische allmählich als Alltagssprache und wich den Vorläufern der heutigen europäischen Sprachen. Dass es aber nicht in Vergessenheit geriet, ist vor allem den Klöstern zu verdanken. Die Mönche sprachen Latein und schrieben die Werke lateinischer Schriftsteller ab, um sie vor dem Verlust zu retten.

In den folgenden Lektionen lernst du an Beispielen kennen, wie das Lateinische bis in die Gegenwart weiterlebt. Karl der Große erkannte, dass die Sprache und die Kultur der alten Römer für die Bewohner seines Reiches nützlich waren, und intensivierte daher die Beschäftigung mit der Antike. Er selbst orientierte sich in vielem am Vorbild der römischen Kaiser.

Unsere Themen:

476 n. Chr.
Untergang des Weströmischen Reiches

768 – 814
Karl der Große und die Bildung

Mit Franziskus von Assisi begegnet dir eine Person, deren Wertvorstellungen bis heute nachahmenswert sind – und deren Biographie auf Latein verfasst wurde.

Schließlich lernst du zwei Werke kennen, die von Päpsten verfasst wurden: Papst Pius II., ein begeisterter Antike-Fan, verfasste 1461 einen lateinischen Brief an den Sultan des Osmanischen Reiches, um zum Frieden zwischen Christentum und Islam aufzurufen, und Papst Franziskus wandte sich 2015 mit einem lateinischen Text an die Weltöffentlichkeit, um für den Schutz und den Erhalt der Erde zu werben.

1181 – 1226
Biographie des Franziskus von Assisi

1461 / 2015
Lateinische Texte der Päpste

Ende und Anfang

A Im Jahr 476 wurde der weströmische Kaiser Romulus Augustulus abgesetzt; von nun an herrschten germanische Stammeshäupter wie der Gotenkönig Theoderich über die Gebiete des Reiches. Kaiser Justinian (527 – 565) wollte ein letztes Mal Italien wieder für das Römische Reich gewinnen – durch die langen Kämpfe versetzte er aber der römischen Kultur in Italien endgültig den Todesstoß.

Cum reges Germani diu Italiam rexissent, homines tamen linguam et mores antiquos adhuc colebant.
Cum Theodericus, rex Gothorum (*der Goten*), mortuus esset, milites Iustiniani Italiam oppugnaverunt.
Proelia in Italia commissa erant tam crudelia, ut multa monumenta perderentur multique homines interficerentur.
Denique magnum imperium Romanorum restitutum est, cum lingua, ars, mores Romani multis proeliis perirent.

B Während verschiedene germanische Stämme und die Herrscher Ostroms um die Herrschaft in Italien stritten, gelangten nördlich der Alpen die Karolinger aus dem Stamm der Franken (Francī, ōrum) an die Macht. Karl der Große wollte an den Ruhm der alten Kaiser anknüpfen und alle germanischen Stämme unter fränkischer Herrschaft vereinen.

Carolus e libris auctorum antiquorum gloriam imperatorum Romanorum **cognoverat**. Etiam ipse gloriam petere **consueverat**. Itaque dixit: „Illos duces, qui potestati Francorum resistunt, **odi**. Illos victorias meas **meminisse** volo.“

Krönung Karls des Großen. Buchillustration aus dem 14. Jh.

C Karl der Große hielt das Wissen der Antike nach wie vor für nützlich. Deshalb unterstützte er den Unterricht und die Wissenschaft in den Klöstern. In Lehrbüchern aus dieser Zeit finden sich Aussagen zu den verschiedensten Wissensbereichen:

„Iesus haec iussit: Id, quod sibi quisque poscat, aliis faciat!“
„Crudelissimus quisque magnam terram possidet; sed post mortem a Deo praemium non accipiet.“
„Caius Iulius Caesar annum CCCLXV dierum instituit; praeterea instituit, ut quarto quoque anno unus dies adderetur.“
„Minima pars, quae quoque in corpore est, Atomus (!) nominatur.“

A Übersetze und benenne die Sinnrichtungen, mit denen die blau markierten Subjunktionen jeweils übersetzt werden. Gib ggf. das Signalwort im Satz an, das dir den Hinweis auf die Sinnrichtung gibt. Erschließe eine passende Übersetzung für das adversative cum im letzten Satz.

B Erkläre anhand der bekannten Formen cognovi und consuevi und ihrer deutschen Bedeutungen den Begriff „Perfekto-präsens“.

C Die Formen des Pronomens quisque sind „anlehnungsbedürftig“, d. h. sie stehen nur nach bestimmten Wortarten oder Formen. Erschließe diese anhand der Sätze.

A1 Ordnung muss her! Lateinische Subjunktionen und ihre deutschen Bedeutungen sind durcheinandergeraten. Lege eine Tabelle mit den deutschen Bedeutungen an und weise die Subjunktionen richtig zu.

postquam ▪ während (dagegen) ▪ nisi ▪ damit ▪ nachdem ▪ obwohl ▪ als ▪ falls ▪ quia ▪ wenn ▪ ut ▪ weil ▪ wenn nicht ▪ sodass ▪ da ▪ quamquam ▪ cum ▪ si

► Ergänze in deiner Tabelle die Bezeichnungen für die adverbialen Sinnrichtungen.

temporal   kausal   konsekutiv   final   konzessiv   konditional   adversativ

A2 Ein **cum** – viele Sinnrichtungen. Übersetze und gib jeweils die Sinnrichtung des Adverbialsatzes an.

1. Romulus Augustulus, cum imperator imperii Romani fieret, regendi peritus non erat. **2.** Cum Romulus puer esset, tamen magnum imperium rexit. **3.** Romulus multis militibus imperare conabatur, cum ceteri pueri luderent (*spielten*). **4.** Cum neque regere posset neque valeret, imperium Romanum periit. ▻ **5.** Romulus, cum imperium summo in periculo esset, solum gallinas (*Hühner*) curavisse dicitur. ► **6.** Cum paene omnes imperatores Romani expulsi aut interfecti essent, Romulus e patria expulsus vitam bonam agere potuit, cum reges, qui secuti erant, ei parcerent. ▻ T

A3 Gegensätze. Übersetze.

1. Alia puella multas res scribit, cum alia quiescat. **2.** Alii domum properant, cum alii in ludum eant. ▻ **3.** Alius plurimas res gestas memoria tenet, cum alius ne nomen Augusti quidem noverit. ► **4.** Cum pueri alterius magistri parati sint ad discendum, pueri alterius discere nolunt.

B1 Bedeutungsgleich. Stelle Paare zusammen und übersetze.

consuevit ▪ sciunt ▪ odimus ▪ memoria tenes ▪ noverunt ▪ odio nobis est ▪ meministi ▪ solet ▪ memoria tenebatis ▪ memineratis

B2 Karl und die Bildung. Übersetze:

1. Carolus libros auctorum antiquorum legere consueverat. **2.** Quare linguam Latinam hominibus discendam esse cognoverat. **3.** Ea meminerat, quae amicus dicere consueverat: „Odi homines ignaros." ▻ **4.** Itaque Carolus homines docendos esse cognoverat. ► **5.** Carolus libris antiquis legendis horum verborum meminerat: „Memento (*Imp.*) mori!" et „Mors certa, hora incerta." ▻ T

C Wie verallgemeinernde Relativpronomina kommt auch **quisque** häufig in lateinischen Sentenzen vor. Übersetze und erkläre an einem selbstgewählten Beispiel.

1. Sibi quisque proximus est.
2. Suae quisque fortunae faber (*Handwerker*) est.
3. Trahit sua quemque voluptas.
► **4.** Quam quisque noverit artem, in hac se exerceat! ▻ T

INHALT

GRUNDWISSEN

Die karolingische Bildungsreform

Nach den Wirren der Völkerwanderungszeit kehrte bis zum 8. Jh. wieder Ruhe ein. Im Jahr 800 wurde Karl der Große zum Kaiser gekrönt. Er knüpfte bewusst an die Tradition der römischen Kaiser an. Karl herrschte aber, anders als die Kaiser der Antike, über verschiedene Volksgruppen, deren Sprachen sich nach dem Zerfall des Römischen Reiches recht unterschiedlich entwickelt hatten. Er erkannte die Bedeutung einer einheitlichen Sprache und Kultur für den politischen Zusammenhalt seines Reiches. Daher sammelte er Gelehrte um sich, die die Klöster des Reiches besuchten, die Mönche in der lateinischen Sprache unterrichteten und die Gründung von Skriptorien anregten, in denen Bücher abgeschrieben und so vor dem Vergessen gerettet wurden.

Im Rahmen dieser sog. karolingischen Bildungsreform (auch karolingische Renaissance genannt) griffen die Berater Karls auf die spätantiken Artes liberales (die freien Künste) zurück, einen Kanon von sieben Fächern, die gewissermaßen einen Lehrplan für alle Bildungseinrichtungen des Reiches vorgaben.

Albrecht Dürer: Kaiser Karl der Große. Um 1513.

SPRACHE

1 Formen unterscheiden

Immer „i". Wähle die Formen des Infinitiv Präsens Passiv aus und übersetze sie. Gib dann jeweils die Lernform zu den anderen Formen an.

sibi ▪ coniungi ▪ studui ▪ iuberi ▪ amari ▪ filii ▪ otii ▪ exerceri ▪ mitti ▪ ei ▪ augeri

2 Verben: nd-Formen

Immer „nd". Wähle die Sätze aus, die eine nd-Form mit einer Form von esse beinhalten, und übersetze sie. Gib die anderen nd-Formen durch substantivierte Infinitive wieder.

docendo discere ▪ in litteris studendis ▪ Amicitiae coniungendae sunt. ▪ opibus augendis ▪ Filius docendus est. ▪ ad exercendum

3 Wortschatz: Bedeutungen

Wähle aus den folgenden Verben dasjenige aus, das „halten für" bedeuten kann. Übersetze die übrigen.

uti ▪ ducere ▪ iubere ▪ tenere ▪ studere ▪ exercere ▪ censere

Bildungsoffensive am Kaiserhof

Nach dem Ende des Weströmischen Reiches im Jahr 476 war der oströmische Kaiser lange der einzige Herrscher, der sich Imperator nannte, bis im Jahr 800 Karl (Carolus) der Große, der Herzog der Franken (Francī, ōrum), zum Kaiser gekrönt wurde. Er knüpfte bewusst an die Tradition der römischen Kaiser an.

Bella Carolo honori erant: Quocumque loco imperii gentibus infestis, quae Francos seu socios turbabant, se obiecit. Sed nullum bellum meminimus, quo opes Francorum spoliando auctae essent. Carolus alias nationes aggressus est, cum alias per recentes amicitias sibi coniungeret.

Rex Persarum, qui totum paene Orientem tenebat, Carolum ita dilexit, ut non solum legationes, sed dotem miram raramque mitteret, qua is valde delectabatur: elephantum.

Quamquam multis in muneribus saepius occupatus erat, litteris studuit. Sermone Francorum non contentus etiam alias linguas discere studuit. Praesertim Latinam linguam tam utilem duxit, ut illa aeque ac sua lingua usus sit. Etiam artibus liberalibus libenter studebat. In lecto sub cervicalibus[1] tabulas habere consueverat, ut manus, cum tempus esset, exerceret in litteris scribendis.

Cum non ignoraret Francis paucas tantum leges esse, iura, quae cuique nationi erant, colligi iussit, ut Franci ea imitarentur. Monumenta modo ad regis, modo ad dei gloriam aedificari iussit.

Carolus liberos suos valde amabat; qui ita ei cordi erant, ut numquam sine eis cenaret, cum in domo sua moraretur. Eos ita instituendos esse censuit, ut et filii et filiae litteras cognoscerent. Praeterea filios armis exerceri iussit, filias lanam facere[2] voluit, ne per otium corrumperentur; cessare enim oderat.

1 cervīcālēs, ium *Pl.* das Kopfkissen

2 lānam facere Wolle verarbeiten

1. Erschließe folgende Wörter mit Hilfe der deutschen Fremd- bzw. Lehnwörter: **Persae, arum; Oriens, Orientis; Latinus, a, um**. Kläre den Begriff **artes liberales** mit Hilfe des Informationstextes auf S. 100.
2. Fasse den Inhalt der einzelnen Abschnitte in wenigen Worten zusammen und gib jeweils einen zentralen lateinischen Begriff an.
3. Gib bei allen cum-Sätzen die jeweilige Sinnrichtung an und übersetze sie passend.
4. Erläutere, mit welchen Tätigkeiten Karl bewusst an die römischen Kaiser anknüpft. Beziehe dabei außer dem Text auch die Abbildungen auf der linken und auf der nächsten Seite mit ein.
5. Erkläre, warum Karl gerade die lateinische Sprache lernt; nutze dazu den Informationstext auf S. 100.
6. Diskutiert, was an Karls Erziehungsvorstellungen modern, was typisch für seine Zeit war.

Karl der Große beim Besuch einer Schule. Französische Briefmarke 2015.

INHALT

Wissen vernetzen

1. Recherchiere, welche sieben Fächer zu den **artes liberales** gezählt wurden, und weise sie den Teilen der Abbildung auf S. 96/97 zu.
2. Der Lektionstext beruht auf der Karl-Biographie des fränkischen Abtes Einhard. Weise nach, dass dieser die Bestrebungen Karls unterstützte.
3. Die Beispielsätze unter S. 98 C entstammen, leicht verändert, den Lehrbüchern des Bischofs Rhabanus Maurus. Ordne die einzelnen Sätze heutigen Schulfächern oder Wissenschaften zu und weise nach, dass Rhabanus offen gegenüber den Lehren der Antike war.

Goldmünze Karls des Großen mit der Aufschrift **D(ominus) N(oster) KARLUS IMP(erator) AUG(ustus) REX F(rancorum) ET L(angobardorum).**

SPRACHE

Deutsch ist anders

Verschobene Tempora

BEISPIEL:

Carolum Romanorum saepe memin**isse** omnes sciebant.
Alle wussten, dass sich Karl oft an die Römer erinnerte.

Carolus etiam bella Romanorum saepe memin**erat**.
Karl erinnerte sich auch oft an die Kriege der Römer.

Nos semper Caroli memin**erimus**.
Wir werden uns immer an Karl erinnern.

BEACHTE: Das lateinische Verbum meminisse gehört zur kleinen Gruppe der Perfektopräsentien, bei denen die lateinischen Formen des Perfekts im Deutschen mit Präsens übersetzt werden.

In den anderen Tempora „verschiebt sich" die Wiedergabe entsprechend: Lateinisches Plusquamperfekt wird deutsches Präteritum, Futur II wird Futur I.

Übersetze und markiere in deiner Übersetzung die Tempusbildung:

1. Carolus rex nihil plus oderat quam iniuriam. **2.** Itaque pueros suos monebat: „Utinam semper memineritis sententias philosophorum antiquorum! **3.** Homines sapientes bonum et malum cognoscere consueverunt. **4.** Necesse est omnes homines beneficiorum meminisse, quae ipsi acceperunt." **5.** Pueri Caroli ea verba bene cognoverant.

Das soll uns eine Lehre sein!

Als Kaiser fühlte sich Karl auch für das Verhalten der christlichen Bischöfe (episcopus) verantwortlich. Dabei griff er auch zu unkonventionellen Mitteln.

Episcopus quidam opum et inanium rerum cupidus erat. Quod cum Carolus cognovisset, cuidam mercatori Iudaeo[1], qui quaque e terra Asiae res magni pretii afferre consueverat, praecepit, ut illum falleret et turbaret.

Qui murem[2] diversis aromatibus[1] condivit[3] et episcopo praebuit dicens se de Iudaea illud animal antea non visum attulisse. Episcopus valde delectatus libenter tres libras[4] ei obtulit. Tunc mercator: „Quam parvum pretium – potius hoc animal in mare mittam!“ Nunc ille promisit decem libras[4], ut hanc rem miram atque caram acciperet, tum viginti.

Denique, cum mercator abire inciperet, tantam copiam argenti ei dedit, quantam is poposcit. Argentum acceptum mercator statim regi pertulit; qui episcopos convocavit[1] et illud argentum afferri iussit: „Unus e vobis tantum argenti pro uno mure[2] mercatori cuidam dedit, cum pauperibus nihil umquam dederit.“

1 *vgl. Aufg. 3*
2 mūs, mūris *m* die Maus
3 condīre würzen
4 lībra das Karlspfund (408 Gramm Silber)

Ein jüdisches Ehepaar beim Pessach-Mahl. Im frühen Mittelalter wurden Juden als Händler und Ärzte von ihren christlichen Zeitgenossen oft geschätzt.

1. Arbeite heraus, wie die drei handelnden Personen miteinander umgehen, und erschließe, inwiefern deren Religionszugehörigkeit die eigentliche Pointe der Anekdote darstellt. 5 ★
2. Beschreibe das Verhalten des **mercator Iudaeus** im Gespräch mit dem Bischof und gib den Grund an, warum er sich so verhält. 3 ★
3. Erschließe im jeweiligen Kontext die Bedeutung von **Iudaeus, a, um** (Z. 2, Eigenname), **aroma, atis** (Z. 4, vgl. Fremdwort) und **con-vocare** (Z. 14). 3 ★
4. Gib die Sinnrichtung aller cum-Sätze im Text an und begründe deine Lösung aus dem jeweiligen Zusammenhang. 3 ★
5. Erläutere mit Hilfe deines Wissens (vgl. S. 52), warum Karl das Verhalten des Bischofs so kritisiert. 2 ★
6. Recherchiere, in welchen Zusammenhängen den Juden Verhaltensweisen wie die des **mercator Iudaeus** unterstellt wurden und welche tragischen Konsequenzen dieses Klischee bis heute hat. 5 ★

A Nackt auf dem Marktplatz

Franziskus von Assisi (1181 – 1226), der Sohn eines reichen Kaufmanns, war als junger Mann im Auftrag seines Vaters in Handelsgeschäften unterwegs. Als er zum Gebet eine Kirche betrat, fühlte er sich durch eine Vision aufgefordert, das verfallende Gotteshaus wiederaufbauen zu lassen. Er machte die väterlichen Waren zu Geld und spendete dieses für den Wiederaufbau. Der Vater war erbost ...

Pater gravissime tulit filium pecuniam patriam non consumpsisse negotiis agendis. Itaque furore impulsus filium in vincula conici iussit dicens: „Servi filium in custodia teneant! Qui domum ne relinquat! Utinam ad bonam mentem redeat!“
Cum Franciscus auxilio matris e custodia patris fugisset, pater filium requiri iussit. Filius autem fortius quam antea patri restitit dicens: „Vincula mihi metuenda non sunt. Omnia enim mala subiturus sum in nomine Domini.“ Quod cum audivisset, pater constituit filio pecuniae patriae publice renuntiandum[1] esse. Tum res mira facta est:
Franciscus medio in foro vestes pecunia patria emptas deposuit[2], ut omnino nudus[3] esset. Tunc patri dixit: „Antea vocavi te patrem in terris, hodie autem recte dicam: ‚Pater noster, qui es in caelis.‘ Pecunia nihil valet. Sic melius vivam.“

1 renūntiāre *m. Dat.* verzichten auf
2 dē-pōnere ablegen
3 nūdus nackt

B Eine besondere Predigt

Franziskus sammelte Gleichgesinnte um sich, die mit ihm in Armut lebten und sich um die Außenseiter der Gesellschaft kümmerten. Daneben lagen ihm besonders die Tiere am Herzen.

Franciscus ad locum quendam pervenit, in quo erat multitudo avium[1]. Has cum animadvertisset, sociis in via relictis propius ad eas accessit. Tum „Salvete, sorores!“, dixit. Nam gaudebat, quod aves non surrexerant in fugam, ut facere solent. Hac re valde delectatus eas oravit, ut verba Dei audirent. Et inter plura, quae locutus est, haec quoque addidit: „Laudare debetis deum, qui plumas[2] vobis dedit ad induendum[3], pennas[4] ad volandum, domos, quae in arboribus sunt, – et omnia, quae ad vivendum opus sunt.“
Tum illae aves[1] miro modo collum extendere[5] et Franciscum aspicere coeperunt. Is autem, postquam finem dicendi fecit, avibus[1] permisit, ut ad locum alium volarent. Tum cum sociis abiit et Deo gratiam habuit.

1 avis, is *f* der Vogel
2 plūmae, ārum *f Pl.* der Flaum
3 induere anziehen
4 penna der Flügel
5 extendere strecken

Umgang mit Texten

A Gliedern

Konnektoren (vgl. S. 172 und 183) helfen dir, den Aufbau und Zusammenhang eines Textes zu verstehen. Im Zusammenhang von Text A treten an folgenden Stellen Konnektoren auf:

Erste Aussage: Pater gravissime tulit ...
Folge: **Itaque** ... iussit ... (→ Inhalt des Befehls)

Neue Handlung: zeitlich vorausgehend zur folgenden Handlung: **Cum** ... fugisset
Zeitlich folgend: pater ... iussit.

Gegensätzliche Handlung: Filius **autem** ... restitit dicens ... (→ wörtliche Rede)
Zeitlich folgend: **Tum** ... facta est. ... **Tunc** ... dixit ...

Gegensatz Vergangenheit – Gegenwart: **Antea** vocavi ... **hodie autem** ... dicam

Paraphrasieren

Beim Paraphrasieren gibst du einen Text in **eigenen Worten** wieder. Dabei behältst du die Reihenfolge der Informationen bei.

Überlege dir vorab genau, welche Informationen wichtig sind, und markiere diese. Was bereits bekannt ist oder nur der Veranschaulichung dient, kannst du weglassen. Wörtliche Reden formulierst du um. So kannst du beispielsweise die drei Befehle des Vaters in A (Z. 2 f.) so zusammenfassen: „Der Vater befiehlt, den Sohn zu Hause einzusperren, damit er wieder zur Besinnung kommt."

Stellung beziehen

Immer wieder ergeben sich aus der Beschäftigung mit lateinischen Texten inhaltliche Fragen und Probleme, die auch für uns wichtig sind. Dann kannst (und sollst) du **begründet** eine **eigene Position** beziehen. Dafür benötigst du stichhaltige **Argumente**. Manchen Argumenten aus einem Text kann man zustimmen, andere erscheinen vielleicht aus heutiger Sicht befremdlich. Oft sind Kenntnisse über den Autor oder Zusammenhang eines Textes hilfreich.

Eine Stellungnahme zu A kann beispielsweise von den beiden letzten Sätzen ausgehen; dann könnten Argumente für das Verhalten des Franziskus und seines Vaters zusammengestellt werden, bevor du schließlich selbst Position beziehst.

B Nimm nach diesem Muster Text B in den Blick und bearbeite folgende Aufgaben:

1. Gliedere den Text unter Berücksichtigung der Konnektoren.
2. Paraphrasiere den Text.
3. Nimm Stellung zu der Frage: „Ist Franziskus verrückt oder versucht er, seine Mitmenschen zu einem anderen Umgang mit der Natur zu erziehen?"
Recherchiere dazu, wie die übliche Haltung von Menschen gegenüber Tieren im Mittelalter war.

INHALT

GRUNDWISSEN

Die Wiedergeburt der Antike

Wie du schon den Texten über Karl den Großen oder Franziskus entnehmen konntest, war das Mittelalter keine finstere oder gar kulturferne Zeit.

Ab dem 14. Jh. stieg dann das Interesse an Texten von antiken Philosophen wie den Stoikern und Epikureern, deren Lehren sich auf das tägliche Leben anwenden ließen. In Anlehnung an Cicero bezeichnete man die Beschäftigung mit der Antike als studia humanitatis. Dabei meinte humanitas nicht nur einen wertschätzenden Umgang mit den Mitmenschen, wie es heute Begriffe wie „human" oder „humanitäre Hilfe" vermuten lassen, sondern auch eine umfassende Bildung.

Diese neue Strömung, die ihre Blütezeit im 15. und 16. Jh. hatte, bezeichnet man als Humanismus, rückblickend auch als Renaissance, d. h. Wiedergeburt (der Antike). Die Humanisten eigneten sich durch sorgfältiges Studium der alten Texte auch die klassische lateinische Sprache an.

Bis ins 19. Jh. blieb Latein die Wissenschaftssprache an den Universitäten Europas. Bis heute werden zahlreiche lateinische Fachbegriffe, etwa in der Biologie und Medizin, verwendet. Auch als Sprache der katholischen Kirche ist das Lateinische bis heute in Gebrauch – wie die folgenden beiden Texte zeigen.

Der Lektionstext (S. 107) ist von **Enea Silvio Piccolomini**, dem späteren **Papst Pius II.**, verfasst. Er war eine der schillerndsten Persönlichkeiten der Renaissance. Im Lauf seines Lebens arbeitete der Gelehrte für Kardinäle und Fürsten, für einen Papst und einen Kaiser; in diplomatischen Missionen reiste er durch ganz Europa. Er verfasste politische und historische Abhandlungen ebenso wie einen Liebesroman und eine Komödie, die im Bordell spielt.

Auf der Abbildung wird der junge Piccolomini vom zukünftigen Kaiser Friedrich III. mit einem Lorbeerkranz zum *poeta laureatus* gekrönt.

1. **Erkläre mit Hilfe deines Grundwissens, auf welchen antiken Dichter, der in seinen Versen Augustus pries (→ Band 2, S. 118), der Maler des hier abgebildeten Freskos anspielt.**

2. **Beschreibe das Gebäude im Hintergrund, das eine typische Architektur der Renaissance zeigt, und erläutere, wie sich hier die Wiedergeburt der Antike bemerkbar macht.**

Enea Silvio Piccolomini wird zum Dichter gekrönt. Fresko von Pinturicchio in der Piccolomini-Bibliothek im Dom von Siena.

Warum Krieg zwischen Religionen?

Im 15. Jh. wurde das Osmanische Reich militärisch immer stärker; innerhalb kurzer Zeit eroberten die Truppen des Sultans auch viele Gebiete des Oströmischen Reiches. Die Europäer hatten Angst, das nächste Ziel der Eroberungen zu sein. In dieser Situation verfasste Papst Pius II., der ein begeisterter Kenner der Antike war, einen offenen Brief an den Sultan.

Memor sum bellorum dirorum, in quibus maiores tui cum Christianis dimicabant: Sanguis fusus est; urbes deletae, aedes accensae, virgines abductae, matres correptae, patres caesi sunt – ubi urbes fuerunt, cinis tantum restat. Talia scelera committentur, quamdiu Turcus[1] et Christianus certant.

At si baptizatus[2] esses, timore tui capti non essemus. Cito fiducia tui moti pace et gaudio frueremur. Redirent Augusti tempora et, ut poetae dicunt, aurea saecula.

Te non adeo stultum ducimus, ut credas hunc mundum pulcherrimum casu ortum esse, sicut Epicurus erravit. Sed arbitramur te in unum Deum credere, qui caelum creavit et terram et omnia, quae sunt in eis. Et te scire censemus animas hominum non perire, cum morimur, sed in alias regiones transferri.

Quod non solum in Evangelio nostro scriptum est, sed Alkoranus tuus idem declarat.

Etiam Socrates et Plato et Aristoteles, philosophorum doctissimi, plane de his rebus eadem crediderunt quae Christiani. Platonis in epistulis haec leguntur: „Credendum est animam immortalem puniri, cum male vixerit."

Respice ergo brevitatem vitae: Apparet nos frustra gloriam petere. Quid Agamemnoni, qui avidus victoriae erat, profuit Troiam oppressisse? Quid Iulio Caesari Gallia victa rem publicam oppressisse? Cui bellum inter Christianos et Turcos[1] proderit?

1 Turcus der Osmane, hier: der Muslim

2 baptizātus, a, um getauft

1. Im Text kommen viele Namen (z. B. Alkoranus) vor. Erläutere ihre Bedeutung, indem du deine Vorkenntnisse aus dem Lateinunterricht und aus anderen Fächern (z. B. Religion, Ethik, Geschichte) nutzt.
2. Erfasse den Inhalt der einzelnen Absätze, indem du auf die verwendeten Wörter achtest; formuliere dazu einen Satz pro Absatz.
3. Erarbeite eine Gliederung des Textes und paraphrasiere die einzelnen Abschnitte. Vergleiche deine Paraphrasen mit dem Ergebnis von Aufgabe 2.
4. Arbeite heraus, wie der Text im ersten Absatz Kriege beschreibt. Achte dabei auf den Inhalt und die Sprache des Abschnitts und erkläre, warum der Autor hier so dick aufträgt.
5. Erschließe die Antworten auf die im letzten Absatz gestellten Fragen und erkläre so, wozu der Verfasser des Textes den Sultan bewegen will.
6. Arbeite aus dem Text die Gemeinsamkeiten zwischen Islam und Christentum heraus.

Papst Pius II.

Wissen vernetzen

1. Papst Pius II. war ein guter Kenner der antiken Kultur und wichtiger antiker Persönlichkeiten. Weise dies am Text nach und zeige, inwiefern dies typisch für einen Gelehrten der Renaissance war (vgl. auch S. 106).

2. Bevor er Papst wurde, war Pius II. unter seinem bürgerlichen Namen Enea Silvio Piccolomini ein begabter Schriftsteller und Jurist. Recherchiere, welche Werke er verfasste, und erkläre, warum diese nicht zu seinem späteren Image als Papst passen.

3. Stelle aus dem Lektionstext Pius' Argumente gegen Kriege zusammen und belege sie mit Textzitaten. Beziehe aus heutiger Perspektive Stellung zu Pius' Argumentation; ergänze die Argumente ggf. aus deiner Sicht.

4. Nimm aus heutiger Sicht Stellung zur Idee des Papstes in Z. 5 f.: „Wenn du getauft wärest …".

5. Latein lebt, z. B. in der Medizin. Weise folgende Fachbegriffe mit Hilfe der dir bekannten Vokabeln den Erklärungen zu.

somnifere Medikamente – **orale** Einnahme – **intra**venöse Verabreichung – **inapparente** Krankheit – **irreversible** Schäden – diagnosis **ex iuvantibus** – **Mortalität**srate – **kognitive** Fähigkeit – **Konsultation**

Fähigkeit, logisch zu denken – unumkehrbare Krankheitsfolgen – Prozentsatz derer, die an einer bestimmten Krankheit sterben – Schlafmittel – Beratung eines Arztes mit einem Arzt einer anderen Fachrichtung – Schlucken eines Medikaments – eine Krankheit, die der Patient nicht bemerkt – Feststellen einer Krankheit dadurch, dass ein bestimmtes Medikament wirkt – Spritzen eines Medikaments in eine Vene

Dass **Latein in der Medizin** bis heute weiterlebt, ist unter anderem dem Renaissance-Gelehrten Andreas Vesalius (1514–1564) zu verdanken. Er erforschte detailliert die Anatomie des menschlichen Körpers und gab jedem Teil lateinische Bezeichnungen, die z. T. bis heute gültig sind.

Weise anhand der Illustration aus Vesalius' Originalwerk nach, dass sich Vesalius nicht nur als Diener der Wissenschaft betrachtete, sondern auch stolz auf seine Leistungen war. Erschließe dazu den Inhalt der Inschrift auf dem Tisch (*caetera = cetera*).

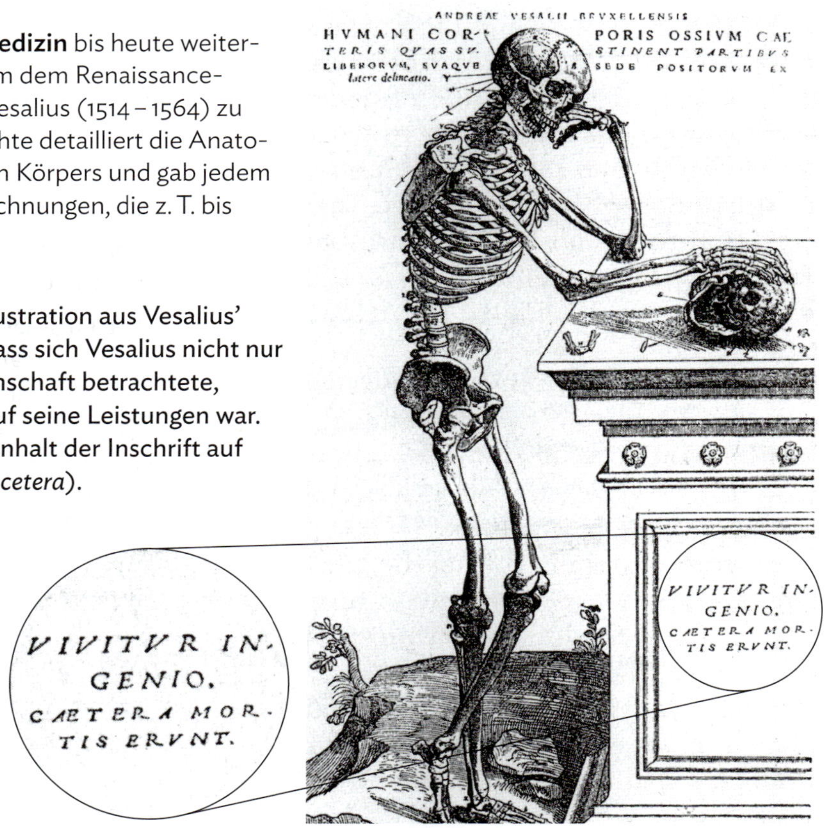

Sorge um die Natur

Noch heute ist Latein die offizielle Sprache des Vatikans, in dem der Papst seinen Wohnsitz hat. 2013 wurde Jorge Mario Bergoglio zum Papst gewählt; er nannte sich Franziskus, weil er viele Eigenschaften dieses Heiligen für vorbildlich hält. In einem – natürlich auf Latein verfassten – Schreiben an alle Menschen greift der Papst die Sorge des Heiligen um die Natur auf:

Papst Franziskus 2017.

„Laudamus te, Domine, propter matrem terram, sororem nostram." Sic Franciscus dixit. His verbis nos ille monebat terram nostram communem domum esse et sororem et matrem.

Haec soror queritur nos bonis a Deo datis abuti[1]. Putamus nos terram possidere ac dominos eius esse. Sed violentia[2] hominum etiam id malum effecit, quod in solo[3], aqua, aere[4] esse cognoscimus. Sic terra mater perit *propter contaminationem, quam afferunt vehicula, industriae fumi, res abiectae, quae solum[3] et aquam corrumpunt, insecticidia.*

Nostrum corpus ipsum ex elementis[5] terrae constat, eodem ex aere[4] animam trahimus atque aqua ad vivendum nobis opus est. Itaque omnes homines contendere debent ad servandam creationem[1] – maximo studio, omnibus viribus et factis.

1 *vgl. Aufg. 2*
2 violentia die Gewalttätigkeit
3 solum der Boden
4 āēr, āeris *m* die Luft
5 elementum: *vgl. Fw.*

1. Erschließe aus den ersten beiden Abschnitten, wie der Papst unsere Erde bezeichnet und welche Bilder er benutzt, um die Problematik eindringlich darzustellen.
2. Erkläre die Bedeutung des Suffixes **-io** mit Hilfe des Substantivs **actio** (→ **agere**); erschließe dann die Bedeutung von **creatio** (→ **creare**); erschließe ferner die Bedeutung von **ab-uti**.
3. Erschließe die Bedeutung von **ab-icere** (vgl. die Grundbedeutung von **con-icere**) und gib **res ab-iectae** (Z. 9) mit einem treffenden deutschen Begriff wieder.
4. Die kursiv gedruckten Zeilen entstammen dem Originaltext des päpstlichen Schreibens. Erschließe, welche Umweltbelastungen der Papst hier aufzählt, indem du die deutschen und englischen Fremdwörter nutzt (Kontamination, Vehikel, Industrie, *fume*, Insektizide).
5. Arbeite Gemeinsamkeiten zwischen dem heiligen Franziskus (→ S. 104) und dem gleichnamigen Papst bezüglich ihrer Einstellung zur Natur heraus.
6. Der Papst bringt verschiedene Argumente vor, warum man die Umwelt schützen sollte. Paraphrasiere eines dieser Argumente und nimm dazu Stellung.

Liebe Schülerin, lieber Schüler,

der folgende zweite Teil deines Lateinbuchs ROMA B 3 enthält alles, was du brauchst, um die Texte und Übungen verstehen und erfolgreich bearbeiten zu können – und um dich später mit originalen Texten lateinischer Schriftsteller befassen zu können. Du findest hier also die Wörter und die Grammatikstoffe zu jeder Lektion, aber auch Hilfen zum Lernen und Behalten der Vokabeln, Unterstützung durch einfache Regeln, Tipps zum Übersetzen und Anregungen zum Nachdenken über Sprache.

Damit du dich in den folgenden Abschnitten gut zurechtfindest, erhältst du zunächst einige Hinweise zum Aufbau, zum Lernen und Arbeiten.

Das Allerwichtigste zuerst: Jeder Lektion sind im Folgenden genau die Wörter und Grammatikstoffe zugeordnet, die dort neu sind. Die einzelnen Abschnitte folgen einem festen Schema:

1. WORTSCHATZ

Auf den ersten beiden Seiten jeder Lektion stehen die Vokabeln, die du benötigst: zuerst die **Wiederholungswörter**, also wichtige bereits gelernte Wörter, die im Lektionstext wieder vorkommen, und dann die **Lernwörter**, die hier erstmals auftreten:

2

* **cum**	*Präp. m. Abl.*	mit, zusammen mit **Dāvus cum Āfrā venit.** Davus kommt (zusammen) mit Afra.	con
amīca	*f*	die Freundin	amie amica
nescīre	nesciō	nicht wissen, nicht kennen, nicht verstehen	→ scīre
nōn nescīre	nōn nesciō	genau wissen, genau kennen	
amāre	amō	lieben	→ amīcus, amīca

Die Gliederung in vier Spalten hilft dir beim Lernen, weil du diese einzeln abdecken kannst. Zur Verdeutlichung der deutschen Bedeutungen sind manchmal – in **blauer** Schrift – kurze Beispielsätze angegeben. Hinweise auf verwandte Vokabeln, wichtige Fremdwörter, die aus dem Lateinischen kommen, und Beispiele für das Weiterleben der lateinischen Wörter in modernen Fremdsprachen helfen dir, die Vokabeln zu vernetzen, und können dir so als Lernhilfe dienen.

Die Lernwörter sind in der Reihenfolge aufgelistet, wie sie im Lektionstext vorkommen. Darüber hinaus sind sie in „Päckchen" (meist sieben bis acht Vokabeln) gegliedert, die du als einzelne Lernpensen nutzen solltest.

Auf der dritten Seite sind unter der Überschrift **Vokabeln sichern** Übungen zu diesen „Päckchen" zusammengestellt, die du zur Kontrolle, für eine spätere Wiederholung oder auch als Lernhilfe einsetzen kannst: Alle neuen Wörter sind in diesen Übungen erfasst.

Zusätzlich findest du auf einer der Wortschatz- und Grammatikseiten unter der Rubrik **MERKHILFEN** weitere Anregungen (oft Zeichnungen), um dir die Bedeutungen der Vokabeln besser merken zu können.

2. GRAMMATIK

Auf die drei Seiten zum Wortschatz folgen zwei bis drei Seiten zur Grammatik: Die einzelnen **Grammatikstoffe** sind – Schritt für Schritt – in der gleichen Reihenfolge aufgeführt, wie sie auf der ersten Doppelseite der Lektion vorgestellt und geübt werden. Du findest hier also am Rand die gleichen Großbuchstaben (A , B , C) wieder, die im Lektionsteil den jeweiligen neuen Stoffbereich markieren. Stoffe der Formenlehre stehen in übersichtlichen Tabellen, bei Stoffen der Satzlehre folgt auf einfache Beispielsätze eine kurze Erklärung.

Bei einigen Stoffbereichen, die im Lateinischen besonders wichtig sind, erhältst du zusätzliche **Unterstützung**: Unter **VORGEHEN** wird dir genau erläutert, was du beim Auflösen und Übersetzen einer Konstruktion der Reihe nach bedenken solltest. Unter **SPEICHERN** findest du lateinische Wendungen, die häufig vorkommen und deren Kenntnis dir dann auch in ähnlichen Fällen weiterhilft. Und unter **WEITERDENKEN** kannst du Vergleiche zwischen dem Deutschen und Lateinischen anstellen – und ganz allgemein über Sprache nachdenken.

3. METHODE

Auf der letzten Seite wird dir meist eine Methode M (Vorgehensweise oder Arbeitsweise) vorgestellt, die für das Erlernen der lateinischen Sprache oder das Begreifen der antiken Kultur wichtig ist. Mit Hilfe dieser Methoden kannst du aber in aller Regel auch **Grundkompetenzen** erwerben, die über das Fach Latein hinausgehen: Wörterlernen, Lernorganisation, Prüfungsvorbereitung, Abfragen von Sätzen, Texterschließung, richtiges Recherchieren, Satzanalyse u. v. m.

Diese Abschnitte sind jeweils genau mit den Themen der Lektionen, den Wortschätzen und den Grammatikstoffen abgeglichen; sie sind genau dort eingefügt, wo du sie für das Bearbeiten von texterschließenden Aufgaben und Übungen gut gebrauchen kannst.

Du siehst: Wir, die Verfasser deines Lateinbuchs, haben uns einiges einfallen lassen, damit du erfolgreich Latein lernst und immer den Anschluss behältst. Vergiss auch nicht, Wörter und Grammatikthemen immer wieder einmal aufzufrischen; die Formentabellen am Ende des Buches können dir dabei ebenso helfen wie das grammatische Register, über das du einzelne Stoffe schnell findest.

Wir wünschen dir viele Erfolgserlebnisse im Fach Latein – und bei der Arbeit mit ROMA.

Wiederholungswörter

ingenium	ingeniī *n*	die Begabung, das Talent, der Verstand
dīves	dīves, dīves (*Gen.* dīvitis)	reich; *Subst.* der Reiche
crēdere	crēdō, crēdidī	glauben, anvertrauen
referre	referō, rettulī, relātum	bringen, zurückbringen, berichten
causa	causae *f*	die Sache, der Grund; der Prozess
cōgnōscere	cōgnōscō, cōgnōvī	erkennen, kennenlernen; *Perf.* kennen, wissen
genus	generis *n*	das Geschlecht, die Art, die Abstammung
quidem	*Adv.*	freilich, gewiss, wenigstens, zwar
ūllus	ūlla, ūllum (*Gen.* ūllīus, *Dat.* ūllī)	irgendeiner, irgendeine, irgendein

Lernwörter

1	**Thalēs**	Thalis *m*	Thales (griech. Naturforscher und Philosoph)	
	sapiēns	sapiēns, sapiēns (*Gen.* sapientis)	klug, weise	
	rīpa	rīpae *f*	das Ufer	
	grandis	grandis, grande	groß, bedeutend; alt	(DE) grandios (FR) grand
	portus	portūs *m*	der Hafen	(DE) Airport
	colōnia	colōniae *f*	die Kolonie	(DE) Köln
	quamvīs	*Subj. m. Konj.*	wenn auch, obwohl	
	* **quīdam**	quaedam, quiddam *subst.*	ein gewisser, (irgend)einer; *Pl.* einige, manche	
	nīl		nichts	
	scrībere	scrībō, scrīpsī, scrīptum	schreiben, beschreiben	(DE) Skript
2	**familiāris**	familiāris, familiāre	freundschaftlich, vertraut; *Subst.* der Freund	→ familia (DE) familiär
	īgnārus	īgnāra, īgnārum (*m. Gen.*)	unwissend, ohne Kenntnis	
	nihil vērī		nichts Wahres	
	manifestus	manifesta, manifestum	offenkundig; überführt	(DE) Manifest
	quid manifestī?		welche Tatsache(n)?	
	proinde	*Adv.*	also, daher	
	opīniō	opīniōnis *f*	die Meinung, der (gute) Ruf	(EN) opinion
	dīligēns	dīligēns, dīligēns (*Gen.* dīligentis)	gewissenhaft, sorgfältig	
	iterum atque iterum		immer wieder	
	interrogāre	interrogō, interrogāvī, interrogātum	fragen	(DE) Interrogativpronomen

 Die mit einem * markierten Wörter brauchst du schon auf der ersten Seite der Lektion 25.

	fōns	fontis *m* (*Gen. Pl.* -ium)	die Quelle, der Ursprung	Fontäne fountain
	animal	animālis *n* (*Abl. Sg.* -i, *Nom./Akk. Pl.* -ia, *Gen. Pl.* -ium)	das Lebewesen, das Tier	animal
3	**necesse (est)**		(es ist) nötig, notwendig	
	comprehendere	comprehendō, comprehendī, comprehēnsum	begreifen, ergreifen, festnehmen **Scelerātum comprehendit.** Er ergreift den Verbrecher. **Hoc vērum esse comprehendit.** Er begreift, dass dies richtig ist.	comprehen-sion
	coniungere	coniungō, coniūnxī, coniūnctum	verbinden, vereinigen	→ coniūnx Konjunktion
	prior	prior, prius (*Gen.* priōris)	der (die, das) erste, frühere	→ prīmus Priorität
	plērumque	*Adv.*	meistens	
	repetere	repetō, repetīvī, repetītum	wiederholen, (zurück)verlangen	
	philosophus	philosophī *m*	der Philosoph	
4	**sēnsus**	sēnsūs *m*	das Gefühl, der Sinn, der Verstand **omnēs sēnsūs ēripere** alle Sinne (das Bewusstsein) rauben **sēnsus commūnis** der gesunde Menschenverstand	→ sentīre, sententia sensibel sense
	eiusmodī	*indekl.*	derartig, so beschaffen	→ is, modus
	praeclārus	praeclāra, praeclārum	großartig	→ clārus
	expōnere	expōnō, exposuī, expositum	darlegen, erklären	→ ex, pōnere Exponat
	domesticus	domestica, domesticum	privat, zum Haus gehörig, einheimisch	→ domus
	fābula	fābulae *f*	die Geschichte, die Erzählung, das Theaterstück	Fabel
	* **quīdam**	quaedam, quoddam *adj.* (*Gen.* cuiusdam, *Dat.* cuidam)	ein gewisser, (irgend)ein; *Pl.* einige, manche	
5	**anus**	anūs *f*	die alte Frau	
	quaerere ex / dē		jdn. fragen	
	prōtinus	*Adv.*	sofort	
	nūptiae	nūptiārum *f Pl.*	die Hochzeit	
	placidus	placida, placidum	friedlich, ruhig, sanft	→ placēre
	bonō animō esse		guten Mutes sein, zuversichtlich sein	
	post	*Adv.*	dann, später	
	lūctus	lūctūs *m*	die Trauer	
	sērō	*Adv.*	zu spät	

Vokabeln sichern

1 **sapiens → nil**

Erkläre mit Hilfe der Vokabeln aus diesem Päckchen die folgenden italienischen Ortsangaben, den Namen der Universität in Rom und das Fremdwort „Kolonie“:

Riva del Garda – Canale Grande – Porto Cervo – La Sapienza

Übrig bleiben eine Subjunktion, ein Pronomen und die Kurzform von **nihil**. Nenne sie lateinisch und deutsch.

2 **familiaris → animal**

Erschließe die unterstrichenen italienischen Vokabeln mit Hilfe der lateinischen Ursprungswörter.

- *Questo concetto mi è famigliare.*
- *Una fonte di energia.*
- *Un gatto è un animale domestico.*
- *Possono manifestarsi effetti indesiderati.*
- *Non condivido tale opinione.*
- *Io sono ignaro di questi fatti.*

Ein Adverb, ein Kompositum, ein Adjektiv und eine Redewendung bleiben übrig. Nenne sie lateinisch und deutsch.

3 **necesse (est) → philosophus**

(PA) Partner A bildet mit den Wörtern dieses Päckchens deutsche Sätze; er versucht, mehrere Wörter in einem Satz unterzubringen. Partner B muss die lateinischen Wörter darin wiedererkennen und sie übersetzen.

4 **sensus → quidam**

Dieses „Päckchen“ enthält

- jeweils ein Wort aus der Wortfamilie von domus, sentire, ponere, modus, qui und clarus,
- das lateinische Wort, auf das die Gattung „Fabel“ zurückgeführt wird.

Stelle diese Wörter zusammen und übersetze sie ins Deutsche.

5 **anus → sero**

Fertige zu jedem der Wörter eine kleine Zeichnung an, lass deinen Banknachbarn die Vokabeln erraten und ihre deutschen Bedeutungen nennen. Sollte sich ein Wort schwer darstellen lassen, nenne es lateinisch und deutsch.

Wortbildung nutzen

Erschließe mit Hilfe von Vokabeln, die du in WS 25 gelernt hast, sowie den Regeln zur Wortbildung die Bedeutung der folgenden Wörter.

sapientia ▪ repetitio ▪ nubere ▪ coniunctio ▪ necessitas ▪ philosophia ▪ lugere ▪ serus, a, um

Wortarten unterscheiden

Ordne die folgenden in WS 25 gelernten „kleinen Wörter“ nach Wortarten.

quamvis ▪ sero ▪ protinus ▪ proinde ▪ iterum atque iterum ▪ plerumque

A Adverbien: Bildung

Es gibt Wörter, die nur als Adverbien vorkommen (z. B. nunc, saepe), sowie Adverbien, die zu Adjektiven gebildet werden. Adverbien zu Adjektiven werden gebildet, indem die folgenden Endungen an den Wortstamm angefügt werden:

beāt-ē	glücklich	bei Adjektiven der a- und o-Deklination **-ē**
fort-iter	tapfer	bei Adjektiven der 3. Deklination **-iter**
vehement-er	heftig	Endet der Wortstamm des Adjektivs auf **-nt**, wird nur **-er** angefügt.

Bei manchen Adjektiven ist der Wortstamm, mit dem die Adverbien gebildet werden, nicht am Nom. Sg., sondern am Gen. Sg. des Adjektivs zu erkennen (z. B. acr-iter zu acer).

Adverb als Adverbiale

equus *celer* das *schnelle* Pferd	**Equus *celer* est.** Das Pferd ist *schnell*.	**Equus celeriter currit.** Das Pferd läuft schnell.

Während das Adjektiv als Attribut oder Prädikatsnomen ein Substantiv näher bestimmt, informiert das Adverb über die näheren Umstände des Verbalinhalts (Ad-verb).

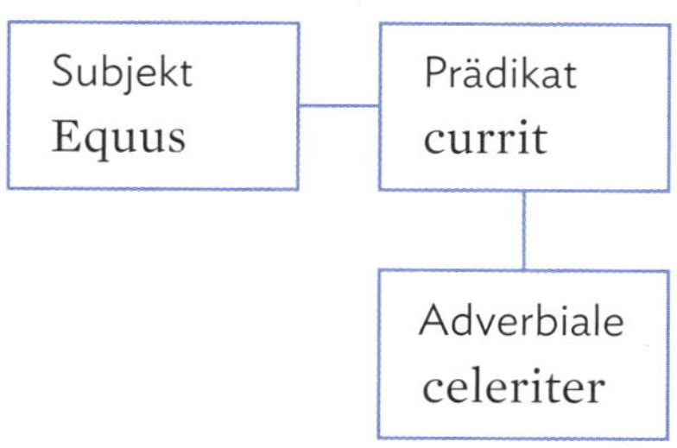

Adverbien haben im Satz die Funktion des Adverbiales. Sie sind keine notwendigen Bestandteile des Satzes. Von Adjektiven abgeleitete Adverbien geben gewöhnlich an, wie etwas geschieht. Wir fragen: **„Auf welche Art und Weise?"**

Andere Adverbien können – wie ein Nebensatz oder ein Präpositionalausdruck – Aufschluss über Ort, Zeit oder Grund eines Geschehens geben.

WEITER-DENKEN

Sprachenvergleich

equus celer *das schnelle Pferd*	**Equus *celer est*.** Das Pferd *ist schnell*.	**Equus *celeriter* currit.** Das Pferd läuft *schnell*.

Im **Lateinischen** richten sich die Formen des Adjektivs als Attribut (hier: equus celer) und als Prädikatsnomen (hier: celer est) in Kasus, Numerus und Genus nach dem Bezugsnomen (hier: equus); das Adverb wird dagegen mit einer eigenen Form gebildet (hier: celeriter).

Im **Deutschen** wird das Adjektiv als Attribut gebeugt (hier: „schnell**e** ..."); bei der Wiedergabe des Adjektivs als Prädikatsnomen (hier: celer est) und des Adverbs wird das Adjektiv nicht gebeugt (hier: „schnell").

B Genitiv der Beschaffenheit

vir *magnae virtutis*	**res *eius modi***
ein Mann *von großer Tapferkeit*	eine Sache *von dieser* Art
ein *sehr tapferer* Mann	eine *derartige* Sache

Der Genitiv kann die **Beschaffenheit** eines Substantivs bezeichnen (Genitivus qualitatis); er gehört meist als **Attribut** zu diesem Substantiv. Neben der Übersetzung mit einer Präposition (z. B. „von") ist oft auch eine freiere Wiedergabe möglich.

Vir *magnae virtutis* erat.
Der Mann *war von großer Tapferkeit*.
Der Mann *war sehr tapfer*.

Manchmal tritt der Genitiv der Beschaffenheit auch als **Prädikatsnomen** (bei esse) auf.

Ablativ der Beschaffenheit

puella *magno ingenio*	**Puella *magno ingenio erat*.**
ein Mädchen *von (mit) großer Begabung*	Das Mädchen *war von großer Begabung*.
ein *sehr begabtes* Mädchen	Das Mädchen *war sehr begabt*.

Der Ablativ der Beschaffenheit (Ablativus qualitatis) wird verwendet und übersetzt wie der Genitiv der Beschaffenheit.

C Genitivus partitivus

Multitudo *hominum* philosophum audit.
Eine Menge *Menschen* hört den Philosophen.

Pars *eorum* philosophum laudat.
Ein Teil *von ihnen* lobt den Philosophen.

Der **Genitivus partitivus** (Genitiv des geteilten Ganzen) (hier: hominum bzw. eorum) bezeichnet die Gesamtheit, von der ein bestimmter Teil (hier: multitudo bzw. pars) genannt wird.

Der Genitivus partitivus steht hauptsächlich bei Maß- und Mengenangaben (z. B. numerus, pars, multum) sowie bei bestimmten Pronomina (z. B. nemo, quis). Beachte die folgenden Wendungen:

multum temporis	viel Zeit
nihil novi	nichts Neues
quis vestrum?	wer von euch?
quid consilii?	welcher Plan?

D Indefinitpronomen quidam

quīdam ein gewisser, (irgend)einer

	Singular			Plural		
	m	*f*	*n*	*m*	*f*	*n*
Nom.	**quīdam**	**quaedam**	**quiddam**	**quīdam**	**quaedam**	**quaedam**
Gen.		**cuiusdam**		**quōrundam**	**quārundam**	**quōrundam**
Dat.		**cuidam**			**quibusdam**	
Akk.	**quendam**	**quandam**	**quiddam**	**quōsdam**	**quāsdam**	**quaedam**
Abl.	**quōdam**	**quādam**	**quōdam**		**quibusdam**	

Wenn quidam adjektivisch verwendet wird, sind die Formen identisch.
Ausnahme: Im Neutrum Singular steht quoddam statt quiddam.

Indefinitpronomen quidam: Verwendung

auctor *quidam* Romanus ein *(gewisser)* römischer Schriftsteller	**auctores *quidam* Romani** *gewisse / einige* römische Schriftsteller

Mit quidam wird eine Person oder Sache bezeichnet, die der Sprecher nicht genauer benennen kann oder will. Der Plural von quidam bedeutet meistens *einige*.

ingens *quidam* timor eine *geradezu* ungeheure Angst	**sacra *quaedam* res** eine *sozusagen* heilige Sache

Manchmal dient quidam zur Verstärkung *(geradezu, wirklich)* oder zur Abschwächung *(sozusagen, eine Art von)*.

METHODE

M Texte erschließen: Bezüge ermitteln

Manchmal ist es nicht einfach herauszufinden, auf welches Wort im Text sich eine Form bezieht, also den richtigen grammatischen Bezug zu ermitteln. Das ist besonders bei Pronomina, Partizipien und Adjektiven wichtig, wenn das Bezugswort weit weg steht oder zu einer anderen Deklinationsklasse gehört. Beachte jeweils genau die Übereinstimmung in Kasus, Numerus und Genus. Vergleiche dazu die folgenden Sätze aus Lektionstext 25 (→ S. 15):

- ... Miletus urbs, **quae** – ad ripam maris **posita** – ... grandis fuit (Z. 2)
  Das PPP posita bezieht sich auf das Relativpronomen quae; dieses wiederum bezieht sich auf Miletus urbs.
- Anu quadam ... **quaerente**, cur ... (Z. 15)
  Das PPA quaerente bezieht sich auf anu (Abl. abs.).
  Es steht entfernt vom Bezugswort und gehört zu einer anderen Deklinationsklasse.

Wiederholungswörter

subīre	subeō, subiī, subitum	auf sich nehmen, herangehen
prō	*Präp. m. Abl.*	vor; anstelle von, für
vītāre	vītō, vītāvī	meiden, vermeiden
metus	metūs *m*	die Angst, die Furcht
voluptās	voluptātis *f*	die Lust, das Vergnügen
nimis	*Adv.*	zu, allzu, zu sehr
pēs	pedis *m*	der Fuß
lēx	lēgis *f*	das Gesetz, die Bedingung

Lernwörter

1	**certāre**	certō, certāvī, certātum	kämpfen, wetteifern	
	tantus	tanta, tantum	so groß, so viel	🇪🇸 tanto
	parātus	parāta, parātum (ad *m. Akk.*)	bereit (für / zu)	→ parāre
	exercēre	exerceō, exercuī	üben, trainieren, quälen	→ exercitus 🇬🇧 to exercise
	causā	*(nachgestellt) m. Gen.*	wegen **Amīcōrum causā labōrēs subiī.** Der Freunde wegen habe ich Anstrengungen auf mich genommen. **Hominēs spectandī causā veniunt.** Die Menschen kommen, um zuzuschauen.	→ causa
	cōnsuēscere	cōnsuēscō, cōnsuēvī, cōnsuētum	sich gewöhnen (an); *Perf.* gewohnt sein **Amīcīs adesse cōnsuēvī.** Ich bin (es) gewohnt, Freunden zu helfen.	→ cōnsuētūdō
	perpetuus	perpetua, perpetuum	dauerhaft, ewig	🇩🇪 Perpetuum mobile
	namque		denn, nämlich	
2	**praestāre**	praestō, praestitī *m. Dat.*	jdn. übertreffen **Thalēs cēterīs ingeniō praestat.** Thales übertrifft die Übrigen an Begabung / mit seiner Begabung.	→ stāre
	dīvīnus	dīvīna, dīvīnum	göttlich	→ dīvus
	concēdere	concēdō, concessī, concessum	erlauben, zugestehen, nachgeben	→ cum, cēdere 🇩🇪 Konzession
	salvus	salva, salvum	gesund, unversehrt	🇬🇧 safe
	multum	*Adv.*	sehr, viel	→ multus
	* **loquī**	loquor, locūtus sum	reden, sprechen	
	* **nē**	*m. Konj. im Hauptsatz*	nicht *(verneinter Wunsch oder Befehl)*	
	redūcere	redūcō, redūxī, reductum	zurückführen, zurückziehen	→ dūcere 🇩🇪 reduzieren

Die mit einem * markierten Wörter brauchst du schon auf der ersten Seite der Lektion 26.

3	**prīmum ... deinde**		zuerst ... dann; erstens ... zweitens	
	sacerdōs	sacerdōtis *m f*	der Priester, die Priesterin	→ sacer
	āra	ārae *f*	der Altar	
	nāscī	nāscor, nātus sum	entstehen, geboren werden	→ nātus, nātūra
	libīdō	libīdinis *f (m. Gen.)*	das Verlangen (nach), die Lust	
	pudor	pudōris *m*	das Schamgefühl, der Anstand	(ES) pudor
	stultus	stulta, stultum	dumm	
	-ve	*nachgestellt*	oder	
	* **querī**	queror, questus sum *m. Akk.*	klagen, sich beklagen (über) **Philosophus cupiditātem glōriae queritur.** Der Philosoph beklagt sich über Gier nach Ruhm.	(DE) Querulant
4	**Olympia**	Olympiōrum *n Pl.*	die Olympischen Spiele	
	proficīscī	proficīscor, profectus sum	reisen, abreisen, aufbrechen	→ prō, facere
	virtūtēs	virtūtum *f Pl.*	die guten Eigenschaften, die Verdienste	→ virtūs
	victor	victor, victor (*Gen.* victōris)	siegreich; *Subst.* der Sieger	→ victōria, vincere
	tot	*indekl.*	so viele	
	praemium	praemiī *n*	der Lohn, die Belohnung, der Preis	(DE) Prämie
	offerre	offerō, obtulī, oblātum	anbieten, entgegenbringen	→ ferre (DE) offerieren
	membrum	membrī *n*	das Glied, der Körperteil	(GB) member
5	**velut**	*Adv.*	wie, wie zum Beispiel	→ ut
	manus	manūs *f*	die Hand, die Schar (von Bewaffneten)	(DE) manuell
	tergum	tergī *n*	der Rücken	
	cōnstāre	cōnstō, cōnstitī (ex *m. Abl.*)	kosten; bestehen (aus) **Homō ex animō et corpore cōnstat.** Der Mensch besteht aus Geist und Körper.	→ cum, stāre
	magis		mehr, eher	(ES) más
	magis ... quam		mehr ... als	
	* **ūtī**	ūtor, ūsus sum *m. Abl.*	benutzen, gebrauchen **Mīlitēs armīs ūtuntur.** Die Soldaten gebrauchen ihre Waffen.	→ ūsus (GB) to use
	īnstituere	īnstituō, īnstituī, īnstitūtum	beginnen, einrichten, unterrichten	→ in, statuere (DE) Institut(ion)
	* **sequī**	sequor, secūtus sum *m. Akk.*	folgen **Multī philosophum sequuntur.** Viele folgen dem Philosophen.	

MERKHILFEN

aciem — naves — sacrum — **instituere** — iuvenem artibus — castra munire

Erschließe jeweils eine treffende Bedeutung für **instituere**. Wähle drei Wendungen aus, mit denen du dir die gelernten Bedeutungen gut merken kannst.

Vokabeln sichern

1 **certare → namque**

Familienmitglieder gesucht! Nenne jeweils ein Wort aus der gleichen Wortfamilie wie **exercitus, consuetudo** und **parare**.

Nenne anschließend je ein bedeutungsverwandtes Wort zu **magnus, pugnare, propter, enim** und **longus**.

2 **praestare → reducere**

Ordne jeweils lateinisches Wort und deutschen Gegenbegriff einander richtig zu.

reducere	menschlich
loqui	verweigern, verbieten
divinus	wenig
multum	unterlegen sein

salvus	hinführen
concedere	schweigen
praestare	krank

Ein „kleines Wort" bleibt übrig. Nenne es lateinisch und deutsch.

3 **primum ... deinde → queri**

Die Wörter des aktuellen Päckchens lauten

queri ▪ libido ▪ primum ... deinde ▪ sacerdos ▪ nasci ▪ -ve ▪ pudor ▪ ara ▪ stultus

(PA) Stellt diese Wörter nach folgenden Kriterien zusammen und übersetzt sie dann:

- Sachfelder „Religion" und „menschliche Eigenschaften",
- Deponentien der konsonantischen Konjugation,
- „kleine Wörter" und Konnektoren.

Partner A und Partner B wechseln sich bei dieser Aufzählung ab.

4 **proficisci → membrum**

Suche aus dem Wörterpäckchen diejenigen Vokabeln heraus, die zum Sachfeld „Sport, Wettkampf" gehören, und begründe deine Entscheidung. Gib die deutschen Bedeutungen der übrigen Vokabeln an.

5 **velut → sequi**

Dieses Päckchen enthält die folgenden Wörter:

uti ▪ sequi ▪ constare ▪ instituere ▪ velut ▪ manus ▪ magis ... quam ▪ tergum

Ordne diese nach

- Junkturen, die du in einem Vergleich gebrauchen kannst,
- Verben, bei denen besonders auf den Kasusgebrauch zu achten ist,
- Substantiven mit zwei bzw. drei unterschiedlichen Bedeutungen und
- einem Substantiv, das einen Körperteil bezeichnet.

Diskuswerfer. Griechische Vasenmalerei. Um 490 v. Chr.

A nd-Formen: Gerundium

Wie im Deutschen können auch in der lateinischen Sprache Verben als Substantive verwendet werden:

Athleta: „Vincere iuvat."
Der Sportler: „(Das) Siegen macht Freude."

Wenn im Lateinischen das „substantivierte Verb" im Nominativ (als Subjekt) oder im bloßen Akkusativ (als Objekt) steht, wird der Infinitiv Präsens verwendet.
In den anderen Kasus gibt es eigene Deklinationsformen. Man bezeichnet sie als **Gerundium**.

Das Gerundium tritt nur im Singular auf; der Dativ kommt kaum vor. Die Formen werden dadurch gebildet, dass an den Präsensstamm der Verben **-nd-** angefügt wird, worauf die Kasusendungen der o-Deklination im Singular folgen:

a-Konjugation	Singular	
Nominativ	**vocā-re**	rufen / (das) Rufen
Genitiv	**voca-nd-ī**	des Rufens
Akkusativ	**ad voca-nd-um**	zum Rufen
Ablativ	**voca-nd-ō**	durch Rufen

e-Konjugation	**monē-re, mone-nd-ī ...**
i-Konjugation	**audī-re, audi-e-nd-ī ...**
kons. Konjug.	**ag-e-re, ag-e-nd-ī ...**
(i-Erweiterung)	**cape-re, capi-e-nd-ī ...**

Bei der i- und der kons. Konjugation wird der Präsensstamm durch den Bindevokal -e- erweitert.

BEACHTE: ire, e-u-nd-i ...

Verwendung des Gerundiums

Cupiditas *vincendi* magna est.
Die Leidenschaft *für das Siegen* ist groß.
Die Leidenschaft *zu siegen* ist groß.

Semper paratus sum *ad vincendum*.
Ich bin immer bereit *zum Siegen*.
Ich bin immer bereit *zu siegen*.

***In vincendo* gaudeo.**
Beim Siegen freue ich mich.

***Vincendo* gloriam mihi paro.**
Durch das Siegen erwerbe ich mir Ruhm.

Das Gerundium kommt im Genitiv und im Ablativ vor, im Akkusativ nur nach der Präposition ad. Man übersetzt das Gerundium mit einem **Substantiv** oder mit **Infinitiv**.

Cupiditas *corpus exercendi* magna est. Die Leidenschaft *für das Trainieren des Körpers* ist groß. Die Leidenschaft, *den Körper zu trainieren,* ist groß.	**Cupiditas *saepe vincendi* magna est.** Das Verlangen, *oft zu siegen*, ist groß.

Ein **Gerundium** kann durch **Objekte** (hier: corpus) und **Adverbialien** (hier: saepe) **erweitert** werden. Bei der Übersetzung wird das Objekt (hier: „den Körper") abhängig vom Gerundium; oft ist auch eine Wiedergabe mit Infinitiv möglich.

SPEICHERN

Gerundium nach Präpositionen

Ad vincendum paratus sum. Ich bin zum Siegen bereit.	→ ad und nd-Form: **„zu, zur, zum"** und Substantiv
In vincendo rideo. Beim Siegen lache ich.	→ in und nd-Form: **„bei, beim"** und Substantiv
Vincendi causa me exerceo. Ich trainiere mich, um zu siegen.	→ causā und nd-Form: **„um zu"** und Infinitiv

B Verben: Deponentien (kons. Konjugation)

sequor ich folge	passive Form aktive Bedeutung

Es gibt Verben, die passive Formen bilden, jedoch aktive Bedeutung haben (Deponentien); sie haben gleichsam ihre aktiven Formen „abgelegt" (de-ponere!).

Präsensstamm

Inf. Präsens	**sequ-ī**	(zu) folgen

Ind. Präsens	Singular		Plural	
1. Person	**sequ-or**	ich folge	**sequ-i-mur**	wir folgen
2. Person	**sequ-e-ris**	du folgst	**sequ-i-minī**	ihr folgt
3. Person	**sequ-i-tur**	er (sie, es) folgt	**sequ-u-ntur**	sie folgen

Ind. Imperfekt	Singular		Plural	
1. Person	**sequē-ba-r**	ich folgte	**sequē-bā-mur**	wir folgten
2. Person	**sequē-bā-ris**	du folgtest	**sequē-bā-minī**	ihr folgtet
3. Person	**sequē-bā-tur**	er (sie, es) folgte	**sequē-ba-ntur**	sie folgten

Futur	Singular	Plural
1. Person	**sequ-ar** ich werde folgen	**sequ-ē-mur** wir werden folgen
2. Person	**sequ-ē-ris** du wirst folgen	**sequ-ē-minī** ihr werdet folgen
3. Person	**sequ-ē-tur** er (sie, es) wird folgen	**sequ-e-ntur** sie werden folgen

Konj. Präsens	Singular	Plural
1. Person	**sequ-ar**	**sequ-ā-mur**
2. Person	**sequ-ā-ris**	**sequ-ā-minī**
3. Person	**sequ-ā-tur**	**sequ-a-ntur**

Konj. Imperfekt	Singular	Plural
1. Person	**seque-re-r** ich würde folgen	**seque-rē-mur** wir würden folgen
2. Person	**seque-rē-ris** du würdest folgen	**seque-rē-minī** ihr würdet folgen
3. Person	**seque-rē-tur** er (sie, es) würde folgen	**seque-re-ntur** sie würden folgen

Die Deponentien der konsonantischen Konjugation (z. B. sequī) bilden ihre Formen genauso wie die entsprechenden aktiven Verben (z. B. agere) im Passiv. → Formentabellen, S. 185 ff.

	Singular		Plural	
Imperativ	**sequ-e-re**	folge!	**sequ-i-minī**	folgt!

Die **Imperativformen** sind eigens zu lernen.

Stammformen

	Inf. Präs.	1. Pers. Sg. Präs.	1. Pers. Sg. Perf.
kons. Konjug.	**sequ-ī**	**sequ-or**	**secū-tus sum**

Auch von Deponentien werden Infinitive, Partizipien und Formen des Gerundiums gebildet:

Infinitiv	Präsens	**sequ-ī**	(zu) folgen
	Perfekt	**secū-tum esse**	gefolgt (zu) sein
Partizip	Präsens	**sequ-ē-ns**	einer, der folgt
	Perfekt	**secū-tus**	einer, der gefolgt ist
Gerundium		**sequ-e-ndī, ad sequ-e-ndum, sequ-e-ndō**	

BEACHTE: Das Partizip Präsens und das Gerundium werden gebildet wie bei den aktiven Verben. Die Infinitive und das Partizip Perfekt haben passive Formen und aktive Bedeutungen.

Partizip Perfekt der Deponentien als Participium coniunctum (Pc)

Athleta diu *locutus* se exercuit.
Nachdem der Sportler lange *gesprochen hatte,* trainierte er.
Nach seinen langen *Ausführungen* trainierte der Sportler.
Der Sportler *hatte* lange *gesprochen; dann* trainierte er.

Viribus corporis *usus* athleta vicit.
Dadurch, dass (Weil) er seine Körperkräfte *benutzte,* siegte der Sportler.
Durch die Nutzung seiner Körperkräfte siegte der Sportler.
Der Sportler *benutzte* seine Körperkräfte; *so (dadurch)* siegte er.

Das Partizip Perfekt der Deponentien bezeichnet oft die Vorzeitigkeit (hier: locutus); bisweilen kann es auch die Gleichzeitigkeit ausdrücken (hier: usus).

Es wird wie das Pc der aktiven Verben mit Adverbialsatz, Präpositionalausdruck oder Beiordnung wiedergegeben. Die passende Sinnrichtung (temporal, kausal, konzessiv, ...) ergibt sich aus dem jeweiligen Kontext.

C Hauptsätze im Konjunktiv: Prohibitiv

***Ne* dubita*veris*!**	***Ne* dubita*veritis*!**
(Noli dubitare!)	**(Nolite dubitare!)**
Zögere nicht!	Zögert nicht!

Ne mit folgendem **Konjunktiv Perfekt** drückt einen verneinten Befehl (Prohibitiv) aus; bedeutungsgleich ist **noli** bzw. **nolite mit Infinitiv**.

METHODE

M Antike Wurzeln erschließen

Vieles in unserer heutigen Welt hat seine Wurzeln in der Antike: Im Mathematikunterricht lernst du den Thaleskreis und den Satz des Pythagoras kennen, die Bauform vieler Kirchen entwickelte sich aus der Anlage römischer Markthallen (sog. Basiliken), die ersten Tragödien und Komödien wurden im alten Athen aufgeführt – und die Olympischen Spiele gehen auf sportliche Wettkämpfe zu Ehren des Zeus zurück (→ S. 20).

Am Beispiel der **Olympischen Spiele** (→ Lektionstext 26) kannst du leicht die antiken Wurzeln erschließen und so vieles, was damit zusammenhängt, besser verstehen:

- Stelle einen Zusammenhang her zwischen der Zunahme der Sportarten in der Antike und der Zahl der Disziplinen bei den modernen Olympischen Spielen.
- Vergleiche die Preise und Ehrungen, die ein heutiger Olympiasieger erfährt, mit dem „Lohn“ seiner antiken Vorgänger.

Olympioniken – damals und heute.

- Wir wissen auch aus der Antike von unsportlichem Verhalten – und von Strafen, die dafür verhängt wurden. Stelle mittels Internetrecherche die wichtigsten Fakten dazu zusammen und vergleiche diese mit unlauteren Methoden und Bestrafungen aus unserer Zeit.

Eingang zum antiken Stadion von Olympia. Auf den Steinsockeln standen einst Zeus-Statuen. Ein Athlet, der die Wettkampfregeln verletzt hatte, musste eine solche Statue finanzieren.

Sicher findest du noch weitere Gesichtspunkte, die einen Vergleich mit der Antike lohnen.

Als Vorbereitung auf die Texte zu Medea in Lektion 27 kannst du dich über die Wurzeln des literarischen Dramas in der **griechischen Tragödie** informieren: Was ist z. B. ein tragischer Konflikt? Auf welche antiken Werke gehen moderne „Rezeptionen“ des Medea-Stoffs zurück?

Wiederholungswörter

beātus	beāta, beātum	glücklich, reich
umquam	*Adv.*	jemals, irgendwann einmal
at		aber, jedoch
studēre	studeō, studuī *m. Dat.*	sich beschäftigen (mit), sich bemühen (um), streben nach
accēdere	accēdō, accessī	herbeikommen, hingehen, sich nähern
facinus	facinoris *n*	die Handlung, die Untat
quam		als, wie
tālis	tālis, tāle	derartig, ein solcher, so (beschaffen)
prōdere	prōdō, prōdidī, prōditum	überliefern, verraten
afferre	afferō, attulī, allātum	bringen, herbeibringen, melden

Lernwörter

1	**Iāsōn**	Iāsonis *m*	Iason (Anführer der Argonauten)	
	Mēdēa	Mēdēae *f*	Medea (Ehefrau des Iason)	
	quisquam	quidquam (quicquam)	irgendjemand, irgendetwas	
	quīn	*Subj. m. Konj.*	dass (*in festen Wendungen*)	
	nōn dubitō, quīn	*m. Konj.*	ich zweifle nicht, dass	
	cursus	cursūs *m*	der Lauf	→ currere Kurs
	alter	altera, alterum (*Gen.* alterīus, *Dat.* alterī)	der eine / der andere (von zweien)	→ alius Alternative autre
	Creōn	Creontis *m*	Kreon (König von Korinth)	
	uxōrem dūcere		heiraten	
	persuādēre	persuādeō, persuāsī, persuāsum *m. Dat.*	überreden, überzeugen **Mihi persuāsistī, ut venīrem.** Du hast mich überredet zu kommen. **Tibi persuāsī mē amīcum bonum esse.** Ich habe dich (davon) überzeugt, dass ich ein guter Freund bin.	
	sors	sortis *f* (*Gen. Pl.* -ium)	das Schicksal, das Los, der Orakelspruch	sortieren suerte
2	**retinēre**	retineō, retinuī, retentum	zurückhalten, festhalten, behalten	→ tenēre
	maximē	*Adv.*	am meisten, besonders	→ maximus
	aequus	aequa, aequum	eben, gerecht, gleich	Äquator
	rēctus	rēcta, rēctum	richtig, recht, gerade	→ rēctē
	nōmināre	nōminō, nōmināvī, nōminātum	nennen	→ nōmen Nominativ
	initium	initiī *n*	der Anfang, der Eingang	→ inīre Initiative

 Das mit einem * markierte Wort brauchst du schon auf der ersten Seite der Lektion 27.

	calamitās	calamitātis *f*	das Unglück, der Schaden	
	multō	*m. Komparativ*	viel, um viel	→ multus
3	**minor**	minor, minus (*Gen.* minōris)	kleiner, geringer	🇩🇪 Minus
	praeesse	praesum, praefuī *m. Dat.*	leiten, an der Spitze stehen **Cōnsulēs reī pūblicae praesunt.** Die Konsuln stehen an der Spitze des Staates / leiten den Staat.	
	opus est	*(m. Abl.)*	es ist nötig, man braucht (etw.) **Mihi auxiliō opus est.** Ich brauche Hilfe.	
	sinere	sinō, sīvī, situm	lassen, zulassen, erlauben	→ dē-sinere
	cārus	cāra, cārum	lieb, teuer, wertvoll	🇮🇹 caro
	quō ... eō		je ... desto	
	* **māior**	māior, māius (*Gen.* māiōris)	größer	🇩🇪 Major 🇮🇹 maggiore
	respicere	respiciō, respexī, respectum	zurückblicken, berücksichtigen	→ aspicere 🇩🇪 respektieren
4	**quālis**	quālis, quāle	wie (beschaffen), was für ein	🇩🇪 Qualität
	etiam	*m. Komparativ*	noch	
	cōnsulere	*m. Dat.*	sorgen für	
	solēre	soleō	gewohnt sein, gewöhnlich etw. tun **Amīcōs convenīre soleō.** Ich bin es gewohnt, meine Freunde zu besuchen. Ich besuche gewöhnlich meine Freunde.	
	permittere	permittō, permīsī, permissum	erlauben, überlassen	→ mittere 🇬🇧 to permit
	subdūcere	subdūcō, subdūxī, subductum	hinaufziehen, wegnehmen	
	parere	pariō, peperī, partum	zur Welt bringen; schaffen	
	alere	alō, aluī, altum	ernähren, großziehen	
	dextera (manus)	dexterae (manūs) *f*	die Rechte, die rechte Hand	
	īnferī	īnferōrum *m Pl.*	die Bewohner der Unterwelt, die Unterwelt	🇩🇪 Inferno
	prex	precis *f*	die Bitte, das Gebet	

KHILFEN

Weise der Illustration weitere dir bekannte Vokabeln zu.

Vokabeln sichern

1 quisquam → sors

Zwei antike Griechen unterhalten sich über die Inhalte des Mythos. Erschließt in Partnerarbeit aus der folgenden Unterhaltung die in dem aktuellen Päckchen enthaltenen Vokabeln, nennt sie lateinisch und gebt auch die weiteren Bedeutungen an. Wechselt euch ab, sobald einer von euch einen Fehler gemacht hat.

Der eine der beiden Gesprächspartner meint: „Kaum jemand dürfte zweifeln, dass in den Mythen viel über den Lauf der Welt und des menschlichen Lebens enthalten ist." Der andere entgegnet: „Du überzeugst mich! Viel erfahren wir auch über das Schicksal einzelner Gestalten, über Liebe, Heiraten und Sterben, über Orakelsprüche und dergleichen."

2 retinere → multo

Entwickle auf Deutsch eine Rede, die alle neuen Wörter enthält. Tipp: Besonders gut eignet sich hierfür die Rede des Orpheus vor den Unterweltsgöttern, um Eurydike zurückzuerhalten, oder die Mahnrede eines Kampfrichters an die Sportler in Olympia, sich an die Regeln zu halten.

3 minor → respicere

Konzipiere nun eine Antwort- oder Gegenrede, die die neuen Wörter dieses Päckchens enthält.

4 qualis → prex

Erschließe für die unterstrichenen italienischen Wörter, von welchen lateinischen Ursprungswörtern sie abgeleitet sind, und gib deren deutsche Bedeutungen an.

- *Non ho il permesso di entrare.*
- *Cosa fanno di solito i turisti?*
- *Quale vino preferisci?*
- *Dare la destra a qualcuno*
- *Gli inferi si aprono.*
- *La preghiera del papa*
- *un parto naturale*
- *l'alimentari è un tipo di negozio*
- *La subduzione è un fenomeno geologico.*

Vokabeln vernetzen

1. Stelle aus WS 27 mindestens drei Vokabeln zusammen, die zum Thema „Größe, Menge, Qualität" passen.

2. Erkläre die folgenden Fremdwörter mit Hilfe von Vokabeln, die du in WS 27 gelernt hast:
respektvoll – Qualität – alternierend – Gerüchte kursieren – eine persuasive Strategie – ein permissiver Erziehungsstil

3. Erkläre auf der Basis des neu gelernten Wortschatzes,
a) wen ein italienischer Priester mit „Cari fratelli e sorelle" anspricht,
b) welche Tätigkeit zum Amt eines Konsuls passt,
c) auf welche Weise sich jemand bewegt, der „recta via" auf etwas zusteuert.

4. Nenne aus WS 26 und 27 jeweils das Gegenteil zu:
poena ▪ amittere ▪ superi ▪ iniquus ▪ laesus ▪ vitia

A Adjektive: Steigerung

longus, a, um	**longior, ior, ius**	**longissimus, a, um**
lang	länger	der (die, das) längste
long	*longer*	*longest*

Neben der Grundstufe der Adjektive (dem **Positiv**) gibt es im Lateinischen wie im Deutschen und Englischen

- den **Komparativ** (die Steigerungs- oder Vergleichsstufe).
  Zur Bildung der Formen wird in der Regel **-ior** (*m f*), **-ius** (*n*) an den Wortstamm angefügt.
- den **Superlativ** (die Höchststufe).
  Zur Bildung der Formen wird in der Regel **-issimus, a, um** an den Wortstamm angefügt.

Der **Komparativ** wird dekliniert wie die Substantive der 3. Deklination:

	Singular			Plural		
	m	*f*	*n*	*m*	*f*	*n*
Nom.	**longior**	**longior**	**longius**	**longiōr-ēs**	**longiōr-ēs**	**longiōr-a**
Gen.		**longiōr-is**			**longiōr-um**	
Dat.		**longiōr-ī**			**longiōr-ibus**	
Akk.	**longiōr-em**	**longiōr-em**	**longius**	**longiōr-ēs**	**longiōr-ēs**	**longiōr-a**
Abl.		**longiōr-e**			**longiōr-ibus**	

Der **Superlativ** wird dekliniert wie die Adjektive der a-/o-Deklination.

Zur Bildung der Superlativ-Formen musst du die folgenden **Ausnahmen** beachten:
miser → miser*rimus* celer → celer*rimus* facilis → facil*limus*

Bei den Adjektiven auf **-er** wird der Superlativ mit **-rimus, a, um** gebildet, das an den Nom. Sg. *m* angefügt wird. Einige Adjektive auf **-lis** bilden den Superlativ auf **-limus, a, um**.

B Adjektive: unregelmäßige Steigerung

magnus, a, um	**maior, ior, ius**	**maximus, a, um**
groß	größer	der (die, das) größte

Einige häufig gebrauchte Adjektive haben unregelmäßige Steigerungsformen.
Alle unregelmäßigen Steigerungsformen werden im Wortschatz gelernt.

Verwendung der Steigerungsformen

Iason clar*ior* est.
Iason ist *ziemlich* berühmt.

Wird ein Komparativ gebraucht, ohne dass ein Vergleich durchgeführt wird, übersetzt man ihn mit „(all)zu“ oder „ziemlich“.

Medea clar*issima* est.
Medea ist *sehr* berühmt / *hoch*berühmt.

Ein Superlativ drückt manchmal nicht den höchsten Grad, sondern nur eine Hervorhebung aus (Elativ). Man übersetzt meist mit einem hervorhebenden Adverb (z. B. „sehr, äußerst“).

C Ablativ des Vergleichs

Medea clarior est *Iasone* (quam Iason).
Medea ist berühmter *als Iason.*

Medea ad Iasonem: „Cupiditas gloriae maior est *amore*.“
Medea zu Iason: „Dein Verlangen nach Ruhm ist größer *als deine Liebe*.“

Bei einem Komparativ bezeichnet der Ablativ des Vergleichs (Ablativus comparationis) die Person oder Sache, mit der verglichen wird; diese kann ebenso mit quam angeschlossen werden.

D nd-Formen: Gerundivum

	Infinitiv	Gerundivum
a-Konjugation	**vocā-re**	**voca-nd-us, a, um**
e-Konjugation	**monē-re**	**mone-nd-us, a, um**
i-Konjugation	**audī-re**	**audi-e-nd-us, a, um**
kons. Konjug.	**ag-e-re**	**ag-e-nd-us, a, um**
(i-Erweiterung)	**cape-re**	**capi-e-nd-us, a, um**

Das Gerundivum wird ebenso wie das Gerundium (→ 26 A) mit -nd- gebildet.

Es kommt auch bei Deponentien vor (z. B. sequendus, a, um). Es wird wie die Adjektive der a- / o-Deklination dekliniert.

Verwendung des Gerundivums: attributiv

Iason consilium *Medeae relinquendae* cepit. Iason fasste den Entschluss *zum Verlassen Medeas.* Iason fasste den Entschluss, *Medea zu verlassen.*	***Medeā relinquendā Iason sortem sequi cupivit.*** *Durch das Verlassen Medeas* wollte Iason seinem Schicksal folgen. *Dadurch, dass er Medea verließ,* wollte Iason seinem Schicksal folgen.

Ein **attributives Gerundivum** steht wie ein Adjektiv in KNG-Kongruenz zu einem Bezugsnomen. Es drückt meist einen **Vorgang** aus bzw. eine Handlung, die gerade ausgeführt wird, und kommt vor allem im Genitiv, Akkusativ und Ablativ vor.

Man übersetzt das attributive Gerundivum (hier: relinquendae, relinquendā) mit einem **Substantiv** oder mit **Infinitiv** und macht im Deutschen das Bezugsnomen (hier: Medeae, Medeā) davon abhängig.

mulier amanda eine liebenswerte Frau eine Frau, die geliebt werden muss	**dolor non ferendus** ein unerträglicher Schmerz ein Schmerz, der nicht ertragen werden kann

In Einzelfällen kann ein attributives Gerundivum auch durch ein Adjektiv auf „-wert“ oder „-lich“ wiedergegeben werden; hier wird deutlich, dass das attributive Gerundivum passive Bedeutung hat.

VORGEHEN

Wiedergabe von nd-Konstruktionen

Ein **erweitertes Gerundium** (→ 26 A) und ein **attributives Gerundivum** haben die gleiche Bedeutung und können gleich übersetzt werden. Beachte für beide Fälle die folgende Umbauregel bei der Übersetzung:

Medeam	***relinquendo***	Gerundium mit Objekt
Medeā	***relinquendā***	attributives Gerundivum mit Bezugsnomen
durch das Verlassen	Medeas	Substantiv mit davon abhängigem Nomen

consilium	***Medeam***	***relinquendi***	Gerundium mit Objekt
consilium	***Medeae***	***relinquendae***	attributives Gerundivum mit Bezugsnomen
der Plan	*zum Verlassen Medeas (Medea zu verlassen)*		Substantiv mit davon abhängigem Nomen

Man kann in beiden Fällen die nd-Form (hier: relinquendo bzw. relinquendā; relinquendi bzw. relinquendae) mit einem **Substantiv** (oder mit Infinitiv) übersetzen. Im Deutschen wird das Bezugsnomen des Gerundivs (hier: Medeā, Medeae) bzw. das Objekt des Gerundiums (hier: Medeam) davon abhängig gemacht.

Wiederholungswörter

uxor	uxōris *f*	die Ehefrau, die Gattin
querī	queror, questus sum *m. Akk.*	klagen, sich beklagen (über)
culpa	culpae *f*	die Schuld
potius	*Adv.*	eher, lieber
sentīre	sentiō, sēnsī	fühlen, meinen, wahrnehmen
cīvitās	cīvitātis *f*	die Gemeinde, der Staat
lībertās	lībertātis *f*	die Freiheit
ācer	ācris, ācre	energisch, heftig, scharf
loquī	loquor, locūtus sum	reden, sprechen
quīdam	quaedam, quoddam (*Gen.* cuiusdam, *Dat.* cuidam)	ein gewisser, (irgend)ein; *Pl.* einige
metuere	metuō, metuī	fürchten, sich fürchten
minimē	*Adv.*	am wenigsten, überhaupt nicht
tempus	temporis *n*	die Zeit, die günstige Zeit, die Umstände
incertus	incerta, incertum	unsicher, ungewiss

Lernwörter

1	**ultimus**	ultima, ultimum	der äußerste, entfernteste, letzte	(DE) Ultimatum
	īnfēlīx	īnfēlīx, īnfēlīx (*Gen.* īnfēlīcis)	unglücklich	(ES) infeliz
	Sōcratēs	Sōcratis *m*	Sokrates (griech. Philosoph aus Athen)	
	graviter ferre	graviter ferō	unwillig ertragen, erregt sein	→ gravis
	damnāre	damnō, damnāvī, damnātum	verurteilen	(EN) damn
	capitis damnāre	capitis damnō	zum Tode verurteilen	→ caput
	priusquam	*Subj.*	bevor, eher als	
2	**quīn**	*im Hauptsatz*	vielmehr, warum nicht	
	supplex	supplex, supplex (*Gen.* supplicis)	demütig bittend	→ supplicium
	āctiō	āctiōnis *f*	die Tätigkeit, die Gerichtsverhandlung, die Rede	→ agere (DE) Aktion (EN) action
	tamquam	*Adv.*	wie	
	magister	magistrī *m*	der Lehrer	→ magis
	iūdex	iūdicis *m*	der Richter	→ iūs, iūdicāre
	* **utinam**	*m. Konj.*	hoffentlich, wenn doch	

Das mit einem * markierte Wort brauchst du schon auf der ersten Seite der Lektion 28.

	sermō	sermōnis *m*	das Gespräch, die Äußerung, das Gerede, die Sprache **Sermōnem cum amīcīs habeō.** Ich führe ein Gespräch mit meinen Freunden. **Sermōne Graecō ūtor.** Ich benutze die griechische Sprache. Ich spreche Griechisch.	
	levis	levis, leve	leicht, leichtsinnig	
3	**custōdia**	custōdiae *f*	das Gefängnis, die Haft, die Wache	→ custōs
	quam	*m. Superlativ*	möglichst **quam maximus** möglichst groß	
	accipere	accipiō, accēpī, acceptum	erhalten, erfahren, annehmen	Akzeptanz
	vigilia	vigiliae *f*	die Nachtwache, der Posten, der Wachposten	
	iūdicium	iūdiciī *n*	das Urteil, das Gericht	→ iūs, iūdex, iūdicāre
	frūctus	frūctūs *m*	die Frucht, der Nutzen, der Gewinn	Frucht fruit
	cōnsequī	cōnsequor, cōnsecūtus sum	folgen, nachfolgen, erreichen **Mīles glōriam cōnsequitur.** Der Soldat erringt (erreicht) Ruhm. **Nox diem cōnsequitur.** Die Nacht folgt auf den Tag.	→ sequī Konsequenz
	ēdūcere	ēdūcō, ēdūxī, ēductum	herausführen	→ ē, dūcere
4	**convīvium**	convīviī *n*	das Gastmahl, das Gelage	→ vīvere
	vīvere	vīvō, vīxī	leben	
	anima	animae *f*	die Seele, das Leben, der Atem	→ animus
	dīvidere	dīvidō, dīvīsī, dīvīsum	teilen, trennen	dividieren to divide
	bibere	bibō, bibī	trinken	boire
	vultus	vultūs *m*	das Gesicht, der Gesichtsausdruck; *Pl.* die Gesichtszüge	
	melior	melior, melius (*Gen.* meliōris)	besser	mejor
	latēre	lateō, latuī	verborgen sein	latent
	nōtus	nōta, nōtum	bekannt	→ nōscere
	praeter	*Präp. m. Akk.*	außer **Omnēs praeter tē veniunt.** Alle außer dir kommen.	→ praetereā

MERKHILFEN

honesta putatur

de pace audita est — **actio** — constituta est

Erschließe eine passende Bedeutung für **actio** in den drei Sätzen.

Vokabeln sichern

1 **ultimus → priusquam**

Stelle aus den neuen Wörtern diejenigen zusammen, die
a) mit einer Zeitangabe b) mit dem Sachfeld „Gericht" c) mit einem Gefühl zu tun haben.

2 **quin → levis**

Setze aus den folgenden Silben die neuen Vokabeln zusammen und nenne ihre deutschen Bedeutungen.

MA SER SUP QUIN TAM IU GIS

U LE AC TER MO TI

NAM TI PLEX QUAM O VIS DEX

3 **custodia → educere**

Vier der neu gelernten Wörter haben etwas mit „Haft" oder „Befreiung aus der Haft" zu tun. Nenne so viele wie möglich lateinisch und deutsch. Achtung: Drei Wörter bleiben übrig. Nenne auch diese lateinisch und deutsch.

4 **convivium → praeter**

Gestalte zu zwei Wörtern aus diesem Päckchen selbst eine kleine Zeichnung.

Ein Lernpartner erschließt die Wörter und gibt die deutschen Bedeutungen an. Dann ist er an der Reihe und zeichnet. Wechselt euch ab, bis alle Wörter erfasst sind.

Vokabeln vernetzen

1. Stelle alle Wörter aus WS 28 zusammen, die etwas mit „Recht, Gericht" zu tun haben.
2. Erkläre mit Hilfe der neu gelernten Wörter,
   a) von welchem Wort sich das Lehnwort „Frucht" ableitet,
   b) zu welcher Tageszeit Ordensleute die „Vigilien" beten,
   c) wie es zu dem mathematischen Begriff „Division" kommt.

Kontext entscheidet

Unterscheide die Bedeutungen von **quam** und übersetze.

1.	Puella, quam vides, soror mea est.	3.	Mons est maior quam arbor.
2.	Quam pulchra est haec vestis!	4.	Veni quam celerrime!

A Adverbien: Steigerung

long-ē lang, weit	**long-ius** länger	**longissim-ē** am längsten
celer-iter schnell	**celer-ius** schneller	**celerrim-ē** am schnellsten

Der Komparativ des Adverbs wird mit **-ius** gebildet, der Superlativ mit **-ē**.

multum viel	**plus** mehr	**plurimum** am meisten

Einige Adverbien haben unregelmäßige Steigerungsformen. Alle unregelmäßigen Steigerungsformen werden im Wortschatz gelernt.

***quam* celerrime**
möglichst schnell

Bei einem Superlativ bedeutet quam „möglichst".

celeriter
44 km/h

celerius
100 km/h

celerrime
180 km/h

B Hauptsätze im Konjunktiv: Optativ, Jussiv, Hortativ

Mit den folgenden Konjunktiven im Hauptsatz drückt ein Sprecher aus, was er selbst will oder was ein anderer tun soll; es werden also Wünsche und Aufforderungen mitgeteilt (Satzzeichen !).

Optativ

***(Utinam)* ad me *venias*!**
Hoffentlich kommst du zu mir!
Komm bitte zu mir!
(Mögest du zu mir kommen!)

***(Utinam)* officium *feceris*!**
Hoffentlich hast du deine Pflicht *getan*!

Der **Konjunktiv Präsens** (für die Gegenwart) und der **Konjunktiv Perfekt** (für die Vergangenheit) drücken Wünsche aus, die der Sprecher für **erfüllbar** hält. Sie können mit utinam (oder velim) eingeleitet werden.

***Utinam* ad me *venires*!** *Wenn du doch* zu mir *kämest*!	***Utinam* officium *fecisses*!** *Wenn du doch* deine Pflicht *getan hättest*!

Der **Konjunktiv Imperfekt** (für die Gegenwart) und der **Konjunktiv Plusquamperfekt** (für die Vergangenheit) drücken Wünsche aus, die der Sprecher für **nicht erfüllbar** hält. Sie werden in der Regel mit utinam (oder vellem) eingeleitet.

Utinam *ne* abeas!
Hoffentlich gehst du *nicht* weg!
Geh bitte *nicht* weg!

Der Optativ wird mit ne verneint.

Jussiv, Hortativ

Amicus *maneat*! Der Freund *soll bleiben*!	***Eamus!*** *Lasst uns gehen! Gehen wir!*

Der **Konjunktiv Präsens** drückt Aufforderungen aus:

- in der 3. Person an Dritte (Abwesende) → **Jussiv** (hier: maneat)
- in der 1. Person Plural an sich selbst und andere Personen → **Hortativ** (hier: eamus).

C Verwendung des Gerundivums: prädikativ

Leges *servandae sunt*. Gesetze *müssen (sollen) eingehalten werden.* Gesetze *sind einzuhalten.*	**Leges *neglegendae non sunt*.** Gesetze *dürfen (sollen) nicht missachtet werden.*

Das **prädikative Gerundivum** bildet in Verbindung mit Formen von **esse** das Prädikat; es drückt immer die **Notwendigkeit** aus bzw. eine Handlung, die ausgeführt werden muss (soll) bzw. nicht ausgeführt werden darf (soll).

Leges *servandae sunt*. Gesetze *müssen (sollen) eingehalten werden.* Gesetze *sind einzuhalten.*	**Legibus *parendum* est.** Man muss den Gesetzen gehorchen. (Den Gesetzen muss gehorcht werden.)

Das prädikative Gerundivum transitiver Verben (z. B. servare) steht mit dem Bezugsnomen (hier: leges) in KNG-Kongruenz.

Das prädikative Gerundivum intransitiver Verben (z. B. parēre) steht im Neutrum Singular; hier passt oft eine Übersetzung mit „man“.

Leges *nobis* servandae sunt.
Die Gesetze müssen *von uns* eingehalten werden (sind *von uns* einzuhalten).
Wir müssen die Gesetze einhalten.

Die handelnde Person (hier: nobis) steht im **Dativ des Urhebers** (Dativus auctoris).

Leges vobis *legendas* damus.
Wir geben euch die Gesetze *zum Lesen*.

Bei manchen Vollverben (z. B. dare, tradere, mittere) drückt das prädikative Gerundivum den Zweck aus; es wird übersetzt mit „zum, zur, zu".

WEITER-DENKEN

Sprachenvergleich (Modalverben)

Tibi venie*ndum* *est*.	**Tibi venie*ndum* *non est*.**
You *must* come.	You *must not* come.
Du *musst* kommen.	Du *darfst nicht* kommen.

Zum Ausdruck eines verneinten „Müssens" reicht im Lateinischen und Englischen die Verneinung („non" bzw. „not"); im Deutschen wird ein anderes Modalverb verwendet („dürfen").

METHODE M

Fachübergreifend denken

Römer und Griechen hatten zu den **Naturwissenschaften** ein unterschiedliches Verhältnis: Während die Römer mehr an der praktischen Verwertbarkeit im Alltag interessiert waren, ging es den Griechen vor allem um ein theoretisches Verständnis der Natur. Für sie gehörte naturwissenschaftliches Denken in den Bereich der **Philosophie**.

Antike und Medizin

Naturwissenschaftliche Erkenntnisse basierten bei den Griechen auf Beobachtung. Berühmt ist etwa der Versuch des Arztes **Hippokrates**, die Entwicklung im Hühnerei festzustellen: Von 20 zur selben Zeit gelegten Eiern wurde Tag für Tag eines geöffnet und der Entwicklungsstand dokumentiert.

Antike und Physik

Der Philosoph **Epikur** (→ Lektion 28) schloss sich in seinen Aussagen zur Physik dem Vorsokratiker **Demokrit** an: Nach ihm besteht alles, was existiert – also Feuer und Wasser, Pflanzen, Tiere und Menschen – aus **Atomen**, nicht mehr weiter teilbaren Einheiten, die sich miteinander verflechten.

Erkläre die Bezeichnung „atomistischer Materialismus", indem du zu Demokrit und Epikur eine Internetrecherche durchführst.

Eine Anekdote aus dem Leben des Kaisers Vespasian veranschaulicht, wie die Römer zu Erfindungen und technischen Errungenschaften standen: Einem Mechaniker, der versprach, große Säulen mit geringem Aufwand auf das Kapitol zu transportieren, gab Vespasian für seine Erfindung eine beträchtliche Belohnung, er lehnte das Werk jedoch mit der Bemerkung ab, der Mechaniker möge ihm weiter erlauben, dem niederen Volk Nahrung zu geben.

Erkläre die Einstellung Vespasians zu Erfindungen.

Wiederholungswörter

emere	emō, ēmī, ēmptum	kaufen
ante	*Präp. m. Akk.*	vor
paucī	paucae, pauca	wenige
nōtus	nōta, nōtum	bekannt
-que	*angehängt*	und
colere	colō, coluī, cultum	verehren, bewirtschaften, pflegen
ferre	ferō, tulī, lātum	bringen, tragen, ertragen
nēmō	nēminis	niemand
tālis	tālis, tāle	derartig, ein solcher, so (beschaffen)
dēserere	dēserō, dēseruī, dēsertum	verlassen, im Stich lassen
tollere	tollō, sustulī, sublātum	aufheben, in die Höhe heben, wegnehmen
dīgnitās	dīgnitātis *f*	das Ansehen, die Würde, die (gesellschaftliche) Stellung
furor	furōris *m*	der Wahnsinn, die Wut
impellere	impellō, impulī, impulsum	antreiben, veranlassen

Lernwörter

1	**labōrāre**	labōrō, labōrāvī, labōrātum	arbeiten, sich anstrengen	→ labor
	* **aliquī**	aliqua, aliquod *adj.*	(irgend)ein	
	negōtium	negōtiī *n*	die Aufgabe, das Geschäft, die Angelegenheit	→ ōtium
	negōtia agere	negōtia agō	Geschäfte treiben, Handel treiben	
	hodiē	*Adv.*	heute	→ hic, diēs
	auris	auris *f* (*Gen. Pl.* -ium)	das Ohr	
	aurēs praebēre	aurēs praebeō	zuhören, Gehör schenken	
	dēspērāre	dēspērō, dēspērāvī, dēspērātum	die Hoffnung aufgeben, verzweifeln	
	anteā	*Adv.*	vorher, früher	→ ante
	plūrēs	plūrēs, plūra	mehr, mehrere	→ plūs
2	**frequēns**	frequēns, frequēns (*Gen.* frequentis)	häufig, zahlreich	Frequenz frequent
	minimus	minima, minimum	der kleinste, geringste, sehr klein	→ minimē Minimum
	argentum	argentī *n*	das Silber	Argentinien
	domum	*Adv.*	nach Hause	→ domus
	requīrere	requīrō, requīsīvī, requīsītum	aufsuchen, sich erkundigen, verlangen	→ quaerere

Die mit einem * markierten Wörter brauchst du schon auf der ersten Seite der Lektion 29.

	* **fierī**	fīō, factus sum	gemacht werden, geschehen, werden **Iniūria fit.** Ein Unrecht wird (gemacht) begangen. **Quemadmodum id fierī potuit?** Wie konnte das geschehen? **Fīat lūx!** Es werde Licht!	
	tandem	*im Fragesatz*	denn eigentlich	
	efficere	efficiō, effēcī, effectum	bewirken, herstellen	→ ex, facere Effekt
	Paulus	Paulī *m*	Paulus (christlicher Apostel und Missionar)	
	Chrīstiānus	Chrīstiāna, Chrīstiānum	christlich, *Subst.* der Christ	
3	**clāmōrem tollere**	clāmōrem tollō	ein Geschrei erheben, Lärm machen	
	testis	testis *m f* (*Gen. Pl.* -ium)	der Zeuge, die Zeugin	Test, Attest, Testament
	* **aliquis**	aliquid *subst.*	(irgend)jemand	
	cultus	cultūs *m*	die Verehrung, die Pflege, die Bildung **Cultus deōrum exstinguī nōn potest.** Die Verehrung der Götter kann nicht ausgelöscht werden. **Cultus animī multum rēfert.** Bildung ist sehr wichtig.	→ colere Kult, Kultur
	comes	comitis *m f*	der Begleiter, die Begleiterin, der Gefährte, die Gefährtin	
	theātrum	theātrī *n*	das Theater	
	rapere	rapiō, rapuī, raptum	rauben, wegreißen, wegführen	→ ē-ripere
	accūsāre	accūsō, accūsāvī, accūsātum	anklagen, beschuldigen	Akkusativ
	dictum	dictī *n*	der Ausspruch, die Äußerung, das Wort	→ dīcere
	prōferre	prōferō, prōtulī, prōlātum	hervorholen, verkünden	→ prō, ferre
4	**patrius**	patria, patrium	heimisch, väterlich	→ pater, patria
	vidēre	videō, vīdī, vīsum	sehen	Visum, Vision
	crēscere	crēscō, crēvī	wachsen	crecer
	adicere	adiciō, adiēcī, adiectum	hinzufügen	
	īgnōtus	īgnōta, īgnōtum	unbekannt	→ nōtus
	surgere	surgō, surrēxī, surrēctum	aufstehen, sich erheben	→ regere
	sōlācium	sōlāciī *n*	der Trost, das Trostmittel	
	sēdēs	sēdis *f*	der Sitz, der Wohnsitz	Sessel
	aeternus	aeterna, aeternum	ewig	
	excēdere	excēdō, excessī, excessum	hinausgehen, weggehen	→ ex, cēdere Exzess
	silentium	silentiī *n*	das Schweigen, die Stille	
	exīre	exeō, exiī	herausgehen	→ ex, īre exit

Vokabeln sichern

1 laborare → plures

Sortiere die neu gelernten Wörter und Redewendungen danach, ob sie
a) mit Arbeit b) mit einer Zeitangabe c) mit einer Mengenangabe zu tun haben
d) einen Körperteil betreffen oder e) eine Gefühlsreaktion angeben.
Nenne das Pronomen, das übrig bleibt, lateinisch und deutsch.

2 frequens → efficere

Geschichten erzählen zu zweit. Partner A beginnt die Geschichte und formuliert einen deutschen Satz, in dem das erste lateinische Wort vorkommt. Partner B wiederholt den Satz und fügt einen neuen Satz mit dem zweiten lateinischen Wort hinzu.

argentum ▪ frequens ▪ minimus ▪ domum ▪ requirere ▪ fieri ▪ tandem ▪ efficere

3 clamorem tollere → proferre

Ermittle in den folgenden Sätzen die neuen Vokabeln und nenne sie lateinisch.
Ein Wort fehlt.

Marcus und Aulus erheben ein lautes Geschrei und beschuldigen ihre drei Begleiter des Diebstahls. Vor dem Theater verkünden sie mit wütenden Äußerungen, dass sie irgendjemanden als Zeugen suchen, der beobachtet hat, wer ihr Eigentum geraubt hat.

4 patrius → exire

Nenne die neuen Lernvokabeln im Rätselgitter. Achte dabei jeweils auch auf die gesuchte Form.

a) heimisch (Dat. Sg. *m*)
b) ich wachse
c) ich stehe auf
d) durch den Trost
e) den Wohnsitz
f) ich gehe hinaus
g) geh heraus!
h) unbekannt
i) er hat hinzugefügt
j) ewig
k) mit Schweigen

C	A	S	P	I	A	L	O	A	S
O	U	O	A	S	E	I	A	E	I
C	U	L	T	U	X	G	D	T	L
R	E	A	R	R	C	N	I	E	E
E	X	C	I	G	E	O	E	R	N
S	I	I	O	O	D	T	C	N	T
C	I	O	R	G	O	U	I	U	I
O	S	E	D	E	M	S	T	S	O

Vokabeln vernetzen

Stelle mit Hilfe bekannter und in WS 29 neu gelernter Wörter ein Sachfeld zum Thema „Handel, Kauf" zusammen.

A Partizip Futur Aktiv (PFA)

voca-tūrus, a, um
(einer, der rufen wird / will)

Beim Partizip Futur Aktiv tritt **-tūrus, a, um** an den gleichen Wortstamm, mit dem auch das PPP gebildet wird.

Der Stamm oder die Fugenstelle können wie beim PPP lautlich verändert werden, z. B.:

moni-turus, a, um	(einer, der mahnen wird / will)
vic-turus, a, um	(einer, der siegen wird / will)
mis-surus, a, um	(einer, der schicken wird / will)
fu-turus, a, um	(einer, der sein wird / will)

Beachte das PFA zu ire:
i-turus, a, um (einer, der gehen wird / will)

Verwendung des Partizip Futur Aktiv

Erscheinungsform und Übersetzung

Homines convenerunt templum *spectaturi*.
Die Menschen, *die* den Tempel *sehen wollten*, kamen zusammen.
Die Menschen kamen zusammen, *weil sie* den Tempel *sehen wollten*.
Die Menschen kamen zusammen, *um* den Tempel *zu sehen*.

Wie das PPP und das PPA steht auch das PFA (hier: spectaturi) in Kongruenz zu einem Bezugswort (hier: homines); es wird meist als Participium coniunctum verwendet.

Das PFA drückt häufig eine Absicht aus (**finale Sinnrichtung**); daher ist meist eine Wiedergabe mit „um ... zu“ passend.

Zeitverhältnis

Die Formen des **Partizip Futur Aktiv** zeigen an, dass das im Partizip ausgedrückte Geschehen nach dem des Prädikats stattfinden wird bzw. soll; das PFA bezeichnet also die Nachzeitigkeit (**Partizip der Nachzeitigkeit**).

Funktion im Satz

	Homines convenerunt templum spectaturi.
Attribut	Die Menschen, die den Tempel sehen wollten, kamen zusammen.
Adverbiale (final)	Die Menschen kamen zusammen, um den Tempel zu sehen. Die Menschen kamen zusammen, weil sie den Tempel sehen wollten.
	Homines templum spectaturi erant.
Prädikatsnomen	Die Menschen wollten den Tempel sehen.

Das Partizip Futur Aktiv kann – wie das PPP oder das PPA – als Attribut (selten) oder als Adverbiale aufgefasst werden.

Manchmal kommt es auch als Prädikatsnomen vor: Ein PFA mit einer Form von esse dient der Umschreibung des Futurs und bezeichnet eine beabsichtigte oder bevorstehende Handlung.

B Verben: fieri

Inf. Präsens	fierī gemacht werden; geschehen, werden

	Indikativ		Konjunktiv	
Präsens	Singular	Plural	Singular	Plural
1. Person	fī-ō	fī-mus	fī-a-m	fī-ā-mus
2. Person	fī-s	fī-tis	fī-ā-s	fī-ā-tis
3. Person	fi-t	fī-u-nt	fī-a-t	fī-a-nt
Imperfekt	Singular	Plural	Singular	Plural
1. Person	fī-ēba-m	fī-ēbā-mus	fi-e-re-m	fi-e-rē-mus
2. Person	fī-ēbā-s	fī-ēbā-tis	fi-e-rē-s	fi-e-rē-tis
3. Person	fī-ēba-t	fī-ēba-nt	fi-e-re-t	fi-e-re-nt

Futur	Singular	Plural
1. Person	fī-a-m	fī-ē-mus
2. Person	fī-ē-s	fī-ē-tis
3. Person	fī-e-t	fī-e-nt

Die Formen des Präsensstammes entsprechen im Allgemeinen denen der i-Konjugation.

WEITER-DENKEN

Verwendung von fieri

Templum fit.
Ein Tempel wird errichtet.

Templum factum est.
Ein Tempel wurde errichtet.

Fieri vertritt im Präsensstamm das fehlende Passiv von facere.
Das Perfekt zu fieri wird mit dem PPP von facere (factus, a, um) gebildet.

BEACHTE: Die Komposita von facere bilden ein reguläres Passiv (z. B. efficitur).

Ita *factum est, ut* ibi templum fieret.
So *geschah es, dass* dort ein Tempel errichtet wurde.

Nach unpersönlichen Formen von fieri steht oft ein mit ut eingeleiteter Nebensatz als Subjekt; z. B. fit (es geschieht).

C Indefinitpronomen (ali)quis

substantivisch

	aliquis irgendjemand	**aliquid** irgendetwas

	m	*f*	*n*
Nominativ	**aliquis**		**aliquid**
Genitiv	**alicuius**		**alicuius reī**
Dativ	**alicui**		**alicui reī**
Akkusativ	**aliquem**		**aliquid**
Ablativ	**aliquō**		**aliquā rē**

adjektivisch

***aliqui* vir** *irgendein* Mann	***aliqua* femina** *irgendeine* Frau

Wird das Indefinitpronomen (unbestimmtes Fürwort) adjektivisch verwendet, so stimmen die Deklinationsformen im Wesentlichen mit denen des Relativpronomens (qui, quae, quod) überein. Eigene Formen gibt es im Nom. Sg. *f* (aliqua) und im Nom. / Akk. Pl. *n* (aliqua).

	Singular			Plural		
	m	*f*	*n*	*m*	*f*	*n*
Nom.	**aliquī**	**aliqua**	**aliquod**	**aliquī**	**aliquae**	**aliqua**
Gen.		**alicuius**		**aliquōrum**	**aliquārum**	**aliquōrum**
Dat.		**alicui**			**aliquibus**	
Akk.	**aliquem**	**aliquam**	**aliquod**	**aliquōs**	**aliquās**	**aliqua**
Abl.	**aliquō**	**aliquā**	**aliquō**		**aliquibus**	

si *quis* wenn *jemand*	**nisi *quid*** wenn nicht *etwas*

Nach **si, nisi, ne, num, cum** und einigen anderen „kleinen Wörtern“ steht meist die Kurzform ohne das Präfix **ali-**.

Wiederholungswörter

praecipere	praecipiō, praecēpī, praeceptum	lehren, belehren, vorschreiben
factum	factī *n*	die Handlung, die Tat, die Tatsache
exemplum	exemplī *n*	das Beispiel, das Vorbild
palam	*Adv.*	bekannt, in aller Öffentlichkeit
offerre	offerō, obtulī, oblātum	anbieten, entgegenbringen
vitium	vitiī *n*	der Fehler, die schlechte Eigenschaft
mūnus	mūneris *n*	die Aufgabe, das Geschenk
nex	necis *f*	der Mord, der Tod
speciēs	speciēī *f*	der Anblick, das Aussehen, der Schein
opus	operis *n*	das Werk, die Arbeit, die Tat
prōdere	prōdō, prōdidī, prōditum	überliefern, verraten

Lernwörter

1	**Seneca**	Senecae *m*	Lucius Annaeus Seneca (röm. Schriftsteller, Politiker und Philosoph)	
	Nerō	Nerōnis *m*	Nero (röm. Kaiser 54 – 68 n. Chr.)	
	quōquō modō		wie auch immer, unter allen Umständen	→ modus
	aperīre	aperiō, aperuī, apertum	öffnen, aufdecken	
	valdē	*Adv.*	sehr	
	perturbāre	perturbō, perturbāvī, perturbātum	in Verwirrung bringen	(DE) Turbine
	praesertim cum	*Subj. m. Konj.*	besonders da / weil	
	cēna	cēnae *f*	die Mahlzeit, das Essen	
	interesse	intersum, interfuī *m. Dat.*	teilnehmen, dabei sein, dazwischen sein **Hominēs convīviīs intersunt.** Menschen nehmen an Gastmählern teil.	(DE) Interesse (EN) interest
	quiēscere	quiēscō, quiēvī, quiētum	(aus)ruhen, schlafen	(EN) quiet
2	* **quīcumque**	quaecumque, quodcumque	jeder, der; wer auch immer	→ quī
	necessārius	necessāria, necessārium	nötig, notwendig	(EN) necessary
	* **quisquis**	quidquid	jeder, der; wer auch immer	
	incrēdibilis	incrēdibilis, incrēdibile	unglaublich	→ crēdere (EN) incredible
	afficere	afficiō, affēcī, affectum *m. Abl.*	versehen mit etw. **poenā afficere** bestrafen	→ ad, facere (DE) Affekt

 Die mit einem * markierten Wörter brauchst du schon auf der ersten Seite der Lektion 30.

	vindicāre	vindicō, vindicāvī, vindicātum in *m. Akk.*	beanspruchen, bestrafen; vorgehen gegen **In cīvēs vehementer vindicat.** Er geht gegen die Bürger scharf vor.	→ vīs, dīcere
	carēre	careō, caruī *m. Abl.*	frei sein von etw., etw. nicht haben **culpā carēre** keine Schuld haben	
	occultē	*Adv.*	heimlich	okkult
3	**occīdere**	occīdō, occīdī, occīsum	niederschlagen, töten	
*	**quantus**	quanta, quantum	wie groß, wie viel	cuánto
*	**tantus … quantus**		so groß … wie (groß)	
	praeterīre	praetereō, praeteriī, praeteritum	vorbeigehen (an), übergehen	→ praeter, īre Präteritum
	extrā	*Präp. m. Akk.*	außerhalb (von)	→ ex
	certāmen	certāminis *n*	der Wettkampf	
	excitāre	excitō, excitāvī, excitātum	wecken, erregen, ermuntern	exciting excitar
	permovēre	permoveō, permōvī, permōtum	beunruhigen, veranlassen	→ per, movēre
	sevērus	sevēra, sevērum	ernst, streng	
4	**adversus**	*Präp. m. Akk.*	gegen	
	spargere	spargō, sparsī, sparsum	ausstreuen, verbreiten, bespritzen **aquam spargere** Wasser verspritzen **fāmam spargere** das Gerücht verbreiten	
*	**quotiēns**		wie oft, so oft	Quotient
*	**totiēns**		so oft	
*	**totiēns … quotiēns**		so oft … wie	
	quot?		wie viel(e)?	
	tot … quot	*indekl.*	so viele … wie (viele)	
5	**incolumis**	incolumis, incolume	unverletzt, wohlbehalten	incolume
	remanēre	remaneō, remānsī	(zurück)bleiben	→ manēre to remain
	saeculum	saeculī *n*	das Jahrhundert, das Menschenalter, die Zeit, das Zeitalter	siècle siglo
	impius	impia, impium	gottlos, gewissenlos	→ pius
	Caesar	Caesaris *m*	der Kaiser	
	flāgitium	flāgitiī *n*	die Schandtat, die Gemeinheit	
	acerbus	acerba, acerbum	bitter, grausam, rücksichtslos	→ ācer

Vokabeln sichern

1 **quoquo modo → quiescere**

Mischlatein: Übersetze die lateinischen Wörter in der folgenden Aufforderung ins Deutsche.

Lass dich in den Ferien nicht valde von den anstehenden Schulaufgabenterminen perturbare, sondern quiesce quoquo modo, gönn' dir öfter mal eine schöne cena, praesertim cum dann wieder einige anstrengende Schulwochen auf dich warten. Aber sicher willst du an einem Fußballspiel deines Vereins interesse!

2 **quicumque → occulte**

Fit für den Italienurlaub! Gib zu den unterstrichenen italienischen Vokabeln die lateinischen Ursprungswörter an.

- *Occulto è una parola che deriva dal latino.*
- *Questo è necessario.*
- *Il sistema è chiaramente carente.*
- *gridare vendetta*
- *è incredibile, ma vero*
- *salutare con affetto*

Zwei verallgemeinernde Pronomina bleiben übrig. Nenne sie lateinisch und deutsch.

3 **occidere → severus**

Dieses Päckchen enthält die folgenden Wörter:

occidere ▪ severus ▪ praeterire ▪ tantus ... quantus ▪ certamen ▪ extra ▪ permovere ▪ excitare

Ordne diese nach den folgenden Kategorien und gib jeweils ihre deutschen Bedeutungen an:

Korrelativa – Sachfeld „Sport“ – Sachfeld „Wecken von Gefühlen“ – negativ besetzte Begriffe – Komposita (zu häufig gebrauchten Verben) – Präpositionen

4 **adversus → tot ... quot**

Ordne die Wörter aus diesem Päckchen nach den folgenden Kategorien und gib jeweils ihre deutschen Bedeutungen an:

zwei Pärchen (auch mit der Bedeutung der jeweiligen Singles) – ein Synonym zu contra – ein Verb, das zusammen mit aqua eine sommerliche Lieblingsbeschäftigung von Schülern beschreibt

5 **incolumis → acerbus**

Gib aus dem aktuellen Päckchen jeweils den Gegenbegriff an zu

fromm / gewissenhaft ▪ rücksichtsvoll ▪ gute Tat ▪ verletzt / gefährdet ▪ weggehen

Achtung: Zwei Wörter bleiben übrig. Nenne sie lateinisch und deutsch.

Sachfelder bilden

Nenne aus WS 30 möglichst viele Vokabeln zu den Sachfeldern „Verbrechen / Vergehen“ und „Bestrafung“. Begründe deine Auswahl, indem du die deutschen Bedeutungen angibst. Ergänze diese Sachfelder durch passende Vokabeln aus früheren Lektionen.

A Verschränkter Relativsatz

Erscheinungsform

Christiani Romam veniunt, quos Romanorum deos neglegere constat.
Christen kommen nach Rom, von denen bekannt ist, dass sie die Götter der Römer nicht achten.

Im Lateinischen gibt es Relativsätze, die mit einem AcI verschmolzen („verschränkt") sind. Dabei gehört das Relativpronomen (im Akk.) zur untergeordneten Konstruktion (AcI).
Da man die verschränkten Relativsätze im Deutschen nicht wörtlich wiedergeben kann, muss man bei der Übersetzung freiere Formulierungen wählen.

Übersetzungsmöglichkeiten

	Christiani Romam veniunt, Christen kommen nach Rom,
	quos Romanorum deos neglegere constat.
mit *von* und **Relativsatz**:	von denen bekannt ist, dass sie die Götter der Römer nicht achten.
mit **Parenthese** (Einschub):	die – wie bekannt ist – die Götter der Römer nicht achten.
mit **Adverb**:	die bekanntlich die Götter der Römer nicht achten.
mit **Präpositionalausdruck**:	die nach allgemeiner Kenntnis die Götter der Römer nicht achten.

Wenn diese Konstruktion Schwierigkeiten bereitet, kannst du vor dem Relativsatz zunächst einen Strichpunkt einfügen und wie bei einem relativen Satzanschluss übersetzen:

Christiani Romam veniunt; quos Romanorum deos neglegere constat.
Christen kommen nach Rom; es ist bekannt, dass sie / diese die Götter der Römer nicht achten.

Wenn du auf diese Weise den Sinn erfasst hast, kannst du den Relativsatz in der Übersetzung wieder unterordnen und eine der oben genannten Übersetzungsmöglichkeiten wählen.

B Korrelativa

***Tot* homines convenerunt, *quot* numquam antea (convenerunt).**
Es kamen *so viele* Menschen, *wie* nie zuvor (kamen).

Korrelativa sind Adjektive, Adverbien oder Pronomina, die aufeinander bezogen sind und einen Vergleich ausdrücken.

BEISPIELE:

tālis ... quālis	so beschaffen ... wie (beschaffen)
tantus ... quantus	so groß ... wie (groß)
tantum ... quantum	so viel ... wie (viel)
tot ... quot	so viele ... wie (viele)
tam ... quam	so ... wie
ita ... ut	so ... wie

C Verallgemeinernde Relativpronomina: quisquis, quicumque

quisquis, quidquid jeder, der; wer auch immer

***Quisquis* es, lingua Romanorum tibi placebit.**
Wer auch immer du bist, die Sprache der Römer wird dir gefallen.

Das verallgemeinernde Relativpronomen quis-quis, quid-quid wird zumeist substantivisch verwendet. Es kommt fast nur im Nominativ vor.

quīcumque, quaecumque, quodcumque jeder, der; wer auch immer

***Quicumque* Romam venit, templis antiquis gaudet.**
Wer auch immer (jeder, der) nach Rom kommt, freut sich über die alten Tempel.

***Quicumque* puer (*quaecumque* puella) linguam Romanorum scit, multa intellegit.**
Jeder Bub, *der* (*jedes* Mädchen, *das*) die Sprache der Römer kennt, begreift vieles.

Faciam, *quaecumque* vultis.
Ich werde *alles* tun, *was* ihr wollt. / Ich werde tun, *was auch immer* ihr wollt.

Das verallgemeinernde Relativpronomen quicumque wird adjektivisch und substantivisch verwendet. An die Deklinationsformen des Relativpronomens qui, quae, quod wird -cumque angefügt.

METHODE

M Wortschatz erweitern: Wortbildungselemente nutzen (Suffixe)

Zahlreiche lateinische Substantive sind dadurch gebildet, dass der „Stamm“ eines Wortes um ein **Suffix** erweitert wird. Dasselbe gilt für Adjektive und Verben. Die folgende Übersicht stellt die wichtigsten Suffixe und ihre Bedeutung zusammen:

Substantive

-ium	z. B. imperium	Handlung oder Ergebnis	von imperare
-io	z. B. oratio	Handlung oder Ergebnis	von orare
-mentum	z. B. ornamentum	Mittel oder Ergebnis	von ornare
-tas	z. B. libertas	Zustand oder Eigenschaft	von liber, a, um
-tudo	z. B. magnitudo	Zustand oder Eigenschaft	von magnus, a, um
-itia	z. B. laetitia	Zustand oder Eigenschaft	von laetus, a, um
-tor	z. B. imperator	handelnde Person	von imperare

Adjektive

-ius	z. B. regius, a, um	Herkunft oder Zugehörigkeit	von rex
-osus	z. B. gloriosus, a, um	Fülle	von gloria
-alis / -ilis	z. B. mortalis, is, e	Eigenschaft	von mors, mortis
-idus	z. B. cupidus, a, um	Eigenschaft	von cupere
-bilis	z. B. incredibilis, is, e	Möglichkeit oder Eigenschaft	von credere

Verben

-tare	z. B. captare	Verstärkung oder Wiederholung	von capere
-scere	z. B. pertimescere	Beginn	von timere

MERKHILFEN

in-dignus	un-würdig	aber:	in-diskutabel
in-certus	un-sicher		in-akzeptabel
in-felix	un-glücklich		in-stabil
in-doctus	[?]		in-tolerant
in-scius	[?]		

Erkläre anhand der Verneinungspräfixe in- und un-, wie dir der Sprachenvergleich und die Regeln zur Wortbildung bei der Erschließung von Bedeutungen helfen können.

Wiederholungswörter

salūs	salūtis *f*	die Gesundheit, die Rettung, der Gruß
adventus	adventūs *m*	die Ankunft
maximē	*Adv.*	am meisten, besonders
item	*Adv.*	ebenso, gleichfalls
comperīre	comperiō, comperī, compertum	(genau) erfahren
condiciō	condiciōnis *f*	die Bedingung, die Verabredung, die Lage
temptāre	temptō, temptāvī	versuchen, prüfen, angreifen
ferē	*Adv.*	fast, beinahe, ungefähr
auferre	auferō, abstulī, ablātum	wegbringen, rauben
vēndere	vēndō	verkaufen
solvere	solvō, solvī, solūtum	lösen, auflösen, bezahlen
inopia	inopiae *f*	der Mangel, die Not
restituere	restituō, restituī, restitūtum	wiederherstellen, wieder errichten
altus	alta, altum	hoch, tief

Lernwörter

1	**Hadriānus**	Hadriānī *m*	Hadrian (röm. Kaiser 117 – 138 n. Chr.)	
	salūtem dīcere	salūtem dīcō	grüßen (*im Briefkopf*)	→ salūs
	grātus	grāta, grātum	dankbar, willkommen, beliebt	→ grātia (DE) gratulieren
	grātiam habēre	grātiam habeō	danken	
	apertus	aperta, apertum	offen, offenkundig	→ aperīre (IT) aperto
	exter	extera, exterum	ausländisch, auswärtig	(DE) extern
	praeda	praedae *f*	die Beute	
2	**dīversus**	dīversa, dīversum	verschieden, entgegengesetzt, feindlich	(DE) divers
	latus	lateris *n*	die Seite, die Flanke	
	fūr	fūris *m f*	der Dieb, die Diebin	
	fūrtum	fūrtī *n*	der Diebstahl, die Hinterlist	
	vel		oder, sogar	
	pecus	pecoris *n*	das Vieh, das Tier	
	saepius	*Adv.*	öfter	
	dēdūcere	dēdūcō, dēdūxī, dēductum	wegführen, hinführen	→ dē, dūcere (DE) deduktiv
	ex quō sequitur		daraus folgt	

3	**ūsque**	*Adv.*	ohne Unterbrechung, fortwährend	
	vel … vel		entweder … oder	
	avāritia	avāritiae *f*	der Geiz, die Gier	
	vīnum	vīnī *n*	der Wein	vin vino
	crēber	crēbra, crēbrum	häufig, zahlreich	
	dēferre	dēferō, dētulī, dēlātum	hinbringen, melden, übertragen	→ dē, ferre
	parvō vēndere	parvō vēndō	preiswert verkaufen	
	pretium	pretiī *n*	der Preis, der Wert	precio prezzo
	parvō emere	parvō emō	preiswert kaufen	
4	**dolēre**	doleō, doluī *m. Abl.*	traurig sein über, leiden an **Mercātor iniūriā dolet.** Der Kaufmann ist traurig über das Unrecht.	→ dolor
	quippe	*Adv.*	freilich	
	remittere	remittō, remīsī, remissum	zurückschicken, nachlassen, vermindern	→ mittere
	monumentum	monumentī *n*	das Denkmal	Monument
	exigere	exigō, exēgī, exāctum	fordern, vollenden	→ ex, agere exakt
	ob	*Präp. m. Akk.*	wegen, für **ob eam causam** aus diesem Grund	
	quam ob rem		weshalb, deshalb	→ rēs
	turris	turris *f* (*Akk. Sg.* -im, *Abl. Sg.* -ī, *Gen. Pl.* -ium)	der Turm	tour torre
	cingere	cingō, cinxī, cinctum	umgeben, umzingeln	

MERKHILFEN

praeda, furtum — **Diebstahl** — fur, deducere, …

pretium, parvo vendere, parvo emere, exigere — **Handel / Geschäft** — pecus, vinum, …

Ergänze weitere Vokabeln zu den Sachfeldern; gliedere die Sachfelder dann nach Wortarten.

Vokabeln sichern

1 **salutem dicere → praeda**

Erschließe die Vokabeln, die in den Bildern dargestellt sind, und gib ihre deutschen Bedeutungen an.

2 **diversus → ex quo sequitur**

Geschichten erzählen zu zweit. Partner A beginnt die Geschichte und formuliert einen deutschen Satz, in dem das erste lateinische Wort vorkommt. Partner B wiederholt den Satz und fügt einen neuen Satz mit dem zweiten lateinischen Wort hinzu.

fur ▪ diversus ▪ latus ▪ furtum ▪ vel ▪ pecus ▪ deducere ▪ ex quo sequitur ▪ saepius

3 **usque → parvo emere**

Partner A und Partner B legen einen Stift zwischen sich auf den Tisch. Während die Wörter vorgelesen werden, versuchen beide möglichst schnell den Stift zu ergreifen. Wer den Stift hat, nennt die richtigen Bedeutungen. Für jede richtige Lösung gibt es einen Punkt.

vinum ▪ parvo emere ▪ pretium ▪ usque ▪ parvo vendere ▪ vel ... vel ▪ deferre ▪ avaritia ▪ creber

4 **dolere → cingere**

a) Erschließe aus den neuen Wörtern, was ein Italiener mit

- *avere (= habere) dolore*
- *Rimettere tutto a posto*
- *Si, esatto!*
- *la cintura di sicurezza*

meint.

b) Ordne die übrigen Wörter nach folgenden Kategorien und übersetze sie:
zwei Wörter aus dem Sachfeld „Bauwerke" – je ein bedeutungsähnliches Wort zu quidem, propter und itaque

Komposita zuordnen

Nenne aus WS 31 je ein Kompositum zu **ducere**, **mittere**, **ferre** und **agere** und dessen deutsche Bedeutungen.

Vokabeln unterscheiden

Achtung, Verwechslungsgefahr! Nenne zu folgenden Wörtern bzw. Formen die Bedeutungen.

ferre – fere ▪ dolore – dolere ▪ vel – velut ▪ referre – deferre ▪ pectus – pecus ▪ praemium – pretium ▪ furor – fur

Wortschatz ordnen

Nenne aus WS 31 je ein Synonym zu: **itaque, nuntiare, aut ... aut, acceptus**.

Nenne jeweils das Gegenteil zu: **adducere, magno emere, magno vendere, gaudere, largitas**. Achtung: Ermittle die Bedeutungen noch nicht gelernter Vokabeln mit Hilfe eines lateinisch-deutschen Wörterbuches.

A Satzanalyse: Einrücken

Wenn du mit der Übersetzung eines längeren, vielleicht auf den ersten Blick unübersichtlichen lateinischen Satzes (einer sog. Periode) nicht zurechtkommst, empfiehlt es sich, diesen Satz in einzelne Teile zu zerlegen und grammatikalisch zu analysieren.

Mit dem folgenden Vorgehen kommst du in den meisten Fällen zum Ziel:

1. Suchen des Hauptsatzes (v. a. Prädikat und Subjekt)
2. Abgrenzen der Nebensätze (v. a. Relativsätze, Adverbialsätze, Objektsätze), erkennbar meist an einleitenden Relativpronomina, Subjunktionen oder Fragewörtern
3. Abgrenzen der satzwertigen Konstruktionen (AcI, Pc, Abl. abs., nd-Konstruktionen), erkennbar meist an Infinitiven, Partizipien und nd-Formen

Die folgenden Beispiele machen das Verhältnis der einzelnen Satzteile zueinander durch **Einrücken** deutlich; sie beziehen sich inhaltlich auf die Texte der Lektion 30.

Satzanalyse: Nebensätze

Caligula senatum valde perturbavit, cum equum, quem maxime amabat, ita honoribus afficeret, ut istud animal, quod etiam conviviis intererat, palam consulem faceret.

Caligula brachte den Senat sehr in Verwirrung, weil er das Pferd, das er am meisten liebte, so mit Ehrungen auszeichnete, dass er dieses Tier, das sogar an Gastmählern teilnahm, öffentlich zum Konsul machte.

In der folgenden Darstellung steht der Hauptsatz ganz links unter **HS**, Nebensätze, die vom Hauptsatz abhängen, stehen unter **NS 1**, von den Nebensätzen abhängige weitere Nebensätze unter **NS 2** und **NS 3**.

HS	NS 1	NS 2	NS 3	
Caligula senatum valde **perturbavit**,				→ **HS** (Subjekt und Prädikat)
	cum equum,			→ Adverbiale zum HS (1. Teil)
		quem maxime amabat,		→ Attribut (zu equum)
	ita honoribus afficeret,			→ Adverbiale zum HS (2. Teil)
		ut istud animal,		→ Adverbiale zu NS 1 (1. Teil)
			quod etiam conviviis intererat,	→ Attribut (zu animal)
		palam consulem faceret.		→ Adverbiale zu NS 1 (2. Teil)

B Satzanalyse: Satzwertige Konstruktionen

Nuntio calamitatis accepto Nero statim Romam profectus est et intellexit homines miseros quam celerrime sibi servandos esse.

Als Nero die Nachricht von dem Unglück erhalten hatte, brach er sofort nach Rom auf und erkannte, dass er die armen Menschen möglichst schnell retten müsse.

Die satzwertigen Konstruktionen werden wie Nebensätze eingerückt und zusätzlich durch Klammern gekennzeichnet.

{ *Nuntio* calamitatis *accepto* }	→ Abl. abs. (Adverbiale)
Nero statim Romam **profectus est et intellexit**	→ **HS** (Subjekt und Prädikat)
{ *homines miseros* ... sibi *servandos esse*. }	→ AcI (Objekt)

C Satzanalyse: Nebensätze und satzwertige Konstruktionen

Cum Nero aemulis occisis adulescens septendecim annorum imperator factus esset, homines eum munera publica praeterire animadverterunt, quia omne studium ad carmina recitanda contulit.

Als Nero nach dem Tod der Konkurrenten als junger Mann von 17 Jahren Kaiser geworden war, bemerkten die Menschen, dass er die öffentlichen Aufgaben überging, weil er sein ganzes Interesse auf das Vortragen von Liedern konzentrierte.

Wenn in einem längeren Satz (einer Periode) Nebensätze und satzwertige Konstruktionen vorkommen, kann die Analyse folgendermaßen aussehen:

Cum Nero	Nebensatz (Adverbiale)
{ *aemulis occisis* }	Abl. abs. (Adverbiale)
imperator factus esset,	
homines	Hauptsatz
{ *eum munera publica praeterire* }	AcI (Objekt)
animadverterunt	
quia omne studium	Nebensatz (Adverbiale)
{ *ad carmina recitanda* }	nd-Konstruktion (Adverbiale)
contulit.	

METHODE

M Fehlerdiagnose: Übersetzungen verbessern

Mit zunehmender Komplexität der Texte wird es bei Übersetzungen immer wichtiger, eventuell gemachte Fehler schnell zu erkennen. Fehlerdiagnose kannst du zusammen mit deinen Mitschülern üben, indem ihr nach dem folgenden Muster gegenseitig fehlerhafte Stellen in euren Übersetzungen benennt und die Art des gemachten Fehlers angebt.

Itinere meo confecto epistulam tuam gratus accepi.

Nachdem das Meine wieder beendet war, habe ich dankbar deinen Brief erhalten.	Wortschatz!
Nach Beendigung meiner Reisen habe ich dankbar deinen Brief erhalten.	Numerus!
Nach Beendigung meiner Reise habe ich deinen dankbaren Brief erhalten.	Bezug!
Durch meine Reise fertig gemacht, habe ich dankbar deinen Brief erhalten.	Konstruktion (Abl. abs.)!
Nach Beendigung meiner Reise hatte ich dankbar deinen Brief erhalten.	Tempus!

1. **Benennt jeweils die fehlerhafte Stelle und weist die Art des Fehlers zu:**
   Tempus – Numerus – Konstruktion (Pc!) – Wortschatz – Bezug – Kasus
   Gentes exterae cupiditate praedae commotae e diversis lateribus provinciam saepe temptant.
   a) Durch das Verlangen nach bewegter Beute greifen auswärtige Volksstämme die Provinz oft von verschiedenen Seiten an.
   b) Veranlasst durch das Verlangen nach Beute greifen auswärtige Volksstämme die Provinz immer von verschiedenen Seiten an.
   c) Veranlasst durch das Verlangen nach Beute griffen auswärtige Volksstämme die Provinz oft von verschiedenen Seiten an.
   d) Veranlasst durch das Verlangen nach Beute greifen auswärtige Volksstämme oft von verschiedenen Seiten der Provinz an.
   e) Von verschiedenen Seiten versuchen auswärtige Volksstämme oft, dass die Provinz von Verlangen nach Beute bewegt wird.
   f) Veranlasst durch das Verlangen nach Beute greifen auswärtige Volksstämme die Provinzen oft von verschiedenen Seiten an.

2. **Gebt euch beim Übersetzen der Texte in den folgenden Lektionen gegenseitig Fehlerdiagnosen. Stellt die häufigsten Fehlertypen zusammen und erarbeitet dafür ein individuelles Wiederholungsprogramm.**

Wiederholungswörter

quārē		weshalb, deshalb
manus	manūs *f*	die Hand, die Schar (von Bewaffneten)
dēficere	dēficiō, dēfēcī, dēfectum (ā *m. Abl.*)	abfallen (von), fehlen, verlassen
exercitus	exercitūs *m*	das Heer
eques	equitis *m*	der Reiter, der Ritter
frequēns	frequēns, frequēns (*Gen.* frequentis)	häufig, zahlreich
idōneus	idōnea, idōneum	geeignet, passend
exercēre	exerceō, exercuī, exercitum	üben, trainieren, quälen
satis	*Adv.*	genug
vultus	vultūs *m*	das Gesicht, der Gesichtsausdruck; *Pl.* die Gesichtszüge
contendere	contendō, contendī	eilen, sich anstrengen, kämpfen, behaupten
sinere	sinō, sīvī, situm	lassen, zulassen, erlauben
vulnus	vulneris *n*	die Wunde, der (milit.) Verlust

Lernwörter

1	**Germānus**	Germāna, Germānum	germanisch; *Subst.* der Germane	
	* **hortārī**	hortor, hortātus sum	auffordern, ermahnen	(DE) Hortativ
	līmes	līmitis *m*	die Grenze, der Grenzwall, der Limes	(EN) limit
	* **cōnārī**	cōnor, cōnātus sum	versuchen, unternehmen	
	equitātus	equitātūs *m*	die Reiterei	→ equus, eques
	persequī	persequor, persecūtus sum	verfolgen	→ per, sequī
	imprīmīs	*Adv.*	besonders, vor allem	→ in, prīmus
2	* **vidērī**	videor, vīsus sum	scheinen, gelten (als) **Germānī fortēs videntur.** Die Germanen scheinen tapfer zu sein. Die Germanen gelten als tapfer.	→ vidēre
	plūrimum	*Adv.*	am meisten, sehr viel	→ plūs, plūrēs, plūrimī
	* **experīrī**	experior, expertus sum	erfahren, versuchen	(DE) Experte, Experiment
	* **mīrārī**	mīror, mīrātus sum	bewundern, sich wundern **Virtūtem Germānōrum mīrāmur.** Wir bewundern die Tapferkeit der Germanen. **Mīrāmur.** Wir wundern uns.	→ mīrus (EN) to ad-mire
	nātiō	nātiōnis *f*	das Volk, der Stamm	→ nāscī, nātus

 Die mit einem * markierten Wörter brauchst du schon auf der ersten Seite der Lektion 32.

	libellus	libellī *m*	das kleine Buch, das Heft	
	Tacitus	Tacitī *m*	Publius Cornelius Tacitus (röm. Historiker)	
	efferre	efferō, extulī, ēlātum	herausheben, hervorbringen	→ ex, ferre
3	* **patī**	patior, passus sum	leiden, ertragen, zulassen	Patient, Passiv, Passion; passion
	sunt, quī	*m. Konj.*	es gibt Leute, die	
	ferus	fera, ferum	wild	
	terror	terrōris *m*	der Schrecken, die Bedrohung	→ terrēre
	* **verērī**	vereor, veritus sum	fürchten, achten, verehren	
	* **verērī, nē**	*m. Konj.*	fürchten, dass	
	proximus	proxima, proximum	der nächste; *Subst.* der Verwandte	
	Rhēnus	Rhēnī *m*	der Rhein	
	Colōnia Augusta Trēverōrum	*f*	Trier	
	vāstus	vāsta, vāstum	riesig, öde, verwüstet	
	suspicārī	suspicor, suspicātus sum	vermuten	
	pollicērī	polliceor, pollicitus sum	versprechen	
4	**arbitrārī**	arbitror, arbitrātus sum	glauben, meinen	
	nūbere	nūbō, nūpsī, nūptum *m. Dat.*	heiraten **Virgō iuvenī nūbit.** Das Mädchen heiratet den jungen Mann.	
	amīcitia	amīcitiae *f*	die Freundschaft	→ amīcus, amor; amitié
	amīcitiā ūtī	amīcitiā ūtor	Freundschaft zeigen, befreundet sein	
	magnī aestimāre	magnī aestimō	für wichtig (wertvoll) halten	
	cēterum	*Adv.*	übrigens, im Übrigen	→ cēterī
	currus	currūs *m*	der Wagen	
	frūmentum	frūmentī *n*	das Getreide	
	portāre	portō, portāvī, portātum	tragen, bringen	
	suprā	*Adv.*	darüber hinaus, oben	
	morī	morior, mortuus sum	sterben	→ mors, mortuus, mortālis
	* **tuērī**	tueor	betrachten, schützen	→ tūtus

MERKHILFEN

monere – temptare – sinere – timere – promittere – putare – tegere

Weise den Verben Deponentien aus WS 32 mit gleicher Bedeutung zu. Achtung: Es müssen sich nicht alle Bedeutungen entsprechen.

Vokabeln sichern

1 hortari → imprimis

Bilde mit folgenden Wortreihen jeweils einen deutschen Satz. Erzähle deine Ideen deinem Partner.

a) equitatus – conari – persequi
b) hortari – imprimis – equitatus – limes

2 videri → efferre

Nenne aus dem aktuellen Päckchen je ein Wort aus der gleichen Wortfamilie wie **plus**, **mirus**, **videre**, **ferre** und **nasci**.

Zwei Wörter bleiben übrig. Eines hat eine ähnliche Bedeutung wie **temptare**, das andere betrifft einen Gegenstand, den du oft in der Schule brauchst. Nenne auch sie lateinisch und deutsch.

3 pati → polliceri

Erkläre anhand ihres Bedeutungsspektrums, welche der neu gelernten Wörter etwas Negatives ausdrücken (können), welche Vokabel eine positive Erwartung ausdrückt und welche Positives oder Negatives vermuten lässt. Ein Wort und eine Wendung bleiben übrig. Nenne sie lateinisch und deutsch.

4 arbitrari → tueri

a) Familienzusammenführung. Stelle aus dem aktuellen Päckchen die Wörter nach folgenden Kriterien zusammen:
- je ein Wort aus der gleichen Wortfamilie wie mortuus, ceteri, tutus, superi und amicus
- zwei Synonyme zu putare und ein Synonym zu ferre

b) Erschließe aus den neuen Wörtern die Aufgaben eines **arbiter**, eines **frumentarius** und einer **pro-nuba**.

Erschließe die Bedeutung des neulateinischen Begriffs „**currus cenatorius**“.

Kontext entscheidet

Wähle jeweils die richtige Lösung aus und übersetze die entstandene Wortverbindung:

1. uti (amicitiam, amicitia, amicitiae)
2. nubere (viro, viri, virum)
3. mihi opus est (libellorum, libellos, libellis)

Wortschatz ordnen

Nenne aus WS 32 jeweils ein bedeutungsgleiches oder -ähnliches Wort zu den folgenden Wörtern:

finis ▪ occidere ▪ sustinere ▪ gens ▪ saevus ▪ familiaris

A Relativsätze im Konjunktiv

adverbialer Nebensinn

Imperator misit milites, *qui* (~ ut) pacem *peterent*.
Der Feldherr schickte Soldaten, *die* um Frieden bitten *sollten*.
Der Feldherr schickte Soldaten, *damit* sie um Frieden baten.

Imperator, *qui* (~ cum) proelio *victus esset*, pacem petivit.
Der Feldherr bat um Frieden, *da* er in der Schlacht besiegt worden war.

Imperator non is (talis) erat, *qui* (~ ut) milites *relinqueret*.
Der Feldherr war nicht so, *dass* er seine Soldaten zurückließ.
Der Feldherr war kein Mann, der seine Soldaten zurückließ.

Im lateinischen Relativsatz, der normalerweise im Indikativ steht, kann ein Konjunktiv einen **adverbialen Nebensinn** ausdrücken; häufiger treten auf:

- finaler Nebensinn (hier: „die ... sollten", „damit ...")
- kausaler Nebensinn (hier: „da ...")
- konsekutiver Nebensinn (hier: „dass ...")

Im Deutschen steht der Indikativ, ggf. statt des Relativpronomens auch eine entsprechende Subjunktion. Der konsekutive Nebensinn wird meist durch ein „So-Wort" (z. B. ita, tam, is, talis) im übergeordneten Satz vorbereitet.

B Verben: Deponentien (alle Konjugationsklassen)

Die Deponentien aller Konjugationsklassen haben die gleichen Endungen wie aktive Verben im Passiv (→ Formentabellen, S. 185 ff.). Am häufigsten treten Deponentien der konsonantischen Konjugation auf (→ 26 B).

Beispiele für Deponentien aller Konjugationsklassen (Stammformen):

	Inf. Präs.	1. Pers. Sg. Präs. Pass.	1. Pers. Sg. Perf. Pass.
a-Konjugation	**cōnā-rī**	**cōn-or**	**cōnā-tus sum**
e-Konjugation	**verē-rī**	**vere-or**	**veri-tus sum**
i-Konjugation	**experī-rī**	**experi-or**	**exper-tus sum**
kons. Konjug.	**sequ-ī**	**sequ-or**	**secū-tus sum**
(i-Erweiterung)	**pat-ī**	**pati-or**	**pas-sus sum**

Die **Imperativformen** der Deponentien sind eigens zu lernen:

	Imperativ Sg.		Imperativ Pl.	
a-Konjugation	**cōnā-re**	versuche!	**cōnā-minī**	versucht!
e-Konjugation	**verē-re**	fürchte!	**verē-minī**	fürchtet!
i-Konjugation	**experī-re**	erfahre!	**experī-minī**	erfahrt!
kons. Konjug.	**sequ-e-re**	folge!	**sequ-i-minī**	folgt!
(i-Erweiterung)	**pate-re**	leide!	**pati-minī**	leidet!

C Nominativ mit Infinitiv (NcI)

***Christus* Constantino victoriam *dedisse* dicitur (putatur).**
Man sagt (glaubt), dass Christus Konstantin den Sieg gegeben hat.
Christus hat, wie man sagt (glaubt), Konstantin den Sieg gegeben.
Christus soll Konstantin den Sieg gegeben haben.

Im NcI tritt zum Subjekt im Nominativ (hier: Christus) ein Infinitiv (hier: dedisse) hinzu. Diese Konstruktion steht meist bei Formen der 3. Person Passiv (hier: dicitur, putatur).

Der NcI kann wie der AcI übersetzt werden (Nebensatz mit „dass"); der Nominativ ist Subjekt, der Infinitiv Prädikat des deutschen Gliedsatzes. Manchmal passt auch eine freiere Wiedergabe. Für die Zeitverhältnisse gelten die gleichen Regeln wie beim AcI.

SPEICHERN

Verben mit NcI

Nach den folgenden lateinischen Verben ist mit einem NcI zu rechnen:

putatur man glaubt, dass er (sie, es) ...
dicitur man sagt, dass er (sie, es) ..., er (sie, es) soll ...
videtur er (sie, es) scheint ...
cogitur er (sie, es) wird gezwungen ..., er (sie, es) muss ...
iubetur ihm (ihr) wird befohlen ..., er (sie, es) soll ...

MERKHILFEN

Oft bereiten Vokabeln mit unterschiedlichen Bedeutungen Probleme. Beim Erfassen der richtigen Bedeutung hilft dir der Kontext – und da reicht es oft, wenn ein oder zwei weitere Wörter dabeistehen. Übersetze treffend:

magnum opus conari – omnia facere conari
ultima experiri – expertus dico
vulnera pati – te adire non patior
caelum tueri – armis tueri
consulem laudibus efferre – fructus efferre

METHODE

M Latein vernetzt: Digitale Mittel nutzen

Beachte bei der Erarbeitung eines digitalen Projekts die folgenden Hinweise zum **methodischen Vorgehen**:

1. Recherche mit digitalen Medien

Bei einer Internetrecherche musst du aufpassen: Im Netz tummeln sich viele qualitativ schlechte und sogar falsche Informationen, da hier – anders als bei Printmedien – jeder ohne Überprüfung etwas veröffentlichen kann. Die Tatsache, dass du denselben Text auf verschiedenen Webseiten findest, ist kein Beleg für seine hohe Qualität, sondern verdankt sich dem Umstand, dass ihn jemand aus Bequemlichkeit einfach kopiert hat. Wie kannst du nun herausfinden, ob ein Eintrag richtig und brauchbar ist? Es gibt einige Kriterien, an denen du dich orientieren kannst:

- Ist die Quelle seriös? (z. B. gut strukturierte Gedankenführung, sachliche Sprache)
- Sind die Informationen nachprüfbar? (z. B. Angaben zur Herkunft)
- Ist der Verfasser des Textes genannt? (z. B. Journalist, Wissenschaftler)

Du darfst dich nicht mit einer Quelle begnügen, sondern musst Gegenchecks machen, etwa über Nachschlagewerke, Lexika, Bücher oder Zeitschriftenartikel. (Vgl. dazu auch Bd. 2, 19 M)

2. Präsentation mit Hilfe digitaler Medien

Wenn du die Ergebnisse deiner Recherche mit Hilfe eines digitalen Mediums präsentierst, berücksichtige folgende Kriterien:

- Art des Vortrags (z. B. frei, verständlich, strukturiert)
- Gliederung und Übersichtlichkeit der digitalen Präsentation (vgl. dazu auch Bd. 2, 15 M2)
- Sinnvolle Nutzung und präzise Erläuterung von Bildmaterial
- Angabe der benutzten Quellen (z. B. Lehrbuch mit Seitenangabe, Internetadressen)

Beispiel: digitale Projekte

Arbeitet in Tandems: Wählt aus den folgenden digitalen Projekten eines zur Bearbeitung aus. Veranschlagt für Recherche (2 Stunden), Erarbeitung (2 Stunden) und Vorstellung der Projekte mit digitaler Präsentation (1 – 2 Stunden) fünf bis sechs Unterrichtsstunden.

Gleicht die Ergebnisse eurer Internetrecherchen – soweit möglich – mit den Unterrichtsergebnissen zur entsprechenden Lektion ab. Eine Präsentation sollte fünf Minuten nicht überschreiten, die Präsentationen könnt ihr auf einer Lernplattform ablegen.

Themen:

1. **Nero** – ein Beispiel für „Cäsarenwahn“? (Lektion 30)
2. **Hadrian** – Reisekaiser und Limesbauer (Lektion 31)
3. **Konstantin** – Bau neuer Residenzen und Toleranz für Christen (Lektion 32)
4. **Christen und Römer** – neue Gedanken in der römischen Gesellschaft (Lektion 33)
5. **Römische Bauwerke und Kunst** – von Christen genutzt (S. 65, 79, 82)
6. **Römer und Germanen** – zwischen Kämpfen, Handel und Kultur (S. 63 f., 66 f., 77)

Wiederholungswörter

arma	armōrum *n Pl.*	die Waffen, das Gerät
dōnāre	dōnō, dōnāvī	schenken
fortis	fortis, forte	kräftig, tapfer
vērō	*Adv.*	aber, in der Tat, wirklich
saevus	saeva, saevum	schrecklich, wild, wütend
servīre	serviō, servīvī, servītum	dienen, Sklave sein
permittere	permittō, permīsī, permissum	erlauben, überlassen
amplus	ampla, amplum	bedeutend, groß, weit
aciēs	aciēī *f*	die Schärfe, die Schlacht, das Heer
prōcēdere	prōcēdō, prōcessī, prōcessum	gehen, vorwärtsgehen, vorrücken
tegere	tegō, tēxī, tēctum	bedecken, schützen, verbergen
impetus	impetūs *m*	der Angriff, der Schwung
modus	modī *m*	die Art, die Weise, das Maß
castra	castrōrum *n Pl.*	das Lager
pāx	pācis *f*	der Frieden
efficere	efficiō, effēcī, effectum	bewirken, herstellen

Lernwörter

1	**Gallia**	Galliae *f*	Gallien	
	singulus	singula, singulum	je ein, jeder einzelne	(DE) Singular (EN) single
	aurum	aurī *n*	das Gold	(ES) oro
	spērāre	spērō, spērāvī, spērātum	hoffen, erwarten	→ spēs
	secundus	secunda, secundum	der zweite; günstig	
	* **fore**	~ futūrum esse	sein werden	
	Mārtīnus	Mārtīnī *m*	(der heilige) Martin	
	quō	*m. Komparativ und Konj.*	damit umso **Mīlitēs dōna accipiunt, quō saevius pūgnent.** Die Soldaten erhalten Geschenke, damit sie umso wilder kämpfen.	
2	**opportūnus**	opportūna, opportūnum	geeignet, günstig	(DE) opportun
	cōnfitērī	cōnfiteor, cōnfessus sum	bekennen, gestehen	(DE) Konfession
	praestāre	praestō, praestitī *m. Akk.*	gewähren, leisten, zeigen	→ stāre

 Das mit einem * markierte Wort brauchst du schon auf der ersten Seite der Lektion 33.

officium praestāre	officium praestō	die / seine Pflicht erfüllen	
quaesere	quaesō	bitten	
quaesō		bitte!	
Deus	Deī *m*	Gott	Dios
3 **vīlla**	vīllae *f*	das Haus, das Landhaus	Villa ville
possidēre	possideō, possēdī, possessum	besitzen	→ sedēre
discere	discō, didicī	lernen, erfahren	
vērum	*Adv.*	aber, sondern	
reprehendere	reprehendō, reprehendī, reprehēnsum	(aus)schimpfen, kritisieren	
sīve		oder, oder wenn	
cōnspectus	cōnspectūs *m*	der Anblick, das Blickfeld	
parum		(zu) wenig	
opīnārī	opīnor, opīnātus sum	glauben, meinen	
prōmittere	prōmittō, prōmīsī, prōmissum	versprechen	→ mittere to promise
adversus	adversa, adversum	feindlich, entgegengesetzt	
4 **addere**	addō, addidī, additum	hinzufügen	→ ad, dare addieren
Dominus	Dominī *m*	der Herr (Gott)	
Iēsūs	Iēsū *m*	Jesus (von Nazareth)	
crux	crucis *f*	das Kreuz	
modo	*Adv.*	eben (noch); nur	
impedīre	impediō, impedīvī, impedītum	hindern, verhindern	
asper	aspera, asperum	rau, streng	
Herc(u)le!		Beim Herkules!	
pellere	pellō, pepulī, pulsum	schlagen, vertreiben **Mīlitēs hostēs pepulērunt.** Die Soldaten haben die Feinde geschlagen / vertrieben.	→ im-pellere Puls
lēgātus	lēgātī *m*	der Gesandte, der Bevollmächtigte	
pariter	*Adv.*	ebenso, gleichzeitig	→ pār

Wortbildung nutzen

Erschließe mit Hilfe der in WS 33 gelernten Vokabeln und deiner Kenntnisse zur Wortbildung die Bedeutung der folgenden unbekannten Vokabeln:

ediscere ▪ confessio ▪ expedire ▪ depellere ▪ impedimentum

Vokabeln sichern

1 **singulus → quo**

Ordne die Lernwörter dieses Päckchens untereinander an. Ein Buchstabe ist jeweils Teil des Lösungswortes Martinus. Übersetze anschließend die Vokabeln.

2 **opportunus → Deus**

Erschließe mit Hilfe der Vokabeln aus diesem Päckchen,

- was der Satz bedeutet: „E-Learning ist in manchen Fällen opportun.“,
- was die katholische oder evangelische Konfession ist,
- warum die täglichen Gebetszeiten in Klöstern „Offizium“ genannt werden und Mönche damit „officium praestant“.

3 **villa → adversus**

Gib aus dem aktuellen Päckchen je ein bedeutungsähnliches Wort zu den folgenden Vokabeln an:

habere ▪ autem ▪ monere ▪ aut ▪ putare ▪ domus ▪ polliceri

Nenne je ein Wort, das zu **multum, docere** und **familiaris** in Gegensatz steht, und das zu **conspicere** gebildete Substantiv.

4 **addere → pariter**

Noch einmal Partnerwettstreit: Ordnet die Vokabeln nach ihrer Wortart und übersetzt sie. Wer als Erster fertig ist, darf die hier noch fehlende Vokabel laut rufen.

Dominus ▪ asper ▪ addere ▪ pariter ▪ pellere ▪ impedire ▪ modo ▪ legatus ▪ crux

Vokabeln vernetzen

1. Leite die folgenden englischen, italienischen und spanischen Wörter aus dem Lateinischen ab und erschließe ihre Bedeutungen.

   la speranza ▪ *opportunity* ▪ *to promise* ▪ *prestare* ▪ *pulsar*

2. Stelle alle dir nun bekannten Verwendungen der Form **quo** zusammen.

A Infinitiv Futur Aktiv

vocā-tūrum, am, um esse	**vic-tūrum, am, um esse**	**fu-tūrum, am, um esse**
vocā-tūrōs, ās, a esse	**vic-tūrōs, ās, a esse**	**fu-tūrōs, ās, a esse**
rufen werden	siegen werden	sein werden

Der Infinitiv Futur Aktiv wird aus einer Akkusativform des Partizip Futur Aktiv und esse gebildet.

Die Formen des Infinitiv Futur Aktiv von esse können durch **fore** ersetzt werden.

Imperatorem hostes *victurum (esse)* omnes putabant.
Alle glaubten, dass der Feldherr die Feinde besiegen werde.

Die Formen des Infinitiv Futur Aktiv treten nur im AcI auf; esse kann entfallen.

Die Formen des Infinitiv Futur drücken aus, dass das Geschehen des AcI zeitlich nach dem des Prädikats stattfinden wird (soll); der Infinitiv Futur bezeichnet also die **Nachzeitigkeit (Infinitiv der Nachzeitigkeit)**.

B Hauptsätze im Konjunktiv: Potentialis, Deliberativ

Mit den folgenden Konjunktiven im Hauptsatz drückt ein Sprecher aus, was er (als möglich) vermutet oder was er überlegt (Satzzeichen ? und .).

Potentialis

Quis hoc *dubitet*?
Wer *könnte (dürfte)* daran zweifeln?

Hoc nemo *credat/crediderit*.
Das *dürfte* keiner glauben.
Das glaubt *wohl* keiner.

Der **Konjunktiv Präsens** bzw. **Perfekt** kann im Hauptsatz den Potentialis (der Gegenwart) ausdrücken, also eine Aussage als möglich (potential) hinstellen oder abschwächen.

Deliberativ

Quid *faciam*?
Was *soll* ich tun?

Der **Konjunktiv Präsens** (oft in der 1. Person) kann im Fragesatz den Deliberativ (der Gegenwart) ausdrücken, also eine Überlegung oder Unentschlossenheit.

C Satzwertige Konstruktionen (Übersicht)

Satzwertige Konstruktionen sind typisch lateinische Konstruktionen, die im Deutschen in der Regel keine direkte Entsprechung haben. Sie sind einem eigenständigen Aussagesatz gleichwertig, werden im Lateinischen aber in einen anderen Satz eingefügt; im Deutschen können sie oft mit einem Nebensatz wiedergegeben werden:

- Akkusativ mit Infinitiv
- Participium coniunctum
- Ablativus absolutus
- nd-Formen (z. T.)

Beim AcI, Pc und Abl. abs. ist gleichermaßen das **Zeitverhältnis** zu beachten:

Akkusativ mit Infinitiv

Imperatorem pacem	***facere***	***fecisse***	***facturum esse***	**civibus placet.**
Dass der Kaiser Frieden	*schafft*	*geschaffen hat*	*schaffen wird*	, gefällt den Bürgern.

Imperatorem pacem	***facere***	***fecisse***	***facturum esse***	**omnes cives sciunt.**
Dass der Kaiser Frieden	*schafft*	*geschaffen hat*	*schaffen wird*	, wissen alle Bürger.

Participium coniunctum

Imperator pacem	***faciens***	***facturus***	**a civibus laudatur.**
Der Kaiser, der Frieden	*schafft*	*schaffen wird*	, wird von den Bürgern gelobt.

Der Kaiser wird von den Bürgern gelobt, weil er Frieden *schafft* / *schaffen wird.*

Pax ab imperatore	***facta***	**civibus placet.**
Der Frieden, der vom Kaiser	*geschaffen worden ist*	, gefällt den Bürgern.

Ablativus absolutus

***Imperatore* pacem *faciente* cives gaudent.**
Wenn/Weil der Kaiser Frieden *schafft,* freuen sich die Bürger.

***Pace facta* cives gaudent.**
Nachdem Frieden geschaffen ist, freuen sich die Bürger.

Die satzwertigen Konstruktionen AcI, Pc und Abl. abs. haben unterschiedliche Funktionen im Satz. In allen Fällen bezeichnen die Formen des Infinitiv Präsens und Partizip Präsens die **Gleichzeitigkeit**, die des Infinitiv Perfekt und Partizip Perfekt die **Vorzeitigkeit** und die des Infinitiv Futur und Partizip Futur die **Nachzeitigkeit**.

Die folgende Tabelle bietet dir eine Übersicht über die möglichen Zeitverhältnisse:

	Satzglied		gleichzeitig	vorzeitig	nachzeitig	
AcI	als Subjekt	Imperatorem pacem	**facere**	**fecisse**	**facturum esse**	civibus placet.
	als Objekt	Imperatorem pacem	**facere**	**fecisse**	**facturum esse**	omnes cives sciunt.
Pc	als Adverbiale	Imperator pacem	**faciens**		**facturus**	a civibus laudatur.
	bzw. Attribut	Pax ab imperatore		**facta**		civibus placet.
Abl. abs.	als Adverbiale	Imperatore pacem	**faciente**			cives gaudent.
		Pace		**facta**		cives gaudent.

METHODE **M**

Wortschatz erweitern: Wortbildungselemente nutzen (Präfixe)

Als Präfixe treten oft Präpositionen auf, die – entsprechend ihrer Bedeutung – die Bedeutung des Kompositums mitbestimmen, z. B. ab-ire „weg-gehen". Diese Präfixe können an den Anlaut des Grundwortes angeglichen werden (Assimilation), z. B. adferre → afferre.

Die erste Zeile der folgenden Übersicht enthält Vokabeln, die dir bereits bekannt sind.
Die Bedeutung der Verben in den folgenden Zeilen kannst du erschließen:

ab-esse	**af**-ferre	**con**-venire	**de**-esse	**ex**-cedere	**pro**-cedere
ab-ducere	ad-venire	con-ducere	de-mittere	ex-petere	prod-ire
ab-rumpere	ad-movere	com-mutare	de-cedere	e-nuntiare	pro-fugere
abs-trahere		con-cipere	de-currere		pro-movere

Wiederholungswörter

supplicium	suppliciī *n*	die Hinrichtung, die Strafe; das flehentliche Bitten
praeesse	praesum, praefuī *m. Dat.*	leiten, an der Spitze stehen
sīgnum	sīgnī *n*	das Zeichen, das Merkmal, der Beweis
prex	precis *f*	die Bitte, das Gebet
cēdere	cēdō, cessī, cessum	gehen, nachgeben, zurückweichen
caedēs	caedis *f* (*Gen. Pl.* -ium)	der Mord, das Blutbad
augēre	augeō, auxī, auctum	vergrößern, vermehren
iūs	iūris *n*	das Recht
māiōrēs	māiōrum *m Pl.*	die Vorfahren, die Ahnen
aetās	aetātis *f*	die Zeit, das Zeitalter, die Lebenszeit
ūniversus	ūniversa, ūniversum	gesamt, ganz; *Pl.* alle zusammen
opus	operis *n*	das Werk, die Arbeit, die Tat

Lernwörter

1	**coniūrātiō**	coniūrātiōnis *f*	die Verschwörung	→ iūrāre
	simul	*Subj. m. Ind. Perf.*	sobald	→ similis
	ambō	ambae, ambō	beide (zusammen)	
	collum	collī *n*	der Hals	Collier
	frangere	frangō, frēgī, frāctum	zerbrechen	Fraktur, Fraktion, Fragment
	fatērī	fateor, fassus sum	bekennen, gestehen	→ cōn-fitērī
	quasi	*Subj. m. Konj.*	wie wenn, als ob	
2	**precārī**	precor, precātus sum	bitten	→ prex to pray
	Iūstīniānus	Iūstīniānī *m*	Justinian (oströmischer Kaiser 527 – 565)	
	* **audēre**	audeō, ausus sum	wagen	
	uterque	utraque, utrumque (*Gen.* utrīusque, *Dat.* utrīque)	beide, jeder (von zweien)	
	medius	media, medium	der mittlere, in der Mitte (von)	Medium
	orīrī	orior, ortus sum	entstehen, sich erheben	Orient
	aedificium	aedificiī *n*	das Gebäude	→ aedis, aedēs, facere
	flūctus	flūctūs *m*	die Flut, die Strömung	→ flūmen

Die mit einem * markierten Wörter brauchst du schon auf der ersten Seite der Lektion 34.

ēgredī	ēgredior, ēgressus sum	herausgehen, verlassen	
forās	*Adv.*	hinaus, heraus (*wohin?*)	
secundum	*Präp. m. Akk.*	gemäß, entsprechend; entlang	
3 * **revertī**	revertor, revertī, reversum	zurückkehren	→ vertere
grātia	grātiae *f*	der Dank, die Gnade	grace
dēligere	dēligō, dēlēgī, dēlēctum	wählen, auswählen	→ dē, legere delegieren
iūstitia	iūstitiae *f*	die Gerechtigkeit	→ iūs, iūstus, iūdicium Justiz
cūrāre	cūrō, cūrāvī, cūrātum *m. Akk.*	pflegen, sorgen für, besorgen **Imperātor cīvēs cūrat.** Der Kaiser sorgt für die Bürger. **Mercātor negōtia cūrat.** Der Kaufmann kümmert sich um seine Geschäfte.	→ cūra kurieren
hūmānus	hūmāna, hūmānum	menschlich, gebildet	→ homō human
* **cōnfīdere**	cōnfīdō, cōnfīsus sum (*m. Dat. / Abl.*)	vertrauen, sich verlassen (auf)	
cōnfīsus	cōnfīsa, cōnfīsum *m. Abl.*	im Vertrauen auf **Cīvibus cōnfīsus imperātor sīgna imperiī accēpit.** Im Vertrauen auf seine Bürger nahm der Kaiser die Zeichen der Herrschaft an.	
quisnam?		wer denn?	
4 **compōnere**	compōnō, composuī, compositum	abfassen, ordnen, vergleichen	→ pōnere Kompott, Kompost, Komposition
iungere	iungō, iūnxī, iūnctum	verbinden, vereinigen	→ con-iūnx Kon-junktion
liber	librī *m*	das Buch	→ libellus Libretto
pertinēre	pertineō, pertinuī ad *m. Akk.*	betreffen, gehören (zu), sich erstrecken (bis) **Religiō ad deōs pertinet.** Der Glaube gehört zu den Göttern / betrifft die Götter. **Montēs ad mare pertinent.** Die Berge erstrecken sich bis zum Meer.	→ per, tenēre
lūmen	lūminis *n*	das Licht, das Auge	→ lūx
ōs	ōris *n*	der Mund, das Gesicht	
rērī	reor, ratus sum	meinen	

Vokabeln sichern

1 coniuratio → quasi

Partner A erzählt Partner B eine Geschichte, in der die Wörter des aktuellen Päckchens auf Deutsch vorkommen. Wenn ihm die Fantasie ausgeht, wechselt ihr die Rollen und Partner B erzählt weiter.

frangere ▪ ambo ▪ fateri ▪ coniuratio ▪ collum ▪ quasi ▪ simul

2 precari → secundum

Nenne aus dem aktuellen Päckchen

- drei Deponentien,
- jeweils ein bedeutungsähnliches Wort zu flumen, villa und duo,
- je ein Adverb und eine Präposition.

Achtung: Ein Wort bleibt übrig. Mit dessen Hilfe kannst du die Rolle eines Mediators erklären.

3 reverti → quisnam?

Mit Hilfe der Wörter aus diesem Päckchen kannst du

- die Fremdwörter delegieren, Justizirrtum, humanitäre Hilfe, Kurator und irreversibel sowie
- die englische Phrase *„a confidential information"* erklären.

Überlegt in Partnerarbeit abwechselnd je einen Satz, in dem das betreffende Fremdwort oder die englische Wendung vorkommt.

Ein Fragewort bleibt übrig. Nenne es lateinisch und deutsch.

4 componere → reri

Fit für Fachartikel. Wähle auf der Basis der neuen Vokabeln jeweils die richtige Bedeutung des Fremdwortes aus:

Oralität:	a) mündliche Überlieferung	b) goldhaltiges Gestein
Kompositkapitell:	a) erstes Kapitel eines Musikstückes	b) aus verschiedenen Teilen bestehendes Kapitell einer Säule
Libretto:	a) Freiheitsbrief für einen ehemaligen Sklaven	b) Text einer Oper oder Operette
Lumen:	a) Luchsart	b) SI-Einheit des Lichtstroms
Junktur:	a) Alternativer Begriff für Distributivgesetz	b) Stelle, an der Wortbestandteile zusammengefügt werden
Impertinenzien:	a) Nebendinge, die nicht zur eigentlichen Sache gehören	b) Widersprüchlichkeiten
Rate:	a) Tee aus den getrockneten Blättern des Ratestrauches	b) Teilbetrag (urspr. „etwas im Geist Berechnetes")

Vokabeln vernetzen

Erkläre mit Hilfe der neu gelernten Vokabeln die Bedeutung der folgenden Fremdwörter.

Orient – Fraktur – Kur – Medium – Justiz – oral – Komposition – Humanität

A Semideponentien

Einige wenige Verben bilden nur im Perfektstamm passive Formen mit aktiver Bedeutung. Deshalb heißen sie Semideponentien („Halbdeponentien").

Präsensstamm: Aktiv		Perfektstamm: Passiv	
audet	er wagt	**ausus est**	er hat gewagt
cōnfīdit	er vertraut	**cōnfīsus est**	er hat vertraut
gaudet	er freut sich	**gāvīsus est**	er hat sich gefreut
solet	er ist gewohnt	**solitus est**	er war gewohnt

reverti ist das einzige Verb, das umgekehrt im Präsensstamm passive Formen mit aktiver Bedeutung bildet; im Perfektstamm bildet es aktive Formen.

Präsensstamm: Passiv		Perfektstamm: Aktiv	
revertitur	er kehrt zurück	**revertit**	er ist zurückgekehrt

B Texterschließung: Zusammenfassung

In den Aufgaben zur Texterschließung sind dir immer wieder Methoden begegnet, die helfen, die Thematik und Aussageabsicht eines Textes – ggf. vor der Übersetzung – zu erfassen. Die verschiedenen Kriterien, die zur Erschließung eines Textes beitragen können, werden hier noch einmal kurz zusammengefasst:

1. Schlüsselwörter, Wort- und Sachfelder

Schon beim ersten Durchlesen eines Textes kann man die Thematik häufig an sog. Schlüsselwörtern ablesen. Wichtige Begriffe kommen entweder wörtlich oder in Umschreibungen mehrfach vor. In diesem Zusammenhang sollte auch geprüft werden, ob der Text Wort- und Sachfelder enthält und ggf. welche:

Ein **Wortfeld** wird gebildet von sinnverwandten Wörtern derselben Wortart.
Beispiel: Wortfeld „reden, sprechen, sagen": dicere, loqui, vocare, clamare, nuntiare, narrare, respondere, rogare, monere, contendere *(behaupten)*.

Ein **Sachfeld** wird gebildet von Wörtern verschiedener Wortarten, die zu einem gemeinsamen Thema passen.
Beispiel: Sachfeld „Handel": forum, pecunia, copia, aes alienum, vendere, parare *(erwerben)*, emere, carus *(teuer)*.

Die zu einem Wort- oder Sachfeld gehörenden Wörter können zwar unterschiedliche Bedeutungen haben (z. B. contendere, parare, carus), sie werden aber dadurch auf eine bestimmte Bedeutung festgelegt, dass sie zusammen mit anderen Wörtern eines bestimmten Wort- oder Sachfelds verwendet werden.

2. Personen

Oft lassen sich aus der Abfolge im Sprechen und Handeln der Personen Schlüsse ziehen. Überprüfe also zuerst, welche Personen vorkommen. Stelle dann die Informationen zusammen, die du zu den einzelnen Personen erhältst. Beachte, dass statt des Namens einer Person oft auch Pronomina vorkommen und dass die Person manchmal im Prädikat „steckt“.

Besonders erfolgreich lässt sich diese Methode in dialogischen Texten anwenden: Oft kann man aus den Aussagen verschiedener Personen z. B. unterschiedliche Positionen ermitteln.

3. Konnektoren

Durch Konnektoren (Satzverbindungen) wird der gedankliche Zusammenhang des Textes hergestellt, der für das Erfassen oft genauso bedeutend ist wie die einzelnen Informationen. Solche Konnektoren, zu denen auch die Konjunktionen (beiordnende Bindewörter) gehören, können z. B.

- gleichartige Gedanken verbinden, z. B. et, neque,
- die Handlung zeitlich gliedern, z. B. primo, tum, deinde, postea, postremo,
- eine Begründung anführen, z. B. nam, enim,
- einen Gegensatz einleiten, z. B. sed, autem, at.

4. Tempora

In der Verwendung unterschiedlicher Tempora (im sog. **Tempusprofil**) spiegelt sich häufig der Inhalt. So stehen im Imperfekt oder Plusquamperfekt oft die Passagen, die die Hintergrundhandlung liefern, während die eigentliche Handlung im Perfekt erzählt wird.
Ein Präsens kann z. B. auftreten, wenn eine ansonsten in der Vergangenheit erzählte Handlung besonders spannend wird (historisches oder szenisches Präsens). Ein Futur kann auf Wünsche und Absichten hindeuten.

5. Satzarten

Auch die im Text auftretenden Satzarten geben Aufschluss über seine Aussage. Werden z. B. viele Aussagesätze aneinandergereiht, so handelt es sich oft um eine sachliche *Beschreibung* oder einen *Bericht*. Bei den Verben kommen dann hauptsächlich Formen in der 3. Person vor, bei den Substantiven z. B. kein Vokativ.

In einem *Dialog* wechseln dagegen Themen und Gedanken schneller, und es finden sich immer wieder Ausrufe und Fragen. Der Leser muss deshalb mit einem häufigen Wechsel der Verbformen in allen Personen (auch mit Imperativen), mit Personalpronomina der 1. und 2. Person und Vokativen rechnen.

Erzählende Texte zeichnen sich häufig durch wörtliche Reden mit Ausrufe- und Fragesätzen aus. Auch an besonders spannenden Stellen lassen sich Ausrufesätze finden.

METHODE

M Texte verstehen: Konjunktive unterscheiden

Zum Konjunktiv im Hauptsatz hast du ganz unterschiedliche Funktionen und Übersetzungsmöglichkeiten gelernt. Für das Verständnis eines Textes ist es wichtig, ob ein Konjunktiv beispielsweise einen Befehl oder einen Wunsch, eine vorsichtige Behauptung oder eine unentschlossene Frage ausdrückt.

Die Funktionen des Konjunktivs im Hauptsatz lassen sich zusammengefasst auf **zwei Grundbedeutungen** zurückführen:

1. gewollt – nicht gewollt
Ein Sprecher äußert, was er will oder was ein anderer (nicht) tun soll.

2. möglich – nicht möglich
Ein Sprecher teilt mit, was er (als möglich) vermutet bzw. überlegt oder was mit der Wirklichkeit nicht vereinbar (nicht möglich) ist.

1. Weise die in der folgenden Tabelle aufgelisteten Funktionen des Konjunktivs den beiden Grundbedeutungen zu.
2. Formuliere eine Regel, in welchen Satzarten die beiden Grundbedeutungen jeweils vorkommen; nutze dazu auch die Satzzeichen (. ! ?).

Funktion	Beispiel
Optativ (erfüllbar) der Gegenwart	(Utinam) abeas! Hoffentlich gehst du weg! Geh bitte weg!
Jussiv (3. Pers.)	Abeat! Er soll weggehen!
Hortativ (1. Pers. Pl.)	Abeamus! Lasst uns weggehen!
Potentialis der Gegenwart	Aliquis dicat / dixerit ... Jemand könnte (dürfte) sagen (sagt wohl) ...
Deliberativ der Gegenwart	Quid dicam? Was soll ich sagen?
Optativ (unerfüllbar) der Gegenwart	Utinam abires! Wenn du doch weggehen würdest!
Irrealis der Gegenwart	Libenter abirem. Gerne würde ich weggehen.
Optativ (erfüllbar) der Vergangenheit	(Utinam) abieris! Hoffentlich bist du weggegangen!
Prohibitiv (2. Pers. Konj. Perf. nach ne)	Ne abieris! Geh nicht weg!
Optativ (unerfüllbar) der Vergangenheit	Utinam abisses! Wenn du doch weggegangen wärst!
Irrealis der Vergangenheit	Libenter abissem. Gerne wäre ich weggegangen.

3. Untersuche die Konjunktive in den Hauptsätzen des Lektions- und Wiederholungstextes in Lektion 34: Weise die Konjunktive den oben genannten Grundbedeutungen zu und übersetze mit Hilfe der Tabelle treffend. Verfahre ebenso mit den Konjunktiven in den folgenden Texten.

Wiederholungswörter

opēs	opum *f Pl.*	die Macht, die Mittel, der Reichtum
valdē	*Adv.*	sehr
studēre	studeō, studuī *m. Dat.*	sich beschäftigen (mit), sich bemühen (um), streben nach
sermō	sermōnis *m*	das Gespräch, die Äußerung, das Gerede, die Sprache
ūtī	ūtor, ūsus sum *(m. Abl.)*	benutzen, gebrauchen
cōnsuēscere	cōnsuēscō, cōnsuēvī, cōnsuētum	sich gewöhnen (an), *Perf.* gewohnt sein
exercēre	exerceō, exercuī	üben, trainieren, quälen
cēnsēre	cēnseō, cēnsuī, cēnsum *(m. Akk.)*	meinen, einschätzen, seine Stimme abgeben für

Lernwörter

1	**Carolus Māgnus**	Carolī Māgnī *m*	Karl der Große (König des Frankenreiches 768 – 814)	
	honōrī esse	*m. Dat.*	jdm. Ehre einbringen **Victōria mihi honōrī erit.** Der Sieg wird mir Ehre einbringen.	→ honor
	īnfēstus	īnfēsta, īnfēstum	feindlich, feindselig	
	Francus	Franca, Francum	fränkisch; *Subst.* der Franke	
	seu	~ sīve	oder, oder wenn	
	turbāre	turbō, turbāvī, turbātum	stören, durcheinanderbringen	(DE) Turbo (GB) trouble
	obicere	obiciō, obiēcī, obiectum	darbieten, vorwerfen	→ conicere
	sē obicere	*m. Dat.*	sich jdm. entgegenwerfen, sich auf jdn. stürzen **Hostī sē obiēcit.** Er stürzte sich auf den Feind.	
	* **meminisse**	meminī *Perf.* *m. Gen. / Akk.* *m. AcI*	sich erinnern (an) **Beneficiōrum tuōrum / Beneficia tua meminī.** Ich erinnere mich an deine Wohltaten. daran denken **Tē mihi saepe adfuisse meminī.** Ich denke daran, dass du mir oft geholfen hast.	→ memoria (DE) Memory
2	**spoliāre**	spoliō, spoliāvī, spoliātum	(be)rauben, plündern	
	aggredī	aggredior, aggressus sum	angreifen, herangehen	
	* **cum**	*Subj. m. Konj.*	als, nachdem, weil; obwohl; während (dagegen)	
	recēns	recēns, recēns (*Gen.* recentis)	frisch, neu	
	dīligere	dīligō, dīlēxī, dīlēctum	lieben, hochachten	→ legere
	lēgātiō	lēgātiōnis *f*	die Gesandtschaft	(DE) Delegation
	dōs	dōtis *f*	das Geschenk, die Mitgift	→ dare

Die mit einem * markierten Wörter brauchst du schon auf der ersten Seite der Lektion 35.

	rārus	rāra, rārum	selten, vereinzelt	rar, Rarität
3	**dēlectāre**	dēlectō, dēlectāvī, dēlectātum	erfreuen, unterhalten	
	occupātus	occupāta, occupātum (in *m. Abl.*)	beschäftigt (mit) **In negōtiīs occupātus sum.** Ich bin mit meinen Aufgaben beschäftigt.	→ occupāre
	praesertim	*Adv.*	besonders	
	ūtilis	ūtilis, ūtile	nützlich	→ ūsus utile
	līberālis	līberālis, līberāle	vornehm, edel	→ līber
	artēs līberālēs	artium līberālium *f Pl.*	die freien Künste	
	libenter	*Adv.*	gerne	
	lectus	lectī *m*	das Bett, das Liegesofa	letto
	tabula	tabulae *f*	die Tafel, das Gemälde	Tabelle table
4	**īgnōrāre**	īgnōrō	nicht kennen, nicht wissen	
	nōn īgnōrāre	nōn īgnōrō	genau wissen, gut kennen	
	* **quisque**	quaeque, quodque *adj.*	jeder, jede, jedes	
	* **quisque**	quidque *subst.*	jeder **suum cuique** jedem das Seine **optimus quisque** gerade die Besten	
	colligere	colligō, collēgī, collēctum	sammeln	→ legere to collect
	imitārī	imitor, imitātus sum	nachahmen	imitieren
	modo ... modo		manchmal ... manchmal	
	aedificāre	aedificō, aedificāvī, aedificātum	bauen	→ aedēs, facere
5	**cor**	cordis *n*	das Herz	Koronar-gefäße
	cordī esse		am Herzen liegen **Hoc mihi cordī est.** Das liegt mir am Herzen.	
	cēnāre	cēnō, cēnāvī, cēnātum	essen	
	morārī	moror, morātus sum	(sich) aufhalten	
	corrumpere	corrumpō, corrūpī, corruptum	bestechen, verderben	→ rumpere
	cessāre	cessō, cessāvī, cessātum	zögern, rasten	→ cēdere
	* **ōdisse**	ōdī *Perf.*	hassen **Ōdī et amō.** Ich hasse und ich liebe.	→ odium

Vokabeln sichern

1 honori esse → meminisse

In diesem Päckchen hast du die folgenden Vokabeln gelernt:

meminisse ▪ infestus ▪ honori esse ▪ obicere ▪ se obicere ▪ seu ▪ turbare

Wähle diejenigen Vokabeln aus, die etwas Negatives ausdrücken (können).
Gib an, welchen Sachfeldern die übrigen Wörter zugeordnet werden können.

2 spoliare → rarus

Erschließe mit Hilfe der Bedeutung des zugrunde liegenden lateinischen Wortes die richtige Erklärung für das Fremdwort bzw. das italienische Wort.

Aggression:	a) rechtswidriger Angriff	b) Meeresflut
Spolien:	a) geistiger Hintergrund	b) Beutestücke
dotieren:	a) Gefallen finden	b) einen Preis mit einer Geldsumme ausstatten
rar:	a) selten	b) in die Augen springend
rezent:	a) vornehm	b) gegenwärtig auftretend
Legat:	a) gesetzeskonforme Handlung	b) Vermächtnis
il diletto:	a) das Vergnügen	b) der Mangel

Wähle die neu gelernte Bedeutung von cum aus:

a) während (zeitlich) b) während (dagegen) c) währenddessen d) immerwährend

3 delectare → tabula

In den folgenden beiden Sätzen sind alle Wörter dieses Päckchens enthalten. Erschließe sie und gib die lateinischen Bedeutungen an.

Im Alltag war der edle Graf besonders mit seinen für die Untertanen nützlichen Aufgaben beschäftigt. In seiner Freizeit dagegen lag er gerne auf seinem Liegesofa und erfreute sich an den freien Künsten, an Musik und an seinen Gemälden.

4 ignorare → aedificare

Erschließe aus dem aktuellen Päckchen jeweils ein bedeutungsähnliches Wort zu folgenden Vokabeln / Wendungen und gib die deutschen Bedeutungen an.

idem facere ▪ conferre ▪ omnis ▪ non nescire ▪ condere ▪ nescire

5 cor → odisse

Erkläre anhand der Wörter in diesem Päckchen,

- was man unter „ein Moratorium einlegen" versteht,
- warum das Abendessen im Italienischen „*la cena*" heißt,
- was ein Italiener einem anderen sendet, wenn er unter einen Brief „*cordiali saluti*" schreibt,
- was der bekannte lateinische Dichter Catull mit seinen Worten „odi et amo" sagen wollte und
- was das Fremdwort „Korruption" bedeutet.

Gib ein Synonym zu dubitare an.

A Adverbialsätze (Übersicht)

Viele lateinische Nebensätze haben die Satzgliedfunktion des Adverbiales. Welche adverbiale Sinnrichtung vorliegt, ist durch die einleitende Subjunktion, bisweilen auch durch den Modus (bzw. das Tempus) des Prädikats im Adverbialsatz festgelegt.

Die folgende Übersicht enthält Beispielsätze zu den einzelnen Sinnrichtungen:

Sinnrichtung des Adverbialsatzes	Beispiel
temporal	*Postquam* Iustinianus imperium *accepit*, populus gaudebat. *Cum* Iustinianus imperium *accepisset*, populus gaudebat. Nachdem Justinian die Herrschaft erhalten hatte, freute sich das Volk.
kausal	*Quia* Iustinianus imperium *accepit*, populus gaudebat. *Cum* Iustinianus imperium *acciperet*, populus gaudebat. Weil Justinian die Herrschaft erhielt, freute sich das Volk.
konsekutiv	Populus <u>ita</u> gaudebat, *ut* imperatorem publice *laudaret*. Das Volk freute sich so, dass es den Kaiser öffentlich lobte.
final	Imperator viros sapientes convocavit, *ut* leges *componerent*. Der Kaiser rief weise Männer zusammen, damit sie die Gesetze zusammenstellten.
konzessiv	*Quamquam* Iustinianus imperator *factus erat*, senatores (<u>tamen</u>) eum non laudabant. *Cum* Iustinianus imperator *factus esset*, senatores (<u>tamen</u>) eum non laudabant. Obwohl Justinian Kaiser geworden war, lobten ihn (dennoch) die Senatoren nicht.
konditional	*Si* pater eius nobilis fuisset, senatores eum laudavissent. Wenn sein Vater adelig gewesen wäre, hätten ihn die Senatoren gelobt.
adversativ	Senatores Iustinianum non laudabant, *cum* populus gauderet. Die Senatoren lobten Justinian nicht, während sich (dagegen) das Volk freute.

Die Subjunktion **cum** (m. Konj.) kann auch einen Gegensatz (**adversative** Sinnrichtung) ausdrücken. Dann wird cum übersetzt mit „während (dagegen)".

B Perfektopräsentien

nōvī	ich kenne / weiß (ich habe kennengelernt / erkannt)
cognōvī	ich kenne / weiß (ich habe kennengelernt / erkannt)
cōnsuēvī	ich bin gewohnt (ich habe mich daran gewöhnt)
meminī	ich erinnere mich / denke an
ōdī	ich hasse

Die aktiven Perfektformen einiger Verben können einen Zustand oder ein Ergebnis ausdrücken und somit präsentische Bedeutung bekommen.

Die Verben odisse und meminisse bilden ausschließlich Formen des Perfektstamms in präsentischer Bedeutung.

C Indefinitpronomen quisque

	m	*f*	*n*
Nominativ	**quisque**		**quidque**
Genitiv		**cuiusque**	
Dativ		**cuique**	
Akkusativ	**quemque**		**quidque**
Ablativ		**quōque**	

Das substantivische Indefinitpronomen quis-que, quid-que wird dekliniert wie das Indefinitpronomen ali-quis, aliquid.

Die adjektivische Verwendung (quisque, quaeque, quodque) ist selten.

Das Indefinitpronomen quisque steht in der Regel hinter Pronomina, Superlativen und Ordnungszahlen.

Optimus quisque mihi adfuit.
Gerade die Besten („jeder Beste“) haben mir geholfen.

MERKHILFEN

Weise jeder der Zeichnungen mindestens zwei neue Vokabeln zu. Erstelle selbst eine Zeichnung, der dann deine Mitschüler gelernte Vokabeln zuweisen.

METHODE

M Latein in Bayern: Inschriften verstehen

Plötzlich steht man in einer Kirche oder vor einem Denkmal und erkennt eine lateinische **Inschrift**. Und obwohl man in der Schule Latein gelernt hat, tut man sich oft schwer zu verstehen, was dasteht: ungewohnte Großbuchstaben und unklare Abkürzungen, dazwischen Jahreszahlen – und offensichtlich geht es um geschichtliche Ereignisse und/oder Personen, die man nicht kennt.

Ein Beispiel – die Mariensäule in München

In einem kurzen Stadtführer findet man als Tourist die Bezeichnung, dazu oft eine knappe Erläuterung des Zusammenhangs – meist aber nichts zur Inschrift, die in diesem Fall recht informativ wäre.

Gehen wir den Fragen nach, die sich beim Anblick der Mariensäule in München ergeben könnten. Stellt die Antworten in je einer kurzen **digitalen Präsentation** zusammen und tauscht so die Ergebnisse aus:

1. Recherchiert arbeitsteilig im Internet zu folgenden Fragen:
   - Warum heißt sie Mariensäule?
   - Wer ließ sie errichten?
   - Wann? Welches geschichtliche Ereignis stand dahinter?
   - Von wem ist die Inschrift? Was weiß man über den Autor?
2. Überprüft, welche der Fragen von 1. auch mit dem Text der Inschrift zu beantworten sind; nutzt dazu die Hilfen neben dem Text.
3. Erklärt, inwiefern Bezüge auf die antik-römische Tradition beabsichtigt sind.

Ähnlich könnt ihr auch bei anderen Inschriften vorgehen, die man in Bayern finden kann.

DEO OPT MAX
VIRGINI DEIPARAE[1] BOICAE[2]
DOMINAE BENIGNISSIMAE
PROTECTRICI[3]
POTENTISSIMAE
OB PATRIAM VRBES
EXERCITVS
SE IPSVM DOMUM ET SPES
SVAS
SERVATAS
HOC PERENNE[4]
AD POSTEROS MONVMENTVM
MAXIMILIANVS
COM PAL RHENI[5]
VTR BAV DVX[6]
S R IMP[7]
ARCHIDAP[8] ET ELECTOR[9]
CLIENTVM INFIMVS[10]
GRATVS SVPPLEXQVE P[11]
MDCXXXIIX VII IDVS NOVEMB

[1] deipara
die Mutter Gottes

[2] Boicus
bayerisch

[3] protectrīx, īcis *f*
die Beschützerin

[4] perennis, e
ewig dauernd

[5] com(es) Pal(ātīnus) Rhenī
der Pfalzgraf bei Rhein

[6] utr(īusque) Bav(āriae) dux
der Herzog beider Bayern

[7] s(acrī) R(ōmānī) imp(eriī)
des hl. Röm. Reiches

[8] archidap(es)
der Erztruchsess (oberster Aufseher über die fürstliche Tafel und Vorsteher der kaiserlichen Hofhaltung)

[9] ēlēctor
der Kurfürst

[10] īnfimus
der niedrigste

[11] p(osuit)

Wiederholungswörter

sanguis	sanguinis *m*	das Blut
caedere	caedō, cecīdī, caesum	fällen, niederschlagen, töten
certāre	certō, certāvī, certātum	kämpfen, wetteifern
redīre	redeō, rediī	zurückgehen, zurückkehren
stultus	stulta, stultum	dumm
dūcere	*m. dopp. Akk.*	halten für
crēdere	crēdō, crēdidī	glauben, anvertrauen
cāsus	cāsūs *m*	der Fall, der Zufall
orīrī	orior, ortus sum	entstehen, sich erheben
anima	animae *f*	die Seele, das Leben, der Atem
opprimere	opprimō, oppressī, oppressum	bedrohen, niederwerfen, unterdrücken

Lernwörter

1	**memor**	memor, memor (*Gen.* memoris) *m. Gen.*	in Erinnerung an	→ memoria
	dīrus	dīra, dīrum	schrecklich, grauenvoll	
	dīmicāre	dīmicō, dīmicāvī, dīmicātum	kämpfen	
	fundere	fundō, fūdī, fūsum	gießen, ausgießen, zerstreuen	🇩🇪 Infusion, konfus
	dēlēre	dēleō, dēlēvī, dēlētum	zerstören, auslöschen	🇩🇪 „Delete“
	accendere	accendō, accendī, accēnsum	anzünden, anfeuern	
	abdūcere	abdūcō, abdūxī, abductum	wegführen	→ dūcere
	corripere	corripiō, corripuī, correptum	ergreifen, gewaltsam an sich reißen	→ rapere
2	**cinis**	cineris *m*	die Asche	🇩🇪 „Cinderella“
	restāre	restō, restitī	übrig bleiben; Widerstand leisten	→ stāre 🇩🇪 Rest 🇬🇧 rest
	quamdiū	*Subj.*	solange	→ quam, diū
	citō	*Adv.*	schnell	
	fīdūcia	fīdūciae *f*	das Vertrauen **fīdūcia tuī** das Vertrauen auf / in dich	→ fidēs

	gaudium	gaudiī *n*	die Freude	→ gaudēre Gaudi
	fruī	fruor *m. Abl.*	genießen, sich erfreuen an	
	poēta	poētae *m*	der Dichter	Poet, Poesie
3	**mundus**	mundī *m*	die Welt	
	errāre	errō, errāvī, errātum	irren, sich irren	error errore
	creāre	creō, creāvī, creātum	erschaffen, wählen	kreativ
	trānsferre	trānsferō, trānstulī, trānslātum	hinüberbringen, hinübertragen, übertragen	→ ferre
	dēclārāre	dēclārō, dēclārāvī, dēclārātum	deutlich machen, verkünden	→ clārus
	doctus	docta, doctum	gebildet, gelehrt	→ docēre Doktor
	plānē	*Adv.*	deutlich, ganz und gar	
4	**eadem … quae**		dasselbe … wie	→ īdem
	pūnīre	pūniō, pūnīvī, pūnītum	bestrafen	→ poena
	brevitās	brevitātis *f*	die Kürze	→ brevis
	appāret	appāruit *(m. AcI)*	es ist offenkundig (dass)	
	frūstrā	*Adv.*	vergeblich	Frust, frustriert
	avidus	avida, avidum *(m. Gen.)*	(be)gierig (nach)	
	prōdesse	prōsum, prōfuī	nützen	→ prō, esse Prost

MERKHILFEN

1. Stellt arbeitsteilig zu den folgenden Verba simplicia übersichtlich die Komposita zusammen, die ihr kennt; je ein Kompositum hast du in WS 36 gelernt: **ducere, rapere, ferre, stare, esse.**
2. Überprüft die Komposita daraufhin, ob sich ihre Bedeutung leicht aus der Bedeutung des Verbum simplex und des Präfix erschließen lässt. Stellt euch dann gegenseitig die Komposita vor, bei denen sich eine Herleitung nicht „lohnt".
3. Ordne jeweils dem lateinischen Wort seine deutsche Bedeutung zu.

quis	was	aliquis	wie wenn, als ob
quisquis	was auch immer	quidam	wer
quid	ein gewisser	quasi	wer auch immer
quidquid	irgendeiner		

Vokabeln sichern

1 **memor → corripere**

Kleiner Unterschied – große Wirkung. Grenze die Bedeutungen der folgenden Vokabeln durch Übersetzung voneinander ab:

delere – debere ▪ abducere – adducere ▪ divus – dirus ▪ memor – memoria ▪ dimicare – diligere ▪ corripere – corrumpere ▪ fugere – fundere

2 **cinis → poeta**

Fit für ein Auslandsjahr in Italien! Erschließe anhand der neuen Wörter die folgenden italienischen Vokabeln und Wendungen.

il resto ▪ *godere* ▪ *il poeta* ▪ *il mercoledì delle ceneri* ▪ *la fiducia* ▪ *fruire*

Übrig bleiben **cito** und **quamdiu**. Gib die deutschen Bedeutungen dieser Wörter an.

3 **mundus → plane**

Erschließe mit Hilfe der zugrunde liegenden lateinischen Vokabeln und ihrer deutschen Bedeutungen,

- was man besitzt, wenn man einen „Doktorgrad" hat,
- was der *giornata mondiale dello sport* ist,
- was ein kreativer Mensch macht,
- was eine Deklaration ist,
- was ein erratischer Block ist und
- wovon sich die italienischen Wörter *„trasferirsi"* (umziehen) und *„piano"* (u. a. einfach, verständlich) herleiten.

Gegebenenfalls ist es sinnvoll, das Internet zu Rate zu ziehen und die Bedeutung der Begriffe zu recherchieren. Führe in diesem Fall die Bedeutung auf die lateinischen Wörter zurück und erläutere, wie es zur Bedeutung des entsprechenden Fremdwortes oder italienischen Wortes kommt.

4 **eadem ... quae → prodesse**

In diesem Päckchen hast du jeweils das Gegenteil von

es ist unklar – erfolgreich – schaden – belohnen – freigebig – die lange Dauer – etwas anderes als

gelernt.

Ordne die neuen lateinischen Vokabeln (mit ihrer deutschen Bedeutung) zu.

Vokabeln unterscheiden

Verwechslungsgefahr! Gib zu folgenden Wörtern bzw. Formen die Bedeutungen und ggf. auch Wortarten an.

aedis – aedes – aedificium ▪ divisus – diversus ▪ collis – collum ▪ diligere – deligere ▪ fructus – fluctus ▪ liberi – liber, a, um – liber, libri ▪ similis – simul ▪ currere – curare

METHODE **M**

Texte erfassen und gliedern

Um Texte zu verstehen, ist es eine wichtige Hilfe, ihre Gliederung herauszuarbeiten, d. h. festzustellen, welche Handlungsschritte oder Gedanken aufeinander folgen und wie diese miteinander verbunden sind.

Dabei sind vor allem Konnektoren, die die Sätze verknüpfen, eine große Hilfe (→ S. 172). Insbesondere Konjunktionen, Subjunktionen und Adverbien können als Konnektoren dienen. Für die grobe Gliederung eines Textes helfen dir vor allem die folgenden wichtigen Konnektoren:

	Konjunktionen / Adverbien		Subjunktionen	
zeitlich anordnend oder **aneinander reihend**	**et**	und, auch	**cum** (temporal)	als, nachdem
	-que	und	**postquam**	nachdem
	atque / ac	und (auch)	**ut / ubi** *(m. Ind. Perf.)*	sobald
	etiam	auch, sogar		
	quoque	auch		
	neque / nec	und nicht, auch nicht, aber nicht		
	tum	dann, da		
	tunc	damals, dann		
	postea	nachher, später		
	antea	vorher, früher		
	nunc	jetzt, nun		
	inde	von dort, darauf		
	ceterum	übrigens, im Übrigen		
entgegensetzend oder **einschränkend**	**at**	aber, jedoch	**cum** (adversativ)	während (dagegen)
	autem	aber, andererseits	**cum** (konzessiv)	obwohl
	sed / verum	aber, sondern	**quamquam**	obwohl
	vero	aber, in der Tat, wirklich		
begründend	**nam / enim**	denn, nämlich	**cum** (kausal)	weil, da
	itaque	deshalb	**quia / quod**	weil
	inde	deshalb		
	quare	deshalb		
folgernd	**igitur**	also, folglich	**ut (non)** *(m. Konj.)*	sodass (nicht)
	ergo	also, deshalb		

Satzglieder und wichtige Füllungsarten

Die Struktur lateinischer Sätze lässt sich mit Hilfe eines Satzmodells verdeutlichen. Die Satzglieder und das Satzgliedteil Attribut können sprachlich verschieden ausgedrückt werden; z. B. kann als Adverbiale ein einfaches Adverb, ein Präpositionalausdruck, ein Ablativus absolutus oder ein Nebensatz Verwendung finden.

Das folgende Modell enthält für jedes Satzglied und das Satzgliedteil Attribut die wichtigsten Füllungsarten (d. h. die verschiedenen Ausdrucksmöglichkeiten).

Prädikat

- → **Vollverb**
- → **Vollverb mit Prädikativum**
- → **esse mit Prädikatsnomen**
  (Nomen, Gerundiv)

Subjekt

- → **Nomen im Nominativ**
  Substantiv, Adjektiv, Pronomen, Zahlwort
- → **Partizip im Nominativ**
- → **Infinitiv, AcI**
- → **Nebensatz**
  abh. Aussagesatz, Relativsatz im Ind.

Objekt

- → **Nomen**
  im Genitiv, Dativ, Akkusativ, Ablativ
- → **Präpositionalausdruck**
- → **Infinitiv, AcI**
- → **Nebensatz**
  abh. Begehrsatz, abh. Fragesatz, Relativsatz im Ind.

Adverbiale

- → **Adverb**
- → **Präpositionalausdruck**
- → **Gerundium, Gerundivkonstruktion**
  im Ablativ, nach Präpositionen
- → **Ablativus absolutus**
- → **Participium coniunctum**
- → **Nebensatz**
  Adverbialsatz, Relativsatz im Konj.

Attribut

- → **Nomen** in Kongruenz
- → **Substantiv** im Genitiv, Ablativ
- → **Gerundium, Gerundivkonstruktion** im Genitiv
- → **Relativsatz**
- → **Participium coniunctum**

Formentabellen

Substantive

		Singular		Plural	
a-Dekl.	Nom.	serv-a	die / eine Sklavin	serv-ae	(die) Sklavinnen
	Gen.	serv-ae	der / einer Sklavin	serv-ārum	(der) Sklavinnen
	Dat.	serv-ae	der / einer Sklavin	serv-īs	(den) Sklavinnen
	Akk.	serv-am	die / eine Sklavin	serv-ās	(die) Sklavinnen
	Abl.	(cum) serv-ā	mit der / einer Sklavin	(cum) serv-īs	mit (den) Sklavinnen
o-Dekl. *m*	Nom.	serv-us	der / ein Sklave	serv-ī	(die) Sklaven
	Gen.	serv-ī	des / eines Sklaven	serv-ōrum	(der) Sklaven
	Dat.	serv-ō	dem / einem Sklaven	serv-īs	(den) Sklaven
	Akk.	serv-um	den / einen Sklaven	serv-ōs	(die) Sklaven
	Abl.	(cum) serv-ō	mit dem / einem Sklaven	(cum) serv-īs	mit (den) Sklaven
o-Dekl. *n*	Nom.	dōn-um	das / ein Geschenk	dōn-a	(die) Geschenke
	Gen.	dōn-ī	des / eines Geschenkes	dōn-ōrum	(der) Geschenke
	Dat.	dōn-ō	dem / einem Geschenk	dōn-īs	(den) Geschenken
	Akk.	dōn-um	das / ein Geschenk	dōn-a	(die) Geschenke
	Abl.	dōn-ō	durch das / ein Geschenk	dōn-īs	durch (die) Geschenke
3. Dekl. *m*	Nom.	senātor	der / ein Senator	senātōr-ēs	(die) Senatoren
	Gen.	senātōr-is	des / eines Senators	senātōr-um	(der) Senatoren
	Dat.	senātōr-ī	dem / einem Senator	senātōr-ibus	(den) Senatoren
	Akk.	senātōr-em	den / einen Senator	senātōr-ēs	(die) Senatoren
	Abl.	(cum) senātōr-e	mit dem / einem Senator	(cum) senātōr-ibus	mit (den) Senatoren
3. Dekl. *n*	Nom.	crīmen	das / ein Verbrechen	crīmin-a	(die) Verbrechen
	Gen.	crīmin-is	des / eines Verbrechens	crīmin-um	(der) Verbrechen
	Dat.	crīmin-ī	dem / einem Verbrechen	crīmin-ibus	(den) Verbrechen
	Akk.	crīmen	das / ein Verbrechen	crīmin-a	(die) Verbrechen
	Abl.	crīmin-e	durch das / ein Verbrechen	crīmin-ibus	durch (die) Verbrechen
u-Dekl.	Nom.	vult-us	das / ein Gesicht	vult-ūs	(die) Gesichter
	Gen.	vult-ūs	des / eines Gesichts	vult-uum	(der) Gesichter
	Dat.	vult-uī	dem / einem Gesicht	vult-ibus	(den) Gesichtern
	Akk.	vult-um	das / ein Gesicht	vult-ūs	(die) Gesichter
	Abl.	vult-ū	durch das / ein Gesicht	vult-ibus	durch (die) Gesichter
e-Dekl.	Nom.	r-ēs	die / eine Sache	r-ēs	(die) Sachen
	Gen.	r-eī	der / einer Sache	r-ērum	(der) Sachen
	Dat.	r-eī	der / einer Sache	r-ēbus	(den) Sachen
	Akk.	r-em	die / eine Sache	r-ēs	(die) Sachen
	Abl.	r-ē	durch die / eine Sache	r-ēbus	durch (die) Sachen

Adjektive

	Singular			Plural		
	m	*f*	*n*	*m*	*f*	*n*
a-/o-Dekl.						
Nom.	**māgn-us**	**māgn-a**	**māgn-um**	**māgn-ī**	**māgn-ae**	**māgn-a**
Gen.	**māgn-ī**	**māgn-ae**	**māgn-ī**	**māgn-ōrum**	**māgn-ārum**	**māgn-ōrum**
Dat.	**māgn-ō**	**māgn-ae**	**māgn-ō**		**māgn-īs**	
Akk.	**māgn-um**	**māgn-am**	**māgn-um**	**māgn-ōs**	**māgn-ās**	**māgn-a**
Abl.	**māgn-ō**	**māgn-ā**	**māgn-ō**		**māgn-īs**	
3. Dekl. dreiendige						
Nom.	**ācer**	**ācr-is**	**ācr-e**	**ācr-ēs**	**ācr-ēs**	**ācr-ia**
Gen.		**ācr-is**			**ācr-ium**	
Dat.		**ācr-ī**			**ācr-ibus**	
Akk.	**ācr-em**	**ācr-em**	**ācr-e**	**ācr-ēs**	**ācr-ēs**	**ācr-ia**
Abl.		**ācr-ī**			**ācr-ibus**	
3. Dekl. zweiendige						
Nom.	**fort-is**	**fort-is**	**fort-e**	**fort-ēs**	**fort-ēs**	**fort-ia**
Gen.		**fort-is**			**fort-ium**	
Dat.		**fort-ī**			**fort-ibus**	
Akk.	**fort-em**	**fort-em**	**fort-e**	**fort-ēs**	**fort-ēs**	**fort-ia**
Abl.		**fort-ī**			**fort-ibus**	
3. Dekl. einendige						
Nom.		**ingēns**		**ingent-ēs**	**ingent-ēs**	**ingent-ia**
Gen.		**ingent-is**			**ingent-ium**	
Dat.		**ingent-ī**			**ingent-ibus**	
Akk.	**ingent-em**	**ingent-em**	**ingēns**	**ingent-ēs**	**ingent-ēs**	**ingent-ia**
Abl.		**ingent-ī**			**ingent-ibus**	

Ausnahmen: Bei **dives**, **pauper** und **vetus** entsprechen die folgenden Endungen denen der Substantive der 3. Deklination:

-e Abl. Sg.
-a Nom./Akk. Pl. *n*
-um Gen. Pl.

Komparativ

Nom.	longior	longior	longius	longiōr-ēs	longiōr-ēs	longiōr-a
Gen.		longiōr-is			longiōr-um	
Dat.		longiōr-ī			longiōr-ibus	
Akk.	longiōr-em	longiōr-em	longius	longiōr-ēs	longiōr-ēs	longiōr-a
Abl.		longiōr-e			longiōr-ibus	

Superlativ

	longissimus, a, um acerrimus, a, um facillimus, a, um

Adverbien

Adjektive			Adverbbildung auf		
a-/o-Dekl.	z. B.	longus	-ē	z. B.	long-ē
3. Dekl.	z. B.	fortis	-iter	z. B.	fort-iter

Beachte den Wortstamm, z. B. acr-iter zu acer, felic-iter zu felix.
Endet der Wortstamm auf -nt, wird nur -er angefügt, z. B. vehement-er.

Pronomina

Personalpronomen

	Singular					
	1. Pers.		2. Pers.		3. Pers. (refl.)	
Nom.	ego	ich	tū	du	–	
Dat.	mihi	mir	tibi	dir	sibi	sich
Akk.	mē	mich	tē	dich	sē	sich
Abl.	ā mē	von mir	ā tē	von dir	ā sē	von sich
	mēcum	mit mir	tēcum	mit dir	sēcum	mit sich

	Plural					
	1. Pers.		2. Pers.		3. Pers. (refl.)	
Nom.	nōs	wir	vōs	ihr	–	
Dat.	nōbīs	uns	vōbīs	euch	sibi	sich
Akk.	nōs	uns	vōs	euch	sē	sich
Abl.	ā nōbīs	von uns	ā vōbīs	von euch	ā sē	von sich
	nōbīscum	mit uns	vōbīscum	mit euch	sēcum	mit sich

Pronomen **is** dieser; er

	Singular			Plural		
	m	*f*	*n*	*m*	*f*	*n*
Nom.	is	ea	id	eī / iī	eae	ea
Gen.		eius		eōrum	eārum	eōrum
Dat.		eī			eīs / iīs	
Akk.	eum	eam	id	eōs	eās	ea
Abl.	eō	eā	eō		eīs / iīs	

Demonstrativpronomen **iste** dieser (da)

	m	*f*	*n*	*m*	*f*	*n*
Nom.	iste	ista	istud	istī	istae	ista
Gen.		istīus		istōrum	istārum	istōrum
Dat.		istī			istīs	
Akk.	istum	istam	istud	istōs	istās	ista
Abl.	istō	istā	istō		istīs	

Demonstrativpronomen **hic** dieser

	Singular			Plural		
	m	*f*	*n*	*m*	*f*	*n*
Nom.	hic	haec	hoc	hī	hae	haec
Gen.		huius		hōrum	hārum	hōrum
Dat.		huic			hīs	
Akk.	hunc	hanc	hoc	hōs	hās	haec
Abl.	hōc	hāc	hōc		hīs	

Demonstrativpronomen **ille** jener

	m	*f*	*n*	*m*	*f*	*n*
Nom.	ille	illa	illud	illī	illae	illa
Gen.		illīus		illōrum	illārum	illōrum
Dat.		illī			illīs	
Akk.	illum	illam	illud	illōs	illās	illa
Abl.	illō	illā	illō		illīs	

Demonstrativpronomen **ipse** (er) selbst

	m	*f*	*n*	*m*	*f*	*n*
Nom.	ipse	ipsa	ipsum	ipsī	ipsae	ipsa
Gen.		ipsīus		ipsōrum	ipsārum	ipsōrum
Dat.		ipsī			ipsīs	
Akk.	ipsum	ipsam	ipsum	ipsōs	ipsās	ipsa
Abl.	ipsō	ipsā	ipsō		ipsīs	

Demonstrativpronomen **idem** derselbe

	m	*f*	*n*	*m*	*f*	*n*
Nom.	īdem	éadem	idem	īdem	eaedem	eadem
Gen.		eiusdem		eōrundem	eārundem	eōrundem
Dat.		eīdem			īsdem	
Akk.	eundem	eandem	idem	eōsdem	eāsdem	eadem
Abl.	eōdem	eādem	eōdem		īsdem	

Relativ- und Interrogativpronomen **qui** der; welcher

	m	*f*	*n*	*m*	*f*	*n*
Nom.	quī	quae	quod	quī	quae	quae
Gen.		cuius		quōrum	quārum	quōrum
Dat.		cui			quibus	
Akk.	quem	quam	quod	quōs	quās	quae
Abl.	quō	quā	quō		quibus	

Interrogativpronomen **quis** wer?

	m	*f*	*n*
Nom.	quis		quid
Gen.		cuius	
Dat.		cui	
Akk.	quem		quid
Abl.	quōcum		quō

Indefinitpronomen **aliquis** (subst.) irgendjemand

Nom.	aliquis	aliquid
Gen.	alicuius	alicuius reī
Dat.	alicui	alicui reī
Akk.	aliquem	aliquid
Abl.	aliquō	aliquā rē

Indefinitpronomen **aliquī** (adj.) irgendein

Nom.	aliquī	aliqua	aliquod	aliquī	aliquae	aliqua
Gen.		alicuius		aliquōrum	aliquārum	aliquōrum
Dat.		alicui			aliquibus	
Akk.	aliquem	aliquam	aliquod	aliquōs	aliquās	aliqua
Abl.	aliquō	aliquā	aliquō		aliquibus	

Indefinitpronomen **quīdam** (subst.) ein gewisser, (irgend)einer

Nom.	quīdam	quaedam	quiddam	quīdam	quaedam	quaedam
Gen.		cuiusdam		quōrundam	quārundam	quōrundam
Dat.		cuidam			quibusdam	
Akk.	quendam	quandam	quiddam	quōsdam	quāsdam	quaedam
Abl.	quōdam	quādam	quōdam		quibusdam	

Indefinitpronomen **quīdam** (adj.) ein gewisser, (irgend)ein

Nom.	quīdam	quaedam	quoddam	quīdam	quaedam	quaedam
Gen.		cuiusdam		quōrundam	quārundam	quōrundam
Dat.		cuidam			quibusdam	
Akk.	quendam	quandam	quoddam	quōsdam	quāsdam	quaedam
Abl.	quōdam	quādam	quōdam		quibusdam	

Indefinitpronomen **quisque** jeder

Nom.	quisque		quidque
Gen.		cuiusque	
Dat.		cuique	
Akk.	quemque		quidque
Abl.		quōque	

Numeralia (Zahlwörter)

	Zahlzeichen	Grundzahlen	Ordnungszahlen
1	I	**ūnus, a, um**	**prīmus, a, um**
2	II	**duo, duae, duo**	**secundus, a, um**
3	III	**trēs, trēs, tria**	**tertius, a, um**
4	IV	**quattuor**	**quārtus, a, um**
5	V	**quīnque**	**quīntus, a, um**
6	VI	**sex**	**sextus, a, um**
7	VII	**septem**	**septimus, a, um**
8	VIII	**octō**	**octāvus, a, um**
9	IX	**novem**	**nōnus, a, um**
10	X	**decem**	**decimus, a, um**
11	XI	**ūndecim**	**ūndecimus, a, um**
12	XII	**duodecim**	**duodecimus, a, um**
13	XIII	**trēdecim**	**tertius decimus, a, um**
14	XIV	**quattuordecim**	**quārtus decimus, a, um**
15	XV	**quīndecim**	**quīntus decimus, a, um**
16	XVI	**sēdecim**	**sextus decimus, a, um**
17	XVII	**septendecim**	**septimus decimus, a, um**
18	XVIII	**duodēvīgintī**	**duodēvīcēsimus, a, um**
19	XIX	**ūndēvīgintī**	**ūndēvīcēsimus, a, um**
20	XX	**vīgintī**	**vīcēsimus, a, um**
30	XXX	**trīgintā**	**trīcēsimus, a, um**
40	XL	**quadrāgintā**	**quadragēsimus, a, um**
50	L	**quīnquāgintā**	**quīnquāgēsimus, a, um**
60	LX	**sexāgintā**	**sexāgēsimus, a, um**
70	LXX	**septuāgintā**	**septuāgēsimus, a, um**
80	LXXX	**octōgintā**	**octōgēsimus, a, um**
90	XC	**nōnāgintā**	**nōnāgēsimus, a, um**
100	C	**centum**	**centēsimus, a, um**
200	CC	**ducentī, ae, a**	**ducentēsimus, a, um**
300	CCC	**trecentī, ae, a**	**trecentēsimus, a, um**
400	CCCC	**quadringentī, ae, a**	**quadringentēsimus, a, um**
500	D	**quīngentī, ae, a**	**quīngentēsimus, a, um**
600	DC	**sescentī, ae, a**	**sescentēsimus, a, um**
700	DCC	**septingentī, ae, a**	**septingentēsimus, a, um**
800	DCCC	**octingentī, ae, a**	**octingentēsimus, a, um**
900	CM	**nōngentī, ae, a**	**nōngentēsimus, a, um**
1000	M	**mīlle**	**mīllēsimus**

Jahreszahlen im Lateinischen

anno ante Christum natum (a. Chr. n.) centesimo

im Jahre 100 v. Chr.

Anders als im Deutschen stehen im Lateinischen die Ordnungszahlen zur Angabe von Jahreszahlen.

Verben: Indikativ Aktiv

Präsensstamm

			a-Konjugation		e-Konjugation	
Inf. Präsens			**rogā-re**	fragen	**monē-re**	ermahnen
PPA			**rogā-ns,** **roga-ntis**	fragend	**monē-ns,** **mone-ntis**	ermahnend
Präsens	Sg.	1. Pers.	**rog-ō**	ich frage	**mone-ō**	ich ermahne
		2. Pers.	**rogā-s**	du fragst	**monē-s**	du ermahnst
		3. Pers.	**roga-t**	er (sie, es) fragt	**mone-t**	er (sie, es) ermahnt
	Pl.	1. Pers.	**rogā-mus**	wir fragen	**monē-mus**	wir ermahnen
		2. Pers.	**rogā-tis**	ihr fragt	**monē-tis**	ihr ermahnt
		3. Pers.	**roga-nt**	sie fragen	**mone-nt**	sie ermahnen
Impf.	Sg.	1. Pers.	**rogā-ba-m**	ich fragte	**monē-ba-m**	ich ermahnte
		2. Pers.	**rogā-bā-s**	du fragtest	**monē-bā-s**	du ermahntest
		3. Pers.	**rogā-ba-t**	er (sie, es) fragte	**monē-ba-t**	er (sie, es) ermahnte
	Pl.	1. Pers.	**rogā-bā-mus**	wir fragten	**monē-bā-mus**	wir ermahnten
		2. Pers.	**rogā-bā-tis**	ihr fragtet	**monē-bā-tis**	ihr ermahntet
		3. Pers.	**rogā-ba-nt**	sie fragten	**monē-ba-nt**	sie ermahnten
Futur I	Sg.	1. Pers.	**rogā-b-ō**	ich werde fragen	**monē-b-ō**	ich werde ermahnen
		2. Pers.	**rogā-bi-s**	du wirst fragen	**monē-bi-s**	du wirst ermahnen
		3. Pers.	**rogā-bi-t**	er (sie, es) wird fragen	**monē-bi-t**	er (sie, es) wird ermahnen
	Pl.	1. Pers.	**rogā-bi-mus**	wir werden fragen	**monē-bi-mus**	wir werden ermahnen
		2. Pers.	**rogā-bi-tis**	ihr werdet fragen	**monē-bi-tis**	ihr werdet ermahnen
		3. Pers.	**rogā-bu-nt**	sie werden fragen	**monē-bu-nt**	sie werden ermahnen
Imp. I	Sg.		**rogā**	frag!	**monē**	ermahne!
	Pl.		**rogā-te**	fragt!	**monē-te**	ermahnt!
Imp. II	Sg.		**rogā-tō**	du sollst fragen! er (sie, es) soll fragen!	**monē-tō**	du sollst mahnen! er (sie, es) soll mahnen!
	Pl.		**rogā-tōte**	ihr sollt fragen!	**monē-tōte**	ihr sollt mahnen!
			roga-ntō	sie sollen fragen!	**mone-ntō**	sie sollen mahnen!

i-Konjugation		kons. Konjugation		(i-Erweiterung)	
audī-re	hören	**vinc-e-re**	siegen	**cape-re**	nehmen
audi-ē-ns, **audi-e-ntis**	hörend	**vinc-ē-ns,** **vinc-e-ntis**	siegend	**capi-ē-ns,** **capi-e-ntis**	nehmend
audi-ō **audī-s** **audi-t** **audī-mus** **audī-tis** **audi-u-nt**	ich höre du hörst er (sie, es) hört wir hören ihr hört sie hören	**vinc-ō** **vinc-i-s** **vinc-i-t** **vinc-i-mus** **vinc-i-tis** **vinc-u-nt**	ich siege du siegst er (sie, es) siegt wir siegen ihr siegt sie siegen	**capi-ō** **capi-s** **capi-t** **capi-mus** **capi-tis** **capi-u-nt**	ich nehme du nimmst er (sie, es) nimmt wir nehmen ihr nehmt sie nehmen
audi-ēba-m **audi-ēbā-s** **audi-ēba-t** **audi-ēbā-mus** **audi-ēbā-tis** **audi-ēba-nt**	ich hörte du hörtest er (sie, es) hörte wir hörten ihr hörtet sie hörten	**vinc-ēba-m** **vinc-ēbā-s** **vinc-ēba-t** **vinc-ēbā-mus** **vinc-ēbā-tis** **vinc-ēba-nt**	ich siegte du siegtest er (sie, es) siegte wir siegten ihr siegtet sie siegten	**capi-ēba-m** **capi-ēbā-s** **capi-ēba-t** **capi-ēbā-mus** **capi-ēbā-tis** **capi-ēba-nt**	ich nahm du nahmst er (sie, es) nahm wir nahmen ihr nahmt sie nahmen
audi-a-m **audi-ē-s** **audi-e-t** **audi-ē-mus** **audi-ē-tis** **audi-e-nt**	ich werde hören du wirst hören er (sie, es) wird hören wir werden hören ihr werdet hören sie werden hören	**vinc-a-m** **vinc-ē-s** **vinc-e-t** **vinc-ē-mus** **vinc-ē-tis** **vinc-e-nt**	ich werde siegen du wirst siegen er (sie, es) wird siegen wir werden siegen ihr werdet siegen sie werden siegen	**capi-a-m** **capi-ē-s** **capi-e-t** **capi-ē-mus** **capi-ē-tis** **capi-e-nt**	ich werde nehmen du wirst nehmen er (sie, es) wird nehmen wir werden nehmen ihr werdet nehmen sie werden nehmen
audī **audī-te**	hör! hört!	**vinc-e** **vinc-ite**	siege! siegt!	**cape** **capi-te**	nimm! nehmt!
audī-tō **audī-tōte** **audi-u-ntō**	du sollst hören! er (sie, es) soll hören! ihr sollt hören! sie sollen hören!	**vinc-i-tō** **vinc-i-tōte** **vinc-u-ntō**	du sollst siegen! er (sie, es) soll siegen! ihr sollt siegen! sie sollen siegen!	**capi-tō** **capi-tōte** **capi-u-ntō**	du sollst nehmen! er (sie, es) soll nehmen! ihr sollt nehmen! sie sollen nehmen!

Verben: Indikativ Passiv

Präsensstamm

			a-Konjugation		e-Konjugation	
Inf. Präsens			**rogā-rī**	gefragt (zu) werden	**monē-rī**	ermahnt (zu) werden
Gerundiv			**roga-ndus, a, um**		**mone-ndus, a, um**	
Präsens	Sg.	1. Pers.	**rog-or**	ich werde gefragt	**mone-or**	ich werde ermahnt
		2. Pers.	**rogā-ris**	du wirst gefragt	**monē-ris**	du wirst ermahnt
		3. Pers.	**rogā-tur**	er (sie, es) wird gefragt	**monē-tur**	er (sie, es) wird ermahnt
	Pl.	1. Pers.	**rogā-mur**	wir werden gefragt	**monē-mur**	wir werden ermahnt
		2. Pers.	**rogā-minī**	ihr werdet gefragt	**monē-minī**	ihr werdet ermahnt
		3. Pers.	**roga-ntur**	sie werden gefragt	**mone-ntur**	sie werden ermahnt
Impf.	Sg.	1. Pers.	**rogā-ba-r**	ich wurde gefragt	**monē-ba-r**	ich wurde ermahnt
		2. Pers.	**rogā-bā-ris**	du wurdest gefragt	**monē-bā-ris**	du wurdest ermahnt
		3. Pers.	**rogā-bā-tur**	er (sie, es) wurde gefragt	**monē-bā-tur**	er (sie, es) wurde ermahnt
	Pl.	1. Pers.	**rogā-bā-mur**	wir wurden gefragt	**monē-bā-mur**	wir wurden ermahnt
		2. Pers.	**rogā-bā-minī**	ihr wurdet gefragt	**monē-bā-minī**	ihr wurdet ermahnt
		3. Pers.	**rogā-ba-ntur**	sie wurden gefragt	**monē-ba-ntur**	sie wurden ermahnt
Futur I	Sg.	1. Pers.	**rogā-b-or**	ich werde gefragt werden	**monē-b-or**	ich werde ermahnt werden
		2. Pers.	**rogā-be-ris**	du wirst gefragt werden	**monē-be-ris**	du wirst ermahnt werden
		3. Pers.	**rogā-bi-tur**	er (sie, es) wird gefragt werden	**monē-bi-tur**	er (sie, es) wird ermahnt werden
	Pl.	1. Pers.	**rogā-bi-mur**	wir werden gefragt werden	**monē-bi-mur**	wir werden ermahnt werden
		2. Pers.	**rogā-bi-minī**	ihr werdet gefragt werden	**monē-bi-minī**	ihr werdet ermahnt werden
		3. Pers.	**rogā-bu-ntur**	sie werden gefragt werden	**monē-bu-ntur**	sie werden ermahnt werden

i-Konjugation		kons. Konjugation		(i-Erweiterung)	
audī-rī	gehört (zu) werden	**vinc-ī**	besiegt (zu) werden	**cap-ī**	genommen (zu) werden
audi-e-ndus, a, um		**vinc-e-ndus, a, um**		**capi-e-ndus, a, um**	
audi-or	ich werde gehört	**vinc-or**	ich werde besiegt	**capi-or**	ich werde genommen
audī-ris	du wirst gehört	**vinc-e-ris**	du wirst besiegt	**cape-ris**	du wirst genommen
audī-tur	er (sie, es) wird gehört	**vinc-i-tur**	er (sie, es) wird besiegt	**capi-tur**	er (sie, es) wird genommen
audī-mur	wir werden gehört	**vinc-i-mur**	wir werden besiegt	**capi-mur**	wir werden genommen
audī-minī	ihr werdet gehört	**vinc-i-minī**	ihr werdet besiegt	**capi-minī**	ihr werdet genommen
audi-u-ntur	sie werden gehört	**vinc-u-ntur**	sie werden besiegt	**capi-u-ntur**	sie werden genommen
audi-ēba-r	ich wurde gehört	**vinc-ēba-r**	ich wurde besiegt	**capi-ēba-r**	ich wurde genommen
audi-ēbā-ris	du wurdest gehört	**vinc-ēbā-ris**	du wurdest besiegt	**capi-ēbā-ris**	du wurdest genommen
audi-ēbā-tur	er (sie, es) wurde gehört	**vinc-ēbā-tur**	er (sie, es) wurde besiegt	**capi-ēbā-tur**	er (sie, es) wurde genommen
audi-ēbā-mur	wir wurden gehört	**vinc-ēbā-mur**	wir wurden besiegt	**capi-ēbā-mur**	wir wurden genommen
audi-ēbā-minī	ihr wurdet gehört	**vinc-ēbā-minī**	ihr wurdet besiegt	**capi-ēbā-minī**	ihr wurdet genommen
audi-ēba-ntur	sie wurden gehört	**vinc-ēba-ntur**	sie wurden besiegt	**capi-ēba-ntur**	sie wurden genommen
audi-a-r	ich werde gehört werden	**vinc-a-r**	ich werde besiegt werden	**capi-a-r**	ich werde genommen werden
audi-ē-ris	du wirst gehört werden	**vinc-ē-ris**	du wirst besiegt werden	**capi-ē-ris**	du wirst genommen werden
audi-ē-tur	er (sie, es) wird gehört werden	**vinc-ē-tur**	er (sie, es) wird besiegt werden	**capi-ē-tur**	er (sie, es) wird genommen werden
audi-ē-mur	wir werden gehört werden	**vinc-ē-mur**	wir werden besiegt werden	**capi-ē-mur**	wir werden genommen werden
audi-ē-minī	ihr werdet gehört werden	**vinc-ē-minī**	ihr werdet besiegt werden	**capi-ē-minī**	ihr werdet genommen werden
audi-e-ntur	sie werden gehört werden	**vinc-e-ntur**	sie werden besiegt werden	**capi-e-ntur**	sie werden genommen werden

Verben: Konjunktiv

Aktiv

			a-Konjugation	e-Konjugation	i-Konjugation
Präsens	Sg.	1. Pers.	**rog-e-m**	**mone-a-m**	**audi-a-m**
		2. Pers.	**rog-ē-s**	**mone-ā-s**	**audi-ā-s**
		3. Pers.	**rog-e-t**	**mone-a-t**	**audi-a-t**
	Pl.	1. Pers.	**rog-ē-mus**	**mone-ā-mus**	**audi-ā-mus**
		2. Pers.	**rog-ē-tis**	**mone-ā-tis**	**audi-ā-tis**
		3. Pers.	**rog-e-nt**	**mone-a-nt**	**audi-a-nt**
Impf.	Sg.	1. Pers.	**rogā-re-m**	**monē-re-m**	**audī-re-m**
		2. Pers.	**rogā-rē-s**	**monē-rē-s**	**audī-rē-s**
		3. Pers.	**rogā-re-t**	**monē-re-t**	**audī-re-t**
	Pl.	1. Pers.	**rogā-rē-mus**	**monē-rē-mus**	**audī-rē-mus**
		2. Pers.	**rogā-rē-tis**	**monē-rē-tis**	**audī-rē-tis**
		3. Pers.	**rogā-re-nt**	**monē-re-nt**	**audī-re-nt**

Passiv

			a-Konjugation	e-Konjugation	i-Konjugation
Präsens	Sg.	1. Pers.	**rog-e-r**	**mone-a-r**	**audi-a-r**
		2. Pers.	**rog-ē-ris**	**mone-ā-ris**	**audi-ā-ris**
		3. Pers.	**rog-ē-tur**	**mone-ā-tur**	**audi-ā-tur**
	Pl.	1. Pers.	**rog-ē-mur**	**mone-ā-mur**	**audi-ā-mur**
		2. Pers.	**rog-ē-minī**	**mone-ā-minī**	**audi-ā-minī**
		3. Pers.	**rog-e-ntur**	**mone-a-ntur**	**audi-a-ntur**
Impf.	Sg.	1. Pers.	**rogā-re-r**	**monē-re-r**	**audī-re-r**
		2. Pers.	**rogā-rē-ris**	**monē-rē-ris**	**audī-rē-ris**
		3. Pers.	**rogā-rē-tur**	**monē-rē-tur**	**audī-rē-tur**
	Pl.	1. Pers.	**rogā-rē-mur**	**monē-rē-mur**	**audī-rē-mur**
		2. Pers.	**rogā-rē-minī**	**monē-rē-minī**	**audī-rē-minī**
		3. Pers.	**rogā-re-ntur**	**monē-re-ntur**	**audī-re-ntur**

Zur Wiedergabe des lateinischen Konjunktivs im Deutschen → **18 B . 18 C . 21 A . 21 B . 22 C . 25 B . 27 A . 28 A**

Aktiv

			kons. Konjugation	(i-Erweiterung)
Präsens	Sg.	1. Pers.	**vinc-a-m**	**capi-a-m**
		2. Pers.	**vinc-ā-s**	**capi-ā-s**
		3. Pers.	**vinc-a-t**	**capi-a-t**
	Pl.	1. Pers.	**vinc-ā-mus**	**capi-ā-mus**
		2. Pers.	**vinc-ā-tis**	**capi-ā-tis**
		3. Pers.	**vinc-a-nt**	**capi-a-nt**
Impf.	Sg.	1. Pers.	**vince-re-m**	**cape-re-m**
		2. Pers.	**vince-rē-s**	**cape-rē-s**
		3. Pers.	**vince-re-t**	**cape-re-t**
	Pl.	1. Pers.	**vince-rē-mus**	**cape-rē-mus**
		2. Pers.	**vince-rē-tis**	**cape-rē-tis**
		3. Pers.	**vince-re-nt**	**cape-re-nt**

Passiv

			kons. Konjugation	(i-Erweiterung)
Präsens	Sg.	1. Pers.	**vinc-a-r**	**capi-a-r**
		2. Pers.	**vinc-ā-ris**	**capi-ā-ris**
		3. Pers.	**vinc-ā-tur**	**capi-ā-tur**
	Pl.	1. Pers.	**vinc-ā-mur**	**capi-ā-mur**
		2. Pers.	**vinc-ā-minī**	**capi-ā-minī**
		3. Pers.	**vinc-a-ntur**	**capi-a-ntur**
Impf.	Sg.	1. Pers.	**vince-re-r**	**cape-re-r**
		2. Pers.	**vince-rē-ris**	**cape-rē-ris**
		3. Pers.	**vince-rē-tur**	**cape-rē-tur**
	Pl.	1. Pers.	**vince-rē-mur**	**cape-rē-mur**
		2. Pers.	**vince-rē-minī**	**cape-rē-minī**
		3. Pers.	**vince-re-ntur**	**cape-re-ntur**

Verben: Perfektstamm

Indikativ

			Aktiv	Passiv
Inf. Perfekt			rogāv-isse	rogā-tum esse
PPP				rogā-tus, a, um
Perfekt	Sg.	1. Pers.	rogāv-ī	rogā-tus sum
		2. Pers.	rogāv-istī	rogā-tus es
		3. Pers.	rogāv-it	rogā-tus est
	Pl.	1. Pers.	rogāv-imus	rogā-tī sumus
		2. Pers.	rogāv-istis	rogā-tī estis
		3. Pers.	rogāv-ērunt	rogā-tī sunt
Plusqpf.	Sg.	1. Pers.	rogāv-eram	rogā-tus eram
		2. Pers.	rogāv-erās	rogā-tus erās
		3. Pers.	rogāv-erat	rogā-tus erat
	Pl.	1. Pers.	rogāv-erāmus	rogā-tī erāmus
		2. Pers.	rogāv-erātis	rogā-tī erātis
		3. Pers.	rogāv-erant	rogā-tī erant
Futur II	Sg.	1. Pers.	rogāv-erō	rogā-tus erō
		2. Pers.	rogāv-eris	rogā-tus eris
		3. Pers.	rogāv-erit	rogā-tus erit
	Pl.	1. Pers.	rogāv-erimus	rogā-tī erimus
		2. Pers.	rogāv-eritis	rogā-tī eritis
		3. Pers.	rogāv-erint	rogā-tī erunt

Konjunktiv

			Aktiv	Passiv
Perfekt	Sg.	1. Pers.	rogāv-erim	rogā-tus sim
		2. Pers.	rogāv-eris	rogā-tus sīs
		3. Pers.	rogāv-erit	rogā-tus sit
	Pl.	1. Pers.	rogāv-erimus	rogā-tī sīmus
		2. Pers.	rogāv-eritis	rogā-tī sītis
		3. Pers.	rogāv-erint	rogā-tī sint
Plusqpf.	Sg.	1. Pers.	rogāv-issem	rogā-tus essem
		2. Pers.	rogāv-issēs	rogā-tus essēs
		3. Pers.	rogāv-isset	rogā-tus esset
	Pl.	1. Pers.	rogāv-issēmus	rogā-tī essēmus
		2. Pers.	rogāv-issētis	rogā-tī essētis
		3. Pers.	rogāv-issent	rogā-tī essent

Die Perfektendungen sind in allen Konjugationsklassen und für alle Arten der Perfektbildung (→ 8 B . 9 B) gleich.

Verben: esse und posse

Indikativ

Inf. Präsens			es-se sein	pos-se können
Präsens	Sg.	1. Pers.	s-u-m	pos-sum
		2. Pers.	es	pot-es
		3. Pers.	es-t	pot-est
	Pl.	1. Pers.	s-u-mus	pos-sumus
		2. Pers.	es-tis	pot-estis
		3. Pers.	s-u-nt	pos-sunt
Impf.	Sg.	1. Pers.	er-a-m	pot-eram
		2. Pers.	er-ā-s	pot-erās
		3. Pers.	er-a-t	pot-erat
	Pl.	1. Pers.	er-ā-mus	pot-erāmus
		2. Pers.	er-ā-tis	pot-erātis
		3. Pers.	er-a-nt	pot-erant
Futur I	Sg.	1. Pers.	er-ō	pot-erō
		2. Pers.	er-i-s	pot-eris
		3. Pers.	er-i-t	pot-erit
	Pl.	1. Pers.	er-i-mus	pot-erimus
		2. Pers.	er-i-tis	pot-eritis
		3. Pers.	er-u-nt	pot-erunt
Imp.	Sg.		es	
	Pl.		es-te	

Konjunktiv

Präsens	Sg.	1. Pers.	s-i-m	pos-sim
		2. Pers.	s-ī-s	pos-sīs
		3. Pers.	s-i-t	pos-sit
	Pl.	1. Pers.	s-ī-mus	pos-sīmus
		2. Pers.	s-ī-tis	pos-sītis
		3. Pers.	s-i-nt	pos-sint
Impf.	Sg.	1. Pers.	es-se-m	pos-se-m
		2. Pers.	es-sē-s	pos-sē-s
		3. Pers.	es-se-t	pos-se-t
	Pl.	1. Pers.	es-sē-mus	pos-sē-mus
		2. Pers.	es-sē-tis	pos-sē-tis
		3. Pers.	es-se-nt	pos-se-nt

Perfektstamm	fu- fu-ī, fu-istī usw.	potu- potu-ī, potu-istī usw.

Verben: ire, velle, nolle und malle

Indikativ

Inf. Präsens			ī-re gehen	vel-le wollen	nōl-le nicht wollen	māl-le lieber wollen
PPA			i-ē-ns, e-u-ntis	vol-ē-ns, -ntis	nōl-ē-ns, -ntis	māl-ē-ns, -ntis
Präsens	Sg.	1. Pers.	e-ō	volō	nōlō	mālō
		2. Pers.	ī-s	vīs	nōn vīs	māvīs
		3. Pers.	i-t	vult	nōn vult	māvult
	Pl.	1. Pers.	ī-mus	volumus	nōlumus	mālumus
		2. Pers.	ī-tis	vultis	nōn vultis	māvultis
		3. Pers.	e-u-nt	volunt	nōlunt	mālunt
Impf.	Sg.	1. Pers.	ī-ba-m	vol-ēba-m	nōl-ēba-m	māl-ēba-m
		2. Pers.	ī-bā-s	vol-ēbā-s	nōl-ēbā-s	māl-ēbā-s
		3. Pers.	ī-ba-t	vol-ēba-t	nōl-ēba-t	māl-ēba-t
	Pl.	1. Pers.	ī-bā-mus	vol-ēbā-mus	nōl-ēbā-mus	māl-ēbā-mus
		2. Pers.	ī-bā-tis	vol-ēbā-tis	nōl-ēbā-tis	māl-ēbā-tis
		3. Pers.	ī-ba-nt	vol-ēba-nt	nōl-ēba-nt	māl-ēba-nt
Futur I	Sg.	1. Pers.	ī-b-ō	vol-a-m	nōl-a-m	māl-a-m
		2. Pers.	ī-bi-s	vol-ē-s	nōl-ē-s	māl-ē-s
		3. Pers.	ī-bi-t	vol-e-t	nōl-e-t	māl-e-t
	Pl.	1. Pers.	ī-bi-mus	vol-ē-mus	nōl-ē-mus	māl-ē-mus
		2. Pers.	ī-bi-tis	vol-ē-tis	nōl-ē-tis	māl-ē-tis
		3. Pers.	ī-bu-nt	vol-e-nt	nōl-e-nt	māl-e-nt
Imp.			Sg. ī, Pl. ī-te			

Konjunktiv

Präsens	Sg.	1. Pers.	e-a-m	vel-im	nōl-im	māl-im
		2. Pers.	e-ā-s	vel-īs	nōl-īs	māl-īs
		3. Pers.	e-a-t	vel-it	nōl-it	māl-it
	Pl.	1. Pers.	e-ā-mus	vel-īmus	nōl-īmus	māl-īmus
		2. Pers.	e-ā-tis	vel-ītis	nōl-ītis	māl-ītis
		3. Pers.	e-a-nt	vel-int	nōl-int	māl-int
Impf.	Sg.	1. Pers.	ī-re-m	vel-le-m	nōl-le-m	māl-le-m
		2. Pers.	ī-rē-s	vel-lē-s	nōl-lē-s	māl-lē-s
		3. Pers.	ī-re-t	vel-le-t	nōl-le-t	māl-le-t
	Pl.	1. Pers.	ī-rē-mus	vel-lē-mus	nōl-lē-mus	māl-lē-mus
		2. Pers.	ī-rē-tis	vel-lē-tis	nōl-lē-tis	māl-lē-tis
		3. Pers.	ī-re-nt	vel-le-nt	nōl-le-nt	māl-le-nt

Perfektstamm	ī- i-ī, īstī usw.	volu- volu-ī, -istī usw.	nōlu- nōlu-ī, -istī usw.	mālu- mālu-ī, -istī usw.

Verben: ferre

Indikativ

			Aktiv	Passiv
Inf. Präsens			fer-re tragen	fer-rī getragen (zu) werden
PPA			fer-ē-ns, fer-e-ntis	
Präsens	Sg.	1. Pers.	fer-ō	fer-or
		2. Pers.	fer-s	fer-ris
		3. Pers.	fer-t	fer-tur
	Pl.	1. Pers.	fer-i-mus	fer-i-mur
		2. Pers.	fer-tis	fer-i-minī
		3. Pers.	fer-u-nt	fer-u-ntur
Impf.	Sg.	1. Pers.	fer-ēba-m	fer-ēba-r
		2. Pers.	fer-ēbā-s	fer-ēbā-ris
		3. Pers.	fer-ēba-t	fer-ēbā-tur
	Pl.	1. Pers.	fer-ēbā-mus	fer-ēbā-mur
		2. Pers.	fer-ēbā-tis	fer-ēbā-minī
		3. Pers.	fer-ēba-nt	fer-ēba-ntur
Futur I	Sg.	1. Pers.	fer-a-m	fer-a-r
		2. Pers.	fer-ē-s	fer-ē-ris
		3. Pers.	fer-e-t	fer-ē-tur
	Pl.	1. Pers.	fer-ē-mus	fer-ē-mur
		2. Pers.	fer-ē-tis	fer-ē-minī
		3. Pers.	fer-e-nt	fer-e-ntur
Imp.	Sg.		fer	
	Pl.		fer-te	

Konjunktiv

Präsens	Sg.	1. Pers.	fer-a-m	fer-a-r
		2. Pers.	fer-ā-s	fer-ā-ris
		3. Pers.	fer-a-t	fer-ā-tur
	Pl.	1. Pers.	fer-ā-mus	fer-ā-mur
		2. Pers.	fer-ā-tis	fer-ā-minī
		3. Pers.	fer-a-nt	fer-a-ntur
Impf.	Sg.	1. Pers.	fer-re-m	fer-re-r
		2. Pers.	fer-rē-s	fer-rē-ris
		3. Pers.	fer-re-t	fer-rē-tur
	Pl.	1. Pers.	fer-rē-mus	fer-rē-mur
		2. Pers.	fer-rē-tis	fer-rē-minī
		3. Pers.	fer-re-nt	fer-re-ntur

Perfektstamm	tul- tul-ī, tul-istī usw.	PPP lā-tus, a, um

Verben: fieri

Indikativ

Inf. Präsens			fi-e-rī werden, geschehen
Präsens	Sg.	1. Pers.	fī-ō
		2. Pers.	fī-s
		3. Pers.	fī-t
	Pl.	1. Pers.	fī-mus
		2. Pers.	fī-tis
		3. Pers.	fī-u-nt
Impf.	Sg.	1. Pers.	fī-ēba-m
		2. Pers.	fī-ēbā-s
		3. Pers.	fī-ēba-t
	Pl.	1. Pers.	fī-ēbā-mus
		2. Pers.	fī-ēbā-tis
		3. Pers.	fī-ēba-nt
Futur I	Sg.	1. Pers.	fī-a-m
		2. Pers.	fī-ē-s
		3. Pers.	fī-e-t
	Pl.	1. Pers.	fī-ē-mus
		2. Pers.	fī-ē-tis
		3. Pers.	fī-e-nt

Konjunktiv

Präsens	Sg.	1. Pers.	fī-a-m
		2. Pers.	fī-ā-s
		3. Pers.	fī-a-t
	Pl.	1. Pers.	fī-ā-mus
		2. Pers.	fī-ā-tis
		3. Pers.	fī-a-nt
Impf.	Sg.	1. Pers.	fi-e-re-m
		2. Pers.	fi-e-rē-s
		3. Pers.	fi-e-re-t
	Pl.	1. Pers.	fi-e-rē-mus
		2. Pers.	fi-e-rē-tis
		3. Pers.	fi-e-re-nt

Perfekt	fac-tus sum, fac-tus es usw.

Die Formen des Präsensstammes von fieri ersetzen die Passivformen von facere.

Stammformen wichtiger Verben

Verben der a-Konjugation

Reduplikationsperfekt

dare	**dō**	**dedī**	**datum**	geben
stāre	**stō**	**stetī**		stehen
cōnstāre	cōnstō	cōnstitī		kosten, (**ex** *m. Abl.*) bestehen (aus)
īnstāre	īnstō	īnstitī		*m. Dat.* bevorstehen, bedrängen, drohen
praestāre	praestō	praestitī		*m. Akk.* gewähren, leisten, zeigen; *m. Dat.* jdn. übertreffen

Verben der e-Konjugation

v-Perfekt

complēre	**compleō**	**complēvī**	**complētum**	anfüllen, auffüllen
flēre	**fleō**	**flēvī**	**flētum**	weinen, beweinen

u-Perfekt

cēnsēre	**cēnseō**	**cēnsuī**	**cēnsum**	*m. Akk.* meinen, einschätzen; seine Stimme abgeben für
docēre	**doceō**	**docuī**	**doctum**	lehren, unterrichten
tenēre	**teneō**	**tenuī**	**(tentum)**	halten, festhalten, besitzen
continēre	contineō	continuī	contentum	festhalten, enthalten
obtinēre	obtineō	obtinuī		(in Besitz) haben, (besetzt) halten
pertinēre	pertineō	pertinuī		(**ad** *m. Akk.*) betreffen, gehören (zu), sich erstrecken (bis)
retinēre	retineō	retinuī	retentum	zurückhalten, festhalten, behalten
sustinēre	sustineō	sustinuī		ertragen, standhalten

s-Perfekt

ārdēre	**ārdeō**	**ārsī**		brennen
augēre	**augeō**	**auxī**	**auctum**	vergrößern, vermehren
iubēre	**iubeō**	**iussī**	**iussum**	anordnen, befehlen
manēre	**maneō**	**mānsī**		*m. Akk.* bleiben, warten (auf)
persuādēre	**persuādeō**	**persuāsī**	**persuāsum**	*m. Dat.* überreden, überzeugen
rīdēre	**rīdeō**	**rīsī**	**rīsum**	lachen, auslachen

Dehnungsperfekt

cavēre	**caveō**	**cāvī**	**cautum**	*m. Akk.* vorsichtig sein, sich hüten (vor)
movēre	**moveō**	**mōvī**	**mōtum**	bewegen, beeindrucken
commovēre	commoveō	commōvī	commōtum	bewegen, veranlassen
sedēre	**sedeō**	**sēdī**	**sessum**	sitzen
possidēre	possideō	possēdī	possessum	besitzen
vidēre	**videō**	**vīdī**	**vīsum**	sehen
prōvidēre	prōvideō	prōvīdī	prōvīsum	*m. Akk.* vorhersehen; *m. Dat.* sorgen für

Reduplikationsperfekt

respondēre	**respondeō**	**respondī**	**respōnsum**	antworten

Verben der i-Konjugation

u-Perfekt

aperīre	**aperiō**	**aperuī**	**apertum**	öffnen, aufdecken

s-Perfekt

sentīre	**sentiō**	**sēnsī**	**sēnsum**	fühlen, meinen, wahrnehmen

Dehnungsperfekt

venīre	**veniō**	**vēnī**	**ventum**	kommen
circumvenīre	circumveniō	circumvēnī	circumventum	umringen, umzingeln
convenīre	conveniō	convēnī	conventum	zusammenkommen, zusammenpassen, besuchen
ēvenīre	ēveniō	ēvēnī	ēventum	geschehen, sich ereignen
invenīre	inveniō	invēnī	inventum	finden, erfinden
pervenīre	perveniō	pervēnī	perventum	(**ad** / **in** *m. Akk.*) kommen (zu / nach)

Reduplikationsperfekt

comperīre	**comperiō**	**comperī**	**compertum**	(genau) erfahren
reperīre	**reperiō**	**repperī**	**repertum**	finden, wiederfinden

Verben der konsonantischen Konjugation

v-Perfekt

cernere	**cernō**			sehen, bemerken
dēcernere	dēcernō	dēcrēvī	dēcrētum	beschließen, entscheiden
cōnsuēscere	**cōnsuēscō**	**cōnsuēvī**	**cōnsuētum**	sich gewöhnen (an); *Perf.* gewohnt sein
crēscere	**crēscō**	**crēvī**		wachsen
nōscere	**nōscō**	**nōvī**	**nōtum**	erkennen, kennenlernen; *Perf.* kennen, wissen
cōgnōscere	cōgnōscō	cōgnōvī	cōgnitum	erkennen, kennenlernen; *Perf.* kennen, wissen
petere	**petō**	**petīvī**	**petītum**	bitten, verlangen, streben (nach), aufsuchen, angreifen
appetere	appetō	appetīvī	appetītum	streben (nach), haben wollen, angreifen
repetere	repetō	repetīvī	repetītum	wiederholen, (zurück)verlangen
quaerere	**quaerō**	**quaesīvī**	**quaesītum**	fragen, suchen, erwerben wollen
requīrere	requīrō	requīsīvī	requīsītum	aufsuchen, sich erkundigen, verlangen
sinere	**sinō**	**sīvī**	**situm**	lassen, zulassen, erlauben
dēsinere	dēsinō	dēsiī	dēsitum	aufhören

u-Perfekt

colere	**colō**	**coluī**	**cultum**	verehren, bewirtschaften, pflegen
cōnsulere	**cōnsulō**	**cōnsuluī**	**cōnsultum**	*m. Akk.* um Rat fragen; *m. Dat.* sorgen für; in *m. Akk.* vorgehen gegen
dēserere	**dēserō**	**dēseruī**	**dēsertum**	verlassen, im Stich lassen
pōnere	**pōnō**	**posuī**	**positum**	(auf)stellen, (hin)legen, setzen
compōnere	compōnō	composuī	compositum	abfassen, ordnen, vergleichen
impōnere	impōnō	imposuī	impositum	auferlegen, einsetzen
prōpōnere	prōpōnō	prōposuī	prōpositum	darlegen, vorschlagen, in Aussicht stellen

s-Perfekt

cēdere	**cēdō**	**cessī**	**cessum**	gehen, nachgeben, zurückweichen
accēdere	accēdō	accessī	accessum	herbeikommen, hingehen, sich nähern
concēdere	concēdō	concessī	concessum	erlauben, zugestehen, nachgeben
discēdere	discēdō	discessī	discessum	weggehen, auseinandergehen
excēdere	excēdō	excessī	excessum	hinausgehen, weggehen
prōcēdere	prōcēdō	prōcessī	prōcessum	gehen, vorwärtsgehen, vorrücken
claudere	**claudō**	**clausī**	**clausum**	schließen, abschließen, einschließen

dīcere	**dīcō**	**dīxī**	**dictum**	sagen, sprechen; *m. dopp. Akk.* nennen, benennen, bezeichnen (als)
dīvidere	**dīvidō**	**dīvīsī**	**dīvīsum**	teilen, trennen
dūcere	**dūcō**	**dūxī**	**ductum**	führen, ziehen; *m. dopp. Akk.* halten für
addūcere	addūcō	addūxī	adductum	heranführen, veranlassen, beeinflussen
dēdūcere	dēdūcō	dēdūxī	dēductum	wegführen, hinführen
ēdūcere	ēdūcō	ēdūxī	ēductum	herausführen
redūcere	redūcō	redūxī	reductum	zurückführen, zurückziehen
exstinguere	**exstinguō**	**exstīnxī**	**exstīnctum**	auslöschen, vernichten
fingere	**fingō**	**fīnxī**	**fictum**	gestalten, sich (etw.) ausdenken
gerere	**gerō**	**gessī**	**gestum**	führen, ausführen, tragen
īnstruere	**īnstruō**	**īnstrūxī**	**īnstrūctum**	aufstellen, ausrüsten, unterrichten
iungere	**iungō**	**iūnxī**	**iūnctum**	verbinden, vereinigen
legere → Dehnungsperfekt, s. 207				
intellegere	intellegō	intellēxī	intellēctum	merken, bemerken, verstehen, begreifen
neglegere	neglegō	neglēxī	neglēctum	nicht beachten, vernachlässigen
mittere	**mittō**	**mīsī**	**missum**	schicken, werfen
āmittere	āmittō	āmīsī	āmissum	verlieren
committere	committō	commīsī	commissum	anvertrauen, begehen, veranstalten
dīmittere	dīmittō	dīmīsī	dīmissum	aufgeben, entlassen, wegschicken
omittere	omittō	omīsī	omissum	aufgeben, beiseite lassen
permittere	permittō	permīsī	permissum	erlauben, überlassen
prōmittere	prōmittō	prōmīsī	prōmissum	versprechen
remittere	remittō	remīsī	remissum	zurückschicken, nachlassen, vermindern
nūbere	**nūbō**	**nūpsī**	**nūptum**	*m. Dat.* heiraten
premere	**premō**	**pressī**	**pressum**	drücken, unterdrücken, bedrängen
opprimere	opprimō	oppressī	oppressum	bedrohen, niederwerfen, unterdrücken
regere	**regō**	**rēxī**	**rēctum**	beherrschen, leiten, lenken
surgere	surgō	surrēxī	surrēctum	aufstehen, sich erheben
scrībere	**scrībō**	**scrīpsī**	**scrīptum**	schreiben, beschreiben
cōnscrībere	cōnscrībō	cōnscrīpsī	cōnscrīptum	aufschreiben, verfassen
sūmere	**sūmō**	**sūmpsī**	**sūmptum**	nehmen
cōnsūmere	cōnsūmō	cōnsūmpsī	cōnsūmptum	verbrauchen, aufbrauchen, verwenden
tegere	**tegō**	**tēxī**	**tēctum**	bedecken, schützen, verbergen
trahere	**trahō**	**trāxī**	**tractum**	ziehen, schleppen
vīvere	**vīvō**	**vīxī**		leben

Dehnungsperfekt

agere	**agō**	**ēgī**	**āctum**	handeln, treiben, verhandeln
cōgere	cōgō	coēgī	coāctum	zwingen (etw. zu tun), (ver)sammeln
exigere	exigō	exēgī	exāctum	fordern, (ein)fordern, vollenden
cōnsīdere	**cōnsīdō**	**cōnsēdī**	**cōnsessum**	sich setzen, sich niederlassen
emere	**emō**	**ēmī**	**ēmptum**	kaufen
frangere	**frangō**	**frēgī**	**frāctum**	zerbrechen
legere	**legō**	**lēgī**	**lēctum**	lesen, auswählen
dēligere	dēligō	dēlēgī	dēlēctum	wählen, auswählen
relinquere	**relinquō**	**relīquī**	**relictum**	verlassen, zurücklassen
rumpere	**rumpō**	**rūpī**	**ruptum**	zerbrechen, zerschlagen
vincere	**vincō**	**vīcī**	**victum**	siegen, besiegen, übertreffen

Reduplikationsperfekt

cadere	**cadō**	**cecidī**		fallen
accidere	accidō	accidī		geschehen, sich ereignen
occidere	occidō	occidī		(zu Boden) fallen, umkommen, untergehen
currere	**currō**	**cucurrī**	**cursum**	laufen, eilen
occurrere	occurrō	occurrī		begegnen, entgegentreten
dare → S. 203				
addere	addō	addidī	additum	hinzufügen
condere	condō	condidī	conditum	gründen, erbauen, verbergen
crēdere	crēdō	crēdidī	crēditum	glauben, anvertrauen
dēdere	dēdō	dēdidī	dēditum	ausliefern, übergeben
ēdere	ēdō	ēdidī	ēditum	herausgeben, bekanntmachen
perdere	perdō	perdidī	perditum	verlieren, verschwenden, vernichten
prōdere	prōdō	prōdidī	prōditum	überliefern, verraten
reddere	reddō	reddidī	redditum	zurückgeben, geben; *m. dopp. Akk.* jdn. zu etw. machen
trādere	trādō	trādidī	trāditum	übergeben, überliefern
vēndere	vēndō	vēndidī	vēnditum	verkaufen
discere	**discō**	**didicī**		lernen, erfahren
fallere	**fallō**	**fefellī**		täuschen, betrügen
parcere	**parcō**	**pepercī**		*m. Dat.* schonen, verschonen
pellere	**pellō**	**pepulī**	**pulsum**	schlagen, vertreiben
impellere	impellō	impulī	impulsum	antreiben, veranlassen
pōscere	**pōscō**	**popōscī**		fordern, verlangen
sistere	**sistō**			stellen, sich hinstellen
cōnsistere	cōnsistō	cōnstitī		stehen bleiben, sich aufstellen
resistere	resistō	restitī		Widerstand leisten; stehen bleiben

tangere	**tangō**	**tetigī**	**tāctum**	berühren
attingere	attingō	attigī	attāctum	berühren
tendere	**tendō**	**tetendī**	**tentum**	sich anstrengen, (aus)strecken
contendere	contendō	contendī		eilen, sich anstrengen, kämpfen, behaupten
ostendere	ostendō	ostendī		zeigen, erklären
tollere	**tollō**	**sustulī**	**sublātum**	aufheben, in die Höhe heben, wegnehmen

Perfekt ohne Stammveränderung

accendere	**accendō**	**accendī**	**accēnsum**	anzünden, anfeuern
bibere	**bibō**	**bibī**		trinken
dēfendere	**dēfendō**	**dēfendī**	**dēfēnsum**	abwehren, verteidigen
incendere	**incendō**	**incendī**	**incēnsum**	anzünden, in Brand stecken, entflammen
metuere	**metuō**	**metuī**		fürchten, sich fürchten
reprehendere	**reprehendō**	**reprehendī**	**reprehēnsum**	(aus)schimpfen, kritisieren
solvere	**solvō**	**solvī**	**solūtum**	lösen, auflösen, bezahlen
statuere	**statuō**	**statuī**	**statūtum**	aufstellen, beschließen, festsetzen
cōnstituere	cōnstituō	cōnstituī	cōnstitūtum	aufstellen, gründen, festsetzen, beschließen
īnstituere	īnstituō	īnstituī	īnstitūtum	beginnen, einrichten, unterrichten
restituere	restituō	restituī	restitūtum	wiederherstellen, wieder errichten
vertere	**vertō**	**vertī**	**versum**	drehen, wenden
animadvertere	animadvertō	animadvertī	animadversum	bemerken; **in** *m. Akk.* (strafend) vorgehen gegen
vīsere	**vīsō**	**vīsī**	**vīsum**	besichtigen, besuchen
volvere	**volvō**	**volvī**	**volūtum**	rollen, wälzen, überlegen

Verben der konsonantischen Konjugation (mit i-Erweiterung)

v-Perfekt

cupere	**cupiō**	**cupīvī**	**cupītum**	wollen, wünschen, verlangen

u-Perfekt

rapere	**rapiō**	**rapuī**	**raptum**	rauben, wegreißen, wegführen
ēripere	ēripiō	ēripuī	ēreptum	entreißen

s-Perfekt

aspicere	**aspiciō**	**aspexī**	**aspectum**	erblicken, ansehen
cōnspicere	**cōnspiciō**	**cōnspexī**	**cōnspectum**	erblicken
perspicere	**perspiciō**	**perspexī**	**perspectum**	erkennen, durchschauen, genau betrachten
respicere	**respiciō**	**respexī**	**respectum**	zurückblicken, berücksichtigen

Dehnungsperfekt

capere	**capiō**	**cēpī**	**captum**	nehmen, fassen, ergreifen, erobern
accipere	accipiō	accēpī	acceptum	erhalten, erfahren, annehmen
excipere	excipiō	excēpī	exceptum	aufnehmen, eine Ausnahme machen
incipere	incipiō	coepī (incēpī)	inceptum (coeptum)	anfangen, beginnen
praecipere	praecipiō	praecēpī	praeceptum	lehren, belehren, vorschreiben
recipere	recipiō	recēpī	receptum	aufnehmen, wiederbekommen, zurücknehmen
suscipere	suscipiō	suscēpī	susceptum	auf sich nehmen, unternehmen
facere	**faciō**	**fēcī**	**factum**	machen, tun, handeln; *m. dopp. Akk.* machen zu
cōnficere	cōnficiō	cōnfēcī	cōnfectum	erledigen, fertig machen, vollbringen, beenden
dēficere	dēficiō	dēfēcī	dēfectum	abfallen (von), fehlen, verlassen
efficere	efficiō	effēcī	effectum	bewirken, herstellen
interficere	interficiō	interfēcī	interfectum	töten, vernichten
fugere	**fugiō**	**fūgī**		*(m. Akk.)* fliehen (vor), entfliehen, meiden
iacere	**iaciō**			werfen
conicere	coniciō	coniēcī	coniectum	(zusammen)werfen, folgern, vermuten

Deponentien

Deponentien der a-Konjugation

arbitrārī	**arbitror**	**arbitrātus sum**	glauben, meinen
cōnārī	**cōnor**	**cōnātus sum**	versuchen
hortārī	**hortor**	**hortātus sum**	auffordern, ermahnen
mīrārī	**mīror**	**mīrātus sum**	bewundern, sich wundern
precārī	**precor**	**precātus sum**	bitten

Deponentien der e-Konjugation

fatērī	**fateor**	**fassus sum**	bekennen, gestehen
cōnfitērī	cōnfiteor	cōnfessus sum	bekennen, gestehen
pollicērī	**polliceor**	**pollicitus sum**	versprechen
rērī	**reor**	**ratus sum**	meinen
tuērī	**tueor**		betrachten, schützen
verērī	**vereor**	**veritus sum**	fürchten, achten, verehren
vidērī	**videor**	**vīsus sum**	scheinen, gelten (als)

Deponentien der i-Konjugation

experīrī	**experior**	**expertus sum**		erfahren, versuchen
orīrī	**orior**	**ortus sum**		entstehen, sich erheben

Deponentien der konsonantischen Konjugation

loquī	**loquor**	**locūtus sum**		reden, sprechen
nāscī	**nāscor**	**nātus sum**		entstehen, geboren werden
proficīscī	**proficīscor**	**profectus sum**		reisen, abreisen, aufbrechen
querī	**queror**	**questus sum**		*(m. Akk.)* klagen, sich beklagen (über)
sequī	**sequor**	**secūtus sum**		*m. Akk.* folgen
cōnsequī	cōnsequor	cōnsecūtus sum		*m. Akk.* erreichen, nachfolgen
persequī	persequor	persecūtus sum		*m. Akk.* verfolgen
ūtī	**ūtor**	**ūsus sum**		*m. Abl.* benutzen, gebrauchen

Deponentien der konsonantischen Konjugation (mit i-Erweiterung)

gradī				gehen, schreiten
ēgredī	ēgredior	ēgressus sum		herausgehen, verlassen
morī	**morior**	**mortuus sum**		sterben
patī	**patior**	**passus sum**		leiden, erleiden, ertragen, zulassen

Semideponentien

audēre	**audeō**	**ausus sum**		wagen
cōnfīdere	**cōnfīdō**	**cōnfīsus sum**		vertrauen, sich verlassen (auf)
gaudēre	**gaudeō**	**gāvīsus sum**		sich freuen
solēre	**soleō**	**solitus sum**		gewohnt sein, gewöhnlich etw. tun
revertī	**revertor**	**revertī**	**reversum**	zurückkehren

Perfektopräsentien

cōnsuēvisse	**cōnsuēvī**			*Perf.* gewohnt sein *(m. Inf.)*
meminisse	**meminī**			*Perf.* sich erinnern an *(m. Gen. /Akk.)*; daran denken *(m. AcI)*
nō(vi)sse	**nōvī**			*Perf.* kennen, wissen
cōgnōvisse	cōgnōvī			*Perf.* kennen, wissen
ōdisse	**ōdī**			*Perf.* hassen

Andere Verben

esse	**sum**	**fuī**		sein, sich befinden
abesse	absum	āfuī		abwesend sein, nicht da sein, fehlen
adesse	adsum	adfuī		da sein, helfen
deesse	dēsum	dēfuī		fehlen, abwesend sein, nicht da sein
interesse	intersum	interfuī		*m. Dat.* teilnehmen, dabei sein, dazwischen sein
posse	possum	potuī		können
praeesse	praesum	praefuī		*m. Dat.* leiten, an der Spitze stehen
ferre	**ferō**	**tulī**	**lātum**	bringen, tragen, ertragen
afferre	afferō	attulī	allātum	bringen, herbeibringen, melden
auferre	auferō	abstulī	ablātum	wegbringen, rauben
cōnferre	cōnferō	contulī	collātum	zusammentragen, vergleichen
dēferre	dēferō	dētulī	dēlātum	hinbringen, melden, übertragen
efferre	efferō	extulī	ēlātum	herausheben, hervorbringen
īnferre	īnferō	intulī	illātum	hineintragen, zufügen
offerre	offerō	obtulī	oblātum	anbieten, entgegenbringen
perferre	perferō	pertulī	perlātum	bringen, überbringen, ertragen
referre	referō	rettulī	relātum	(zurück)bringen, berichten
īre	**eō**	**iī**	**itum**	gehen
abīre	abeō	abiī	abitum	weggehen
adīre	adeō	adiī	aditum	herantreten (an), hingehen (zu), aufsuchen, auf sich nehmen, angreifen
exīre	exeō	exiī	exitum	herausgehen
inīre	ineō	iniī	initum	hineingehen (in), beginnen
perīre	pereō	periī	peritum	umkommen, zugrunde gehen
redīre	redeō	rediī	reditum	zurückgehen, zurückkehren
subīre	subeō	subiī	subitum	auf sich nehmen, herangehen
trānsīre	trānseō	trānsiī	trānsitum	durchqueren, überschreiten
velle	**volō**	**voluī**		wollen
mālle	mālō	māluī		lieber wollen
nōlle	nōlō	nōluī		nicht wollen
fierī	**fīō**	**factus sum**		gemacht werden, geschehen, werden

Grammatisches Register

Zeittafel Antike

Als Antike bezeichnet man die Zeitspanne von ca. 1100 v. Chr. bis 600 n. Chr.
In dieser Epoche wurden von den Griechen und Römern die Grundlagen der abendländischen Kultur gelegt.

Mythische Vorzeit:

In der mythischen Vorzeit treten Götter in Beziehung zu Menschen (z. B. Jupiter – Europa; Pluto – Proserpina), leben Helden wie Herkules und Theseus, Künstler wie Dädalus und Orpheus und Herrscher wie Sisyphus.

In der mythischen Vorzeit findet auch der Trojanische Krieg statt: Der trojanische Prinz Paris hatte mit seinem sog. Parisurteil Venus zur schönsten Göttin erklärt und dafür die schönste Frau der Welt – Helena, die Frau des Königs von Sparta – als Preis erhalten. Im dadurch verursachten Trojanischen Krieg kämpften die Griechen zehn Jahre gegen die Trojaner, bis der Krieg durch die List des Odysseus (Trojanisches Pferd) entschieden wurde.

Die meisten Trojaner verloren dabei das Leben, doch Äneas floh der Sage nach mit seinem Vater Anchises und seinem Sohn Askanius aus Troja. Nach einem Aufenthalt in Karthago bei Königin Dido gelangte er schließlich nach Italien und herrschte dort als König in der von ihm gegründeten Stadt Lavinium. Sein Sohn Askanius gründete danach die Stadt Alba Longa, wo seine Nachfolger regierten. Schließlich vertrieb Amulius seinen Bruder Numitor vom Thron und wollte dessen Enkel Romulus und Remus töten lassen. Beide wurden aber auf wundersame Weise von einer Wölfin gerettet. Später tötete Romulus im Streit seinen Bruder.

753

Königszeit:

Sie umfasst die Zeitspanne, die sich von der Gründung Roms (der Sage nach 753 v. Chr.) durch den ersten König Romulus bis zur Vertreibung des siebten und letzten Königs Tarquinius Superbus (509 v. Chr.) durch Brutus erstreckt. In dieser Zeit herrschten nach Romulus sabinische und etruskische Könige über Rom. Der Bau einer ersten Stadtmauer, die Errichtung des Jupiter-Tempels auf dem Kapitol, die Anlage des Circus Maximus und die Trockenlegung und Pflasterung des Forum Romanum erfolgten am Ende der Königszeit.

509

Republik:

Sie umfasst die Zeitspanne von 509 v. Chr. bis 31 v. Chr., in der Rom vom Senat und den Konsuln regiert wurde.

In der **frühen Republik** (5. und 4. Jh. v. Chr.) setzte sich Rom zunächst in Kämpfen gegen die benachbarten Städte der Etrusker (z. B. Veji) und Volsker durch. Danach errang es trotz innerer Auseinandersetzungen (Ständekämpfe; vgl. Menenius Agrippa) und Gefährdungen von außen (Galliereinfall, ca. 390 v. Chr.) allmählich die Vorherrschaft in Mittel- und Unteritalien.

In der **mittleren Republik** (3. und 2. Jh. v. Chr.) dehnte es diese Vorherrschaft vor allem durch drei siegreiche Kriege gegen Karthago (die sog. Punischen Kriege), insbesondere durch den Sieg gegen Hannibal im 2. Punischen Krieg (218 – 201 v. Chr.) auf den gesamten Mittelmeerbereich aus.

In der **späten Republik** (1. Jh. v. Chr.) drohte die Selbstvernichtung der römischen Macht im Bürgerkrieg, bis Octavian, der spätere Kaiser Augustus, den Frieden wiederherstellte.

31

Kaiserzeit:

Sie erstreckt sich vom Sieg Octavians über Kleopatra und Marcus Antonius im Jahr 31 v. Chr. bis zur Absetzung des letzten weströmischen Kaisers Romulus Augustulus durch den germanischen Heerführer Odoaker im Jahr 476 n. Chr.

In der **frühen Kaiserzeit** erholt sich Italien trotz des Vesuvausbruchs 79 n. Chr., bei dem Pompeji und Herkulaneum zerstört werden, von den Bürgerkriegen am Ende der Republik. In Rom breiten sich auf dem Palatin allmählich die kaiserlichen Paläste aus. In den unter Cäsar (Gallien), Augustus (Germanien) und Claudius (Britannien) hinzugewonnenen Provinzen schreitet die Romanisierung schnell fort.

In der **mittleren Kaiserzeit** (2./3. Jh. n. Chr.) erfährt das Imperium Romanum seine größte Ausdehnung; die Grenzen werden unter anderem durch den Limes gesichert.

In der **späten Kaiserzeit** (4./5. Jh. n. Chr.) wird das Christentum Staatsreligion.

Eigennamenverzeichnis

A

Achāia, ae *f* Achaia (griech. Landschaft im Norden der Peloponnes; da die Achaier im 2. Jh. v. Chr. die gesamte Peloponnes beherrschten, war bei den Römern die Bezeichnung Achaia praktisch gleichbedeutend mit Graecia.)

Actium, ī *n* Actium (Ortschaft an der Westküste Griechenlands; in der Seeschlacht bei Actium besiegte 31 v. Chr. Octavian seinen Gegenspieler Marcus Antonius und Königin Kleopatra.)

Aegīna, ae *f* Ägina (Tochter des Flussgottes Asopus; Zeus verliebte sich in die schöne Nymphe und entführte sie in Gestalt eines Adlers auf die Insel Oinona. Sisyphus hatte die Entführung beobachtet und verriet ihrem Vater den Aufenthaltsort der Tochter. Wegen dieses Verrats wurde er von Zeus schwer bestraft.)

Aegyptus, ī *f* Ägypten (seit 30 v. Chr. röm. Provinz)

Aenēās, Aenēae *m* Äneas (trojanischer Held, Sohn der Venus und des Anchises; Stammvater der Römer; nach der Zerstörung Trojas musste er gemeinsam mit seinem Vater, seinem Sohn Askanius und seinen Gefährten lange Irrfahrten bestehen, bis er zu der von den Göttern geweissagten neuen Heimat Italien gelangte.)

Aequī, ōrum *m Pl.* die Äquer (italischer Volksstamm, der östlich von Rom siedelte; um 300 v. Chr. von den Römern unterworfen.)

Aesōpus, ī *m* Äsop (griech. Fabeldichter, der wahrscheinlich im 6. Jh. v. Chr. gelebt hat; nach antiken Berichten war er ein aus Thrakien stammender Sklave. Äsop gilt als Begründer der europäischen Fabeldichtung.)

Aetna, ae *f* der Ätna (Vulkan auf Sizilien; nach antiker Vorstellung befanden sich unter dem Ätna die Werkstätten des Schmiedegottes Vulcanus.)

Āfrica, ae *f* Afrika (Die Römer verstanden darunter in erster Linie das ihnen bekannte Nordafrika, röm. Provinz seit der Zerstörung Karthagos im Jahr 146 v. Chr.)

Alexander, drī *m* Alexander der Große (König von Makedonien 336 – 323 v. Chr.; eroberte das Perserreich und weitere Gebiete des Vorderen und Mittleren Orients und vereinte diese zu einem Großreich.)

Alexandrīa, ae *f* Alexandria (bedeutendste ägyptische Hafenstadt, 331 v. Chr. von Alexander dem Großen gegründet; Alexandria war neben Rom die größte Stadt der Antike und eines der wichtigsten wirtschaftlichen und kulturellen Zentren des Mittelmeerraumes.)

Alpēs, ium *f Pl.* die Alpen

Amor, ōris *m* Amor (griech. Eros; der Liebesgott, Sohn der Venus)

Amūlius, ī *m* Amulius (König von Alba Longa; er stieß seinen älteren Bruder Numitor vom Thron. Numitors Enkel, Romulus und Remus, gaben Numitor später die Herrschaft zurück.)

Anchīsēs, ae *m* Anchises (trojanischer Fürst, Vater des Äneas)

Ancus Mārcius, ī *m* Ancus Marcius (vierter König Roms; er gründete an der Mündung des Tiber die Stadt Ostia als Hafen für Rom.)

Antigona, ae *f* Antigone (Tochter des Ödipus; sie widersetzte sich dem Verbot ihres Onkels Kreon, den Leichnam ihres Bruders Polyneikes zu bestatten, und musste dafür mit dem Leben bezahlen.)

Antōnius, ī *m* Marcus Antonius (röm. Politiker und Feldherr, um 85 – 30 v. Chr.; nach Cäsars Tod kam es zwischen Antonius und Octavian (dem späteren Kaiser Augustus) zum Kampf um die Herrschaft. In der Schlacht bei Actium wurden Antonius und seine Verbündete, die ägyptische Königin Kleopatra, besiegt. Antonius beging daraufhin Selbstmord.)

Apollō, Apollinis *m* Apoll (griech. Apollon; Gott des Lichts, der Musik und Künste, der Heilkunst und Weissagung; Sohn des Jupiter und der Latona, Zwillingsbruder der Diana. In der griech. Stadt Delphi befand sich sein berühmtestes Heiligtum mit Orakelstätte.)

Āra Pācis Augustae *f* der Altar des Augustusfriedens (Der röm. Senat gab den Altar 13 v. Chr. in Auftrag und widmete ihn Kaiser Augustus. Der Altar wurde 9 v. Chr. auf dem Marsfeld eingeweiht. Auf den Reliefbildern des Altars werden Frieden und Wohlstand als Ergebnis der kaiserlichen Politik dargestellt.)

Archimēdēs, is *m* Archimedes von Syrakus (griech. Mathematiker, Physiker und Ingenieur, um 287 – 212 v. Chr.; Archimedes war an der Verteidigung von Syrakus gegen die röm. Belagerung im 2. Punischen Krieg beteiligt. Er entwickelte Katapulte und steckte die Schiffe der Römer mit Hohlspiegeln in Brand. Bei der Eroberung von Syrakus wurde Archimedes von einem röm. Soldaten getötet.)

Argonautae, ārum *m Pl.* die Argonauten (die Gefährten des griech. Helden Iason, die ihn auf der Fahrt nach Kolchis im Kaukasus und bei seiner Suche nach dem Goldenen Vlies begleiteten. Die Reisegefährten werden traditionell nach ihrem sagenhaft schnellen Schiff Argo als „Argonauten" bezeichnet.)

Ariadna, ae *f* Ariadne (Tochter des Königs Minos; sie half Theseus mit dem roten Faden bei der Überwindung des Minotaurus. Theseus ließ sie während der Überfahrt von Kreta nach Athen alleine auf der Insel Naxos zurück. Dies geschah auf Geheiß des Bacchus, der die verlassene Ariadne aufsuchte und sich mit ihr vermählte.)

Arīōn, onis *m* Arion (griech. Sänger und Dichter im 7. Jh. v. Chr. Er verbrachte die meiste Zeit seines Lebens am Hof des Tyrannen Periander von Korinth. Der Mythos berichtet, dass Arion nach einem unfreiwilligen Sprung ins Meer von einem Delphin, den er mit seinem Gesang bezaubert hatte, an Land getragen worden ist.)

Aristotelēs, is *m* Aristoteles (griech. Philosoph, 384 – 322 v. Chr.; Schüler Platons und Begründer einer eigenen philosophischen Schule in Athen. Ausgangspunkt seiner Philosophie ist nicht das abstrakte Denken, sondern die genaue wissenschaftliche Beobachtung und Erfahrung.)

Ascanius, ī *m* Askanius bzw. Julus (Sohn des Äneas, Gründer von Alba Longa)

Asia, ae *f* Kleinasien (seit 129 v. Chr. röm. Provinz)

Āsōpus, ī *m* Asopus (ein Flussgott, Sohn des Oceanus und der Tethys)

Athēnae, ārum *f Pl.* Athen (bedeutendste Stadt in Griechenland)

Augīās, ae *m* Augias (mythischer König der griech. Landschaft Elis. Er besaß einen Stall mit 3.000 Rindern, der 30 Jahre lang nicht ausgemistet worden war. Herkules musste ihn auf Befehl des Eurystheus in einem Tage reinigen.)

Augusta Trēverōrum *f* Trier (um 16 v. Chr. von den Römern in der Nähe eines Stammesheiligtums der keltischen Treverer gegründet. Gegen Ende des 3. Jh.s n. Chr. wurde Trier zur röm. Kaiserresidenz und Hauptstadt des weströmischen Teilreiches. Aus dieser Zeit stammen viele historische Bauwerke, wie die Porta Nigra, das Amphitheater, die Basilika und die Kaiserthermen.)

Augustus, ī *m* Augustus (63 v. Chr. – 14 n. Chr., erster röm. Kaiser, ursprüngl. Name: Octavian, Großneffe und Adoptivsohn Julius Cäsars; 27 v. Chr. verlieh ihm der Senat den Ehrentitel Augustus („der Erhabene"); dieses Datum gilt als Beginn des röm. Kaisertums bzw. als Ende der röm. Republik. Augustus ordnete und befriedete das Reich innen- und außenpolitisch, förderte Kunst, Literatur und Wissenschaften.)

Aventīnus (mōns) *m* der Aventin (einer der sieben Hügel Roms; auf dem Aventin weideten der Sage nach Amulius und Numitor ihre Herden; außerdem stellte Remus dort die Vogelschau für die Gründung Roms an.)

B

Babylōn, ōnis *f* Babylon (Hauptstadt des Babylonischen Reiches (im heutigen Irak); 586 v. Chr. eroberten die Babylonier Jerusalem und zerstörten den jüdischen Tempel.)

Bacchus, ī *m* Bacchus (griech. Dionysos; Gott des Weines)

basilica Aemilia, ae *f* die Basilika Ämilia (Gerichts- und Markthalle auf dem Forum Romanum in Rom; 179 v. Chr. errichtet. Die Familie der Ämilier ließ sie bis in die Kaiserzeit hinein immer wieder restaurieren und erweitern.)

basilica Iūlia, ae *f* die Basilika Julia (Halle, die ab 54 v. Chr. von Julius Cäsar auf dem Forum Romanum errichtet wurde. Sie beherbergte eine Gerichtshalle und Ladengeschäfte und diente auch als Versammlungsort des Senats.)

Benedictus, ī *m* der hl. Benedikt von Nursia (christl. Heiliger und Ordensgründer, um 480 – 547; Benedikt gründete 529 den ersten Mönchsorden des Abendlandes. Für seine Klostergemeinschaft verfasste er ein Regelwerk (die sog. Regula Benedicti), das jahrhundertelang das Leben und die Entwicklung der europäischen Klöster geprägt hat.)

Biriciāna, ae *f* Weißenburg (röm. Limes-Kastell im heutigen Weißenburg. Im 1. Jh. n. Chr. wurde das Kastell zur Sicherung des nördlich der Donau eroberten Territoriums angelegt. Um 254 wurden das Lager und die dazugehörige Siedlung von einfallenden Germanen zerstört. Die Überreste luxuriöser Thermenanlagen zeugen vom hohen Lebensstandard in Biriciana. Im Zusammenhang mit der Anerkennung des Limes als UNESCO-Weltkulturerbe im Jahre 2005 wurde Weißenburg als Standort des Bayerischen Limes-Informationszentrums ausgewählt.)

Bīthȳnia, ae *f* Bithynien (Landschaft an der Nordküste Kleinasiens; Bithynien wurde 74 v. Chr. röm. Provinz. 109 – 111 n. Chr. verwaltete der röm. Senator und Schriftsteller Plinius die Provinz als kaiserlicher Beamter.)

Brundīsium, ī *n* Brindisi (Stadt im Süden Italiens, am „Stiefelabsatz", röm. Flottenstützpunkt und Endpunkt der Via Appia; von Brundisium liefen die Schiffe mit dem Reiseziel Griechenland aus.)

Brūtus, ī *m* Lucius Junius Brutus (um 500 v. Chr. Anführer der Verschwörer gegen den letzten röm. König Tarquinius Superbus; nach dem Ende der Königsherrschaft wurde er erster röm. Konsul.)

Būcephalus, ī *m* Bukephalos (griech. „der Ochsenköpfige"; das Streitross Alexanders des Großen. Der Legende nach war es so wild, dass nur Alexander in der Lage war, es zu reiten.)

Bȳzantium, ī *n* Byzanz (antike Handelsstadt am Bosporus; 330 v. Chr. wurde Byzanz unter dem neuen Namen Konstantinopel Hauptstadt des Römischen Reiches, heute Istanbul.)

C

Cadmus, ī *m* Kadmos (Sohn des phönizischen Königs Agenor und Bruder der Europa; auf der Suche nach seiner von Jupiter entführten Schwester Europa gelangte er auch nach Griechenland; dort gründete er die Stadt Theben und regierte sie als König.)

Caesar, aris *m* Gaius Julius Cäsar (100 – 44 v. Chr., röm. Politiker, Feldherr und Schriftsteller; Eroberer Galliens (58 – 51 v. Chr.); als Politiker strebte er die Alleinherrschaft in Rom an; Cäsar besiegte in dem von ihm ausgelösten Bürgerkrieg Pompejus und die Senatspartei. Am 15. März 44 v. Chr. wurde er von einer Gruppe röm. Senatoren ermordet. Der Begriff Caesar war seit Augustus Teil des Namens und damit Titel der röm. Herrscher.)

Campānia, ae *f* Kampanien (mittelitalische Landschaft, 100 km südlich von Rom. Kampanien war berühmt für seinen Reichtum an Getreide, Gemüse, Obst, Oliven und Wein. Bedeutende Städte Kampaniens waren Capua, Neapel, Pompeji und Herkulaneum.)

Campus Mārtius, ī *m* das Marsfeld (ursprünglich ein außerhalb der Stadtgrenze Roms gelegenes militärisches Übungsfeld und politischer Versammlungsort; später wurde das Marsfeld mit prachtvollen öffentlichen Gebäuden – wie z. B. der **Ara Pacis** – ausgeschmückt.)

Cannae, ārum *f Pl.* Cannae (Stadt in Italien, Schauplatz der Schlacht 216 v. Chr., bei der die Römer dem karthagischen Feldherrn Hannibal unterlagen)

Capitōlium, ī *n* das Kapitol (einer der sieben Hügel Roms; heiligster Ort Roms, denn hier stand der Tempel des Iuppiter Optimus Maximus und seiner Begleiterinnen Juno und Minerva („Kapitolinische Trias“).)

Carolus Māgnus, ī *m* Karl der Große (König des Frankenreiches, lebte 747 – 814 n. Chr. Karl begründete durch zahlreiche Eroberungsfeldzüge ein europäisches Großreich. Er prägte die historische Entwicklung Europas auf politischem, kirchlichem und kulturellem Gebiet, förderte Wissenschaft und Kunst („Karolingische Renaissance“). Er übernahm die Schutzherrschaft über den Kirchenstaat (Patricius Romanorum). Im Jahre 800 wurde er durch Papst Leo III. zum Kaiser gekrönt. Karl der Große starb 814 in Aachen, wo er in der von ihm erbauten Pfalzkapelle beigesetzt wurde.)

Carthāgō, ginis *f* Karthago (Stadt in Nordafrika, in der Nähe des heutigen Tunis; der Sage nach war Dido die Gründerin und Königin der Stadt. Karthago war erbitterte Konkurrentin Roms im Kampf um die Beherrschung des Mittelmeerraumes; nach dem Ende des 3. Punischen Krieges 146 v. Chr. von den Römern zerstört.)

cēnsor, ōris *m* Zensor (röm. Beamter; zwei Zensoren, die Konsuln gewesen sein mussten, wurden alle fünf Jahre für eine achtzehnmonatige Amtszeit gewählt. Sie führten eine Volkszählung und Vermögensschätzung durch. Sie überwachten außerdem die öffentliche Sittlichkeit.)

Cerēs, Cereris *f* Ceres (griech. Demeter; Göttin des Ackerbaus und der fruchtbaren Erde)

Chrīstiānī, ōrum *m Pl.* die Christen

Chrīstus, ī *m* Christus (griech. Übersetzung für das hebräische Wort Messias, das „der Gesalbte“ bedeutet und den königlichen Erlöser des Volkes Israel und der Menschheit bezeichnet. Ehrentitel Jesu.)

Cicerō, ōnis *m* Marcus Tullius Cicero (röm. Politiker, Redner, Philosoph und Schriftsteller, 106 – 43 v. Chr.; als Anwalt und Politiker hielt er zahlreiche literarisch bedeutsame Reden. Er war ein Befürworter der Republik und geriet in Konflikt mit Cäsar und Marcus Antonius; auf Betreiben des Letzteren wurde er ermordet.)

Cincinnātus, ī *m* Cincinnatus (röm. Aristokrat und Politiker, um 519 – 430 v. Chr.; als Rom 458 v. Chr. durch Nachbarstämme bedroht wurde, bat ihn der Senat, das Amt des Diktators zu übernehmen. Cincinnatus übernahm den Oberbefehl und soll innerhalb weniger Tage die Angreifer besiegt haben. Er gab daraufhin seine Machtbefugnisse unverzüglich an den Senat zurück. Vielen Römern galt er daher als Musterbeispiel der selbstlosen Pflichterfüllung.)

Circus Maximus, ī *m* Circus Maximus (die größte Rennbahn Roms zwischen den Hügeln Palatin und Aventin; mit seiner Ausdehnung von 600 x 150 Metern und bis zu 250.000 Zuschauerplätzen war der Circus Maximus eines der größten Veranstaltungsgebäude der Welt.)

Cleopatra, ae *f* Kleopatra VII. (letzte Königin Ägyptens 51 – 30 v. Chr.; Kleopatra wurde 48 v. Chr. in die Wirren des röm. Bürgerkriegs hineingezogen. Sie hatte zuerst ein Verhältnis mit Cäsar, dann mit Antonius; nach der Schlacht bei Actium beging Kleopatra Selbstmord.)

Cloelia, ae *f* Cloelia (sagenhafte Heldin der röm. Frühzeit)

Colchis, idis *f* Kolchis (Landschaft am östlichen Ufer des Schwarzen Meeres. Heimat der Medea)

Colosseum, ī *n* das Kolosseum (das größte Amphitheater der Antike; die ursprüngliche Bezeichnung **Amphitheatrum Flavium** leitet sich von den Kaisern der flavischen Dynastie her, die das Kolosseum 72 – 80 n. Chr. errichten ließen. 80 n. Chr. wurde es von Kaiser Titus mit hunderttägigen Spielen eröffnet. Im Kolosseum fanden ca. 50.000 Zuschauer Platz.)

Concordia, ae *f* Concordia (die röm. Göttin der Eintracht. Sie förderte und erhielt die Eintracht und die Einheit der Bürger Roms. Ihre Attribute waren Füllhorn, Opferschale und ineinandergeschlungene Hände. Ihr war ein Tempel am Fuß des Kapitols geweiht, der anlässlich der Aussöhnung der röm. Stände (Plebejer und Patrizier) im 4. Jh. v. Chr. errichtet worden war.)

Cōnstantīnus, ī *m* Konstantin I. (röm. Kaiser 306 – 337 n. Chr.; er machte die von ihm gegründete Stadt Konstantinopel 330 n. Chr. zur Hauptstadt des Röm. Reiches (heute Istanbul). 313 n. Chr. erließ Konstantin ein Gesetz zur Religionsfreiheit, das den Christen die freie Ausübung ihrer Religion gestattete. Ab 324 bekannte sich Konstantin zum Christentum, ließ sich aber erst auf dem Sterbebett taufen.)

cōnsul, cōnsulis *m* der Konsul (röm. Beamter; mit dem 43. Lebensjahr konnte das Konsulat, das höchste zivile und militärische Amt, ausgeübt werden. Es war für eine einjährige Amtszeit auf zwei Konsuln aufgeteilt. Jeder Konsul konnte die Beschlüsse des jeweils anderen durch sein Veto behindern. Sie saßen den Senatssitzungen vor, brachten Gesetzesanträge ein und überwachten die Durchführung der Beschlüsse und Gesetze.)

Corinthus, ī *f* Korinth (reiche griech. Handelsstadt am Isthmos, der Landenge zwischen der Halbinsel Peloponnes und dem griech. Festland)

Cornēlia, ae *f* Cornelia (um 190 – 100 v. Chr.; Tochter des Scipio Africanus aus der adeligen Familie der Cornelier. Nach dem frühen Tod ihres Mannes blieb sie unverheiratet und widmete sich ganz der Erziehung ihrer Söhne Tiberius und Gaius Gracchus. Cornelia galt bei den Römern als Inbegriff der tugendhaften Ehefrau und Mutter.)

Crassus, ī *m* Marcus Licinius Crassus (um 114 – 53 v. Chr., röm. Politiker und Feldherr. Er bekleidete mehrfach hohe politische Ämter: Crassus verschaffte sich durch seinen immensen Reichtum und durch ein Bündnis mit Cäsar und Pompejus eine führende Stellung in Rom. Um sein Ansehen als Feldherr zu vergrößern, begann er einen Feldzug gegen die Parther, erlitt aber 53 v. Chr. in der Schlacht bei Carrhae eine vernichtende Niederlage, bei der er selbst ums Leben kam. Der Verlust der röm. Legionsadler, die die Parther erbeutet hatten, stellte eine schwere Schmach für Rom dar.)

Creōn, ontis *m* Kreon (Onkel der Antigone und der Ismene; Kreon folgte seinem Schwager Ödipus auf den Thron von Theben. Er ließ Antigone töten, die sich seinem Befehl, ihren toten Bruder Polyneikes unbestattet zu lassen, widersetzt hatte.)

Crēta, ae *f* Kreta (griech. Insel. Jupiter entführte die phönizische Prinzessin Europa dorthin. Sie gebar ihm Minos. Dieser hielt später als König von Kreta Dädalus und Ikarus auf der Insel gefangen.)

Creūsa, ae *f* Krëusa (Ehefrau des Äneas und Mutter des Askanius; kam während der Eroberung und Zerstörung Trojas ums Leben.)

Croesus, ī *m* Krösus (letzter König von Lydien, 6. Jh. v. Chr.; berühmt durch seinen unermesslichen Reichtum; er wagte, durch ein zweideutiges Orakel ermutigt, einen Feldzug gegen das Perserreich. Die Niederlage des Krösus war das Ende des Lyderreiches. Berühmt geworden ist seine Begegnung mit dem athenischen Weisen Solon.)

cūria, ae *f* die Kurie (das Versammlungsgebäude des Senats auf dem Forum Romanum. Die erste Kurie – die **Curia Hostilia** – wurde der Sage nach von König Tullus Hostilius errichtet. Nachdem sie 52 v. Chr. einem Brand zum Opfer gefallen war, veranlasste Julius Cäsar einen Neubau der Kurie, die **Curia Iulia** genannt wurde.)

D

Daedalus, ī *m* Dädalus (sagenhafter athenischer Künstler und Baumeister. Auf Kreta errichtete er auf Verlangen des Königs Minos ein Labyrinth, in dem der Minotauros gefangen gehalten wurde. Als Minos ihn nicht von der Insel fortließ, schuf Dädalus für sich und seinen Sohn Ikarus Flügel und floh mit ihm durch die Luft. Da Ikarus den Anweisungen des Vaters nicht folgte, stürzte er ins Meer und ertrank.)

Dārīus, ī *m* Dareios III. (um 380 – 330 v. Chr.; letzter persischer Großkönig; in den Schlachten bei Issos und Gaugamela unterlag Dareios III. dem Heer Alexanders des Großen.)

Delphī, ōrum *m Pl.* Delphi (griech. Stadt, in der sich seit dem 8. Jh. v. Chr. ein Heiligtum des Gottes Apoll befand. Nach antikem Verständnis galt Delphi als Mittelpunkt der Welt, als wichtigstes Heiligtum und Orakelstätte der griech. Welt. Im Tempel von Delphi teilte die Pythia den Fragestellern die Orakelsprüche des Apoll mit.)

Diāna, ae *f* Diana (griech. Artemis; Göttin der Jagd, des Waldes und des Mondes, Schützerin der Frauen und der Jungfräulichkeit. Tochter des Jupiter und der Göttin Latona. Zwillingsschwester des Apoll)

dictātor, ōris *m* Diktator (röm. Sonderbeamter; in Zeiten höchster Gefahr für den Staat konnte der röm. Senat einen **dictator** ernennen, der die gesamte militärische und politische Macht in seiner Person vereinigte. Seine Amtsgewalt war auf ein halbes Jahr beschränkt. Der **dictator** ernannte zu seinem Gehilfen und Stellvertreter einen **magister equitum** (Reiteroberst).)

Dioclētiānus, ī *m* Diokletian (röm. Kaiser 284 – 305 n. Chr.; unter seiner Herrschaft kam es zu einer großen Christenverfolgung, weil der Kaiser das Christentum als eine Gefährdung seines Herrschaftssystems ansah.)

Diogenēs, is *m* Diogenes (griech. Philosoph, um 405 – 323 v. Chr.; Diogenes lehrte, dass nur derjenige glücklich werden kann, der sich von überflüssigen Bedürfnissen und dem Streben nach materiellen Gütern freimacht. Diogenes führte das Leben eines Bettlers ohne festen Wohnsitz. Als Schlafstätte soll ihm ein ausgedientes Weinfass gedient haben.)

E

Ephesus, ī *f* Ephesus (kleinasiatische Hafenstadt (heute Efes, an der Westküste der Türkei); der dortige Tempel der Artemis (Diana) gehörte zu den sieben Weltwundern der Antike.)

Epicūrus, ī *m* Epikur (griech. Philosoph aus Samos, der sich 306 v. Chr. in Athen niederließ und eine Philosophenschule gründete; seine Lehre – die auch bei den Römern großen Anklang fand – besagt, dass die individuelle Glückseligkeit des Menschen das Ziel eines jeden Lebens sein soll.)

Eteoclēs, is *m* Eteokles (Sohn des Ödipus, Bruder der Antigone; er und sein Bruder Polyneikes brachten sich im Kampf um die Herrschaft über Theben gegenseitig um.)

Etrūscī, ōrum *m Pl.* die Etrusker (Volk im nördl. Mittelitalien; ab dem 7. Jh. v. Chr. beherrschten die Etrusker, zusammen mit den verbündeten Karthagern, das westl. Mittelmeer. Ihre Städte waren in einem losen Bund (Zwölfstädtebund) zusammengeschlossen. Die Etrusker beherrschten auch Rom. Im 6. Jh. jedoch wurden die etruskischen Herrscher – die Tarquinier – aus Rom vertrieben; damit begann der allmähliche Niedergang der Etrusker.)

Eurīpidēs, is *m* Euripides (griech. Tragödiendichter aus Athen, 480 – 406 v. Chr.; neben Aischylos und Sophokles ist er der dritte der drei großen griech. Tragiker. Seine Werke zeichnen sich insbesondere durch die differenzierte, tiefgründige Schilderung menschlicher Leidenschaften aus.)

Eurōpa, ae *f* Europa (Tochter des phönizischen Königs Agenor; Jupiter entführte sie in Gestalt eines weißen Stieres nach Kreta.)

Eurydicē, ēs *f* Eurydike (die Ehefrau des Orpheus)

Eurystheus, eī *m* Eurystheus (König von Mykene; Herkules musste in seinem Auftrag die berühmten „zwölf Arbeiten" erledigen.)

F

Faustulus, ī *m* Faustulus (Hirte, der die ausgesetzten Zwillinge Romulus und Remus aufzog)

Fortūna, ae *f* Fortuna (die röm. Göttin des Schicksals, des Glücks und des Unglücks)

forum boārium, ī *n* das Forum Boarium (der Vieh- bzw. Rindermarkt in Rom, zwischen dem Circus Maximus und dem Tiber)

forum holitōrium, ī *n* das Forum Holitorium (der Gemüse- und Kräutermarkt in Rom, zwischen Kapitolshügel und Tiber)

forum piscātōrium, ī *n* das Forum Piscatorium (der Fischmarkt in Rom, nördlich vom Forum Romanum)

forum Rōmānum, ī *n* das Forum Romanum (der Marktplatz und später das politische, geschäftliche und religiöse Zentrum von Rom. Das ursprünglich sumpfige Gebiet wurde im 6. Jh. v. Chr. trockengelegt und zum Marktplatz umgestaltet. Die ältesten Bauwerke waren die Tempel für Saturn (498 v. Chr.), Castor (484) und Concordia (367). Die rostra (Rednertribüne) waren bereits 338 v. Chr. vorhanden. Im 2. Jh. v. Chr. verlagerte man Volksversammlungen vom Marsfeld hierher; Händler und Marktstände mussten weichen. Basiliken wurden errichtet, in denen die Gerichte tagten und Geschäfte abgewickelt wurden.)

Franciscus, ī *m* der hl. Franz von Assisi (christl. Ordensgründer und Heiliger, 1181 – 1226; mit 24 Jahren entschloss er sich, nach dem Vorbild Jesu als Wanderprediger in Armut und Bedürfnislosigkeit zu leben. Aus der Gemeinschaft derer, die sich seiner Lebensweise anschlossen, entstand 1209 der Mönchsorden der Franziskaner.)

G

Gallī, ōrum *m Pl.* die Gallier, die Kelten

Gallia, ae *f* Gallien (das Land der Gallier / Kelten; umfasste Oberitalien (Gallia cisalpīna) und das heutige Frankreich und Belgien (Gallia trānsalpīna).)

Germānī, ōrum *m Pl.* die Germanen

Germānia, ae *f* Germanien

Glauca, ae *f* Glauke (die Tochter Kreons, des Königs von Korinth. Iason verliebte sich in sie und wollte für sie seine Frau Medea verlassen. Die eifersüchtige Medea allerdings tötete ihre Rivalin, indem sie ihr als Hochzeitsgeschenk einen vergifteten Schleier schickte, unter dem Glauke bei lebendigem Leib verbrannte.)

Gordium, ī *n* Gordium (Hauptstadt des Königreichs Phrygien, südwestlich des heutigen Ankara)

Gordius, ī *m* Gordius (mythischer König von Phrygien und Gründer der Stadt Gordium. Gordius weihte seinen Streitwagen im Zeustempel und prophezeite, dass derjenige, der den unentwirrbaren Knoten zwischen Joch und Deichsel lösen könnte, die Herrschaft über ganz Kleinasien erlangen würde. Als Alexander der Große nach Gordium kam, hieb er den Knoten mit seinem Schwert entzwei.)

Gotōnēs, um *m Pl.* die Goten (ostgermanischer Volksstamm, ursprünglich in Skandinavien ansässig, siedelten im 3. Jh. n. Chr. im Zuge der Völkerwanderung nördlich des Schwarzen Meeres und griffen von dort aus das Staatsgebiet des Röm. Reiches an. Die Westgoten unter Alarich eroberten 410 n. Chr. Rom.)

(Gāius) **Gracchus,** ī *m* Gaius Gracchus (Sohn der Scipio-Tochter Cornelia, jüngerer Bruder des Tiberius Gracchus, röm. Politiker; seine Versuche, die Reformen seines Bruders fortzusetzen und darüber hinaus den Provinzbewohnern und den italischen Bundesgenossen mehr Rechte einzuräumen, scheiterten und führten zu Unruhen; beging 121 v. Chr. Selbstmord.)

(Tiberius) **Gracchus,** ī *m* Tiberius Gracchus (älterer Bruder des Gaius Gracchus, röm. Politiker; er wollte durch neue Ackergesetze den Großgrundbesitz einschränken und Land an Kleinbauern verteilen; er wurde deshalb von Anhängern der Senatspartei 133 v. Chr. erschlagen.)

Graecia, ae *f* Griechenland (seit 146 v. Chr. die röm. Provinz Achaia)

Graecī, ōrum *m Pl.* die Griechen

H

Hadriānus, ī *m* Hadrian (röm. Kaiser 117 – 138 n. Chr.; seine Regierung war geprägt von ausgedehnten Reisen durch die röm. Provinzen. Sein Hauptziel war die Sicherung des Friedens und der Reichsgrenzen (u. a. 122 n. Chr. Errichtung des Hadrianswalls in Britannien). Mit seinem ausgeprägten Sinn für Kunst und Kultur übertraf Hadrian alle anderen Kaiser und förderte viele bedeutsame Bauprojekte in Rom (z. B. das Pantheon) und in den Provinzen. Sein Mausoleum (die heutige Engelsburg in Rom) ist erhalten.)

Hamilcar, aris *m* Hamilkar Barkas (der Vater Hannibals; karthagischer Feldherr im 1. Punischen Krieg 264 – 241 v. Chr. Ab 237 v. Chr. eroberte er den südlichen und östlichen Teil Spaniens. Hannibal durfte seinen Vater auf die spanischen Eroberungsfeldzüge begleiten. Zuvor aber – so berichtet es die röm. Geschichtsschreibung – ließ Hamilkar seinen Sohn am Altar des höchsten karthagischen Gottes Baal ewigen Hass auf die Römer schwören.)

Hannibal, Hannibalis *m* Hannibal (247 – 183 v. Chr.; Feldherr der Karthager im 2. Punischen Krieg. Hannibals kühner Plan, den Krieg gegen Rom in Italien auszutragen (Alpenübergang), brachte die Römer mehrfach an den Rand des Zusammenbruchs. Nach sechzehn Kriegsjahren in Italien musste er 203 v. Chr. mit seinem Heer nach Afrika zurückkehren, um Karthago gegen einen Angriff der Römer zu verteidigen. 202 v. Chr. wurde er von Scipio in der Schlacht bei Zama geschlagen.)

Helena, ae *f* Helena (die Frau des Spartanerkönigs Menelaos; wurde vom Trojaner Paris geraubt, was den Trojanischen Krieg auslöste.)

Herculāneum, ī *n* Herkulaneum (Stadt in Kampanien; der Sage nach eine Gründung des Herkules. Herkulaneum ist wie Pompeji beim Ausbruch des Vesuv 79 n. Chr. untergegangen.)

Herculēs, is *m* Herkules (griech. Herakles; berühmtester Held der griech. Sagenwelt. Sohn des Jupiter und der Alkmene. Um sich von einer im Wahnsinn begangenen Freveltat reinzuwaschen, musste er auf Geheiß eines Orakels dem König Eurystheus dienen. Eifersüchtig auf Herkules' Stärke, bürdete dieser ihm zwölf so ungeheuer schwierige Aufgaben auf, dass nur ein Sohn des Jupiter sie erfüllen konnte. Nachdem Herkules alle Aufgaben erfüllt hatte, überließ Eurystheus ihm seinen Thron. Nach seinem Tod wurde Herkules in den Kreis der Götter aufgenommen.)

Hispānia, ae *f* Spanien (Die Römer verdrängten im Laufe des 2. Punischen Krieges die Karthager von der Iberischen Halbinsel; seit 197 v. Chr. war Spanien röm. Provinz.)

Horātius, ī *m* Horaz (röm. Dichter der augusteischen Zeit, 65 – 8 v. Chr.; der Dichter Vergil stellte ihn 38 v. Chr. dem großen Gönner und Adeligen Mäcenas vor. Dieser nahm sich des jungen Dichters an und es entstand eine enge Freundschaft. Die Themen von Horaz' Dichtungen sind vor allem Liebe und Politik, aber auch Freundschaft, Alltäglichkeiten des Lebens und philosophische Fragen. Zu seinen Vorbildern gehörten die griech. Dichter Alkaios und Sappho. In philosophischer Hinsicht bezeichnete Horaz sich selbst als einen Anhänger Epikurs.)

Horātius Coclēs *m* Horatius Cocles (Held der röm. Frühzeit; er soll durch seinen mutigen Einsatz die Stadt Rom vor einer Eroberung durch die Etrusker bewahrt haben.)

Hypatia, ae *f* Hypatia (griech. Mathematikerin, Naturforscherin und Philosophin; um 355 – 416 n. Chr.; als nichtchristliche Philosophin gehörte sie im überwiegend christlichen Alexandria zu einer Minderheit. Obwohl sie als Lehrerin hoch angesehen war, wurde sie im Rahmen eines politisch-religiösen Machtkampfes ermordet. In der Neuzeit wird Hypatia häufig als ein Beispiel für religiöse Intoleranz, Wissenschafts- und Frauenfeindlichkeit angeführt.)

I

Iāniculum, ī *n* der Janiculus (Hügel Roms am rechten Tiberufer)

Iānus, ī *m* Janus (der Gott des Eingangs und des Ausgangs, beschützte die röm. Stadttore; dargestellt wird er meist mit einem nach vorn und einem nach hinten gerichteten Gesicht.)

Iāsōn, onis *m* Iason (Sohn des Königs Aison von Thessalien. Aisons Bruder Pelias hatte sich des Thrones bemächtigt. Um Iason ins Verderben zu schicken, sandte er ihn nach Kolchis aus, das Goldene Vlies heimzuholen, ein heiliges goldenes Widderfell. Wenn er dies schaffe, werde Pelias ihm die Königsherrschaft überlassen. Mit Hilfe der Medea gelang Iason der Raub des Goldenen Vlieses. Er heiratete Medea und wurde König von Thessalien.)

Īcarus, ī *m* Ikarus (Sohn des Dädalus; er stieg bei der Flucht aus Kreta mit seinen Flügeln so hoch hinauf, dass die Sonne das Wachs seiner Flügel schmolz und er ins Meer stürzte.)

Iēsūs, ū *m* Jesus (der in Nazareth geborene Begründer der christlichen Religion; er lebte von der Zeitenwende bis ca. 30 n. Chr.; Jesus wurde von den Römern durch Kreuzigung hingerichtet; bei den Christen trägt er den Ehrentitel Christus, „der Gesalbte".)

Indus, ī *m* der Indus (mit über 3 000 km der längste Fluss des indischen Subkontinents. Der Indus markierte die östliche Grenze des Alexanderreiches. Alexander überquerte den Fluss 327 v. Chr. und erreichte den Nordwesten Indiens. Er eroberte mehrere indische Fürstentümer, bis ihn das extreme Klima und der Monsunregen zwangen, den Eroberungsfeldzug abzubrechen.)

Iocasta, ae *f* Iokaste (Mutter des Ödipus, Frau des Laios; sie heiratete nach dem Tod des Laios in Unwissenheit den eigenen Sohn; mit Ödipus Mutter von Polyneikes, Eteokles, Antigone und Ismene. Als sie erfuhr, dass sie ihren Sohn geheiratet hatte, erhängte sie sich.)

Īsis, Īsidis *f* Isis (Hauptgöttin Ägyptens; Gattin und Schwester des Osiris, Göttin der Fruchtbarkeit. Im 2. Jh. v. Chr. gelangte der Isiskult über den Seehandel mit der ägyptischen Stadt Alexandria auch nach Italien und fand dort viele Anhänger.)

Ismēna, ae *f* Ismene (Tochter des Ödipus; Schwester der Antigone)

Issus, ī *f* Issos (Stadt in Kleinasien; in der Schlacht bei Issos besiegte Alexander der Große 333 v. Chr. das Heer des persischen Großkönigs.)

Italia, ae *f* Italien

Iūliānus, ī *m* Julian (röm. Kaiser 360 – 363 n. Chr.; Julians kurze Regierungszeit war durch den vergeblichen Versuch geprägt, das durch seinen Onkel Kaiser Konstantin geförderte Christentum zurückzudrängen. In christlichen Quellen wird er deshalb häufig als Iulianus Apostata („Julian der Abtrünnige") bezeichnet. Er wollte die alte griechisch-römische Religion und die östlichen Mysterienkulte durch staatliche Förderung neu beleben. Sein früher Tod auf dem Schlachtfeld begrub jegliche Hoffnung auf eine Renaissance nichtchristlicher Weltanschauungen im Imperium Romanum.)

Iūnō, ōnis *f* Juno (griech. Hera; Schwester und Gemahlin des Jupiter. Schützerin der Ehe und der Frauen)

Iuppiter, Iovis *m* Jupiter (griech. Zeus; Göttervater und höchster Gott der Römer. Jupiter hatte zahlreiche Geliebte. Aus diesen Verbindungen gingen viele Götter und Helden hervor, z. B. Apoll und Diana, Herkules, Tantalus, Sisyphus.)

Iūstīniānus, ī *m* Justinian I. (röm. Kaiser 527 – 565 n. Chr.; seine Regierungszeit markiert den Übergang vom antiken Imperium Romanum zum Byzantinischen Reich. In zahlreichen Kriegen gelang es ihm, große Teile des Imperium Romanum, die durch die Völkerwanderung verloren gegangen waren, zurückzuerobern. Die von Justinian in Auftrag gegebene vollständige Aufzeichnung des römischen Rechts, das Corpus iuris civilis, prägte bis ins 19. Jh. die Gesetzgebung vieler europäischer Staaten.)

L

Lāius, ī *m* Laios (König der griech. Stadt Theben, Vater des Ödipus; er wurde von seinem Sohn, der ihn nicht erkannt hatte, im Affekt erschlagen.)

Lāocoōn, Lāocoontis *m* Laokoon (trojanischer Priester; warnte die Trojaner vergeblich vor dem hölzernen Pferd der Griechen; er und seine beiden Söhne wurden daraufhin auf Geheiß Athenes, die auf Seiten der Griechen stand, von zwei Seeschlangen erwürgt.)

Larēs, um *m Pl.* die Laren (röm. Gottheiten, die Haus und Familie beschützten; in Privathäusern gab es stets einen Hausaltar (**lararium**), auf dem man den Hausgöttern Opfer darbrachte.)

Latīnī, ōrum *m Pl.* die Latiner (italischer Stamm, der in Mittelitalien südlich von Rom siedelte. Die Landschaft Latium ist nach ihnen benannt. Im 4. Jh. v. Chr. wurden die Latiner von den benachbarten Römern unterworfen. Durch diesen Sieg konnten die Römer ihre Vormachtstellung in Italien entscheidend ausbauen.)

līmes, līmitis *m* der Limes (seit 84 n. Chr. erbauter Grenzwall, der das Röm. Reich von Germanien abtrennte; er verlief vom Rhein bei Bonn durch Württemberg und Bayern bis an die Donau bei Regensburg; im 3. Jh. wurde er im Zuge der Völkerwanderung von den Germanen durchbrochen.)

Lūna, ae *f* Luna (röm. Mondgöttin, Schwester des Sonnengottes Sol)

Lydī, ōrum *m Pl.* die Lyder (Einwohner von Lydien im westlichen Kleinasien)

Lydia, ae *f* Lydien (Landschaft an der Westküste Kleinasiens)

M

Macedonia, ae *f* Makedonien (Landschaft im Norden Griechenlands; Alexander der Große machte das Königreich Makedonien im 4. Jh. v. Chr. zur bedeutendsten Großmacht im östlichen Mittelmeerraum.)

Māgna Graecia, ae *f* Großgriechenland (Bezeichnung für die Küstenregionen in Süditalien und Sizilien, die vom 8. – 6. Jh. v. Chr. von Griechen besiedelt worden waren; die vielen Kolonien dieser Siedler blieben auch unter römischer Herrschaft stark von griech. Sprache und Kultur geprägt. Bedeutende Siedlungen der Magna Graecia waren z. B. Neapel, Tarent, Capua, Rhegion, Syrakus, Sybaris und Akragas.)

Māia, ae *f* Maia (Tochter des Titanen Atlas; von Jupiter Mutter des Gottes Merkur)

Mārcus Aurēlius, ī *m* Mark Aurel (röm. Kaiser 161 – 180 n. Chr.; seine Regierungszeit war geprägt durch zahlreiche Feldzüge, die er zur Sicherung der Reichsgrenzen unternehmen musste, insbesondere zur Abwendung der immer bedrohlicher werdenden Germanenstämme.)

Mārs, Mārtis *m* Mars (griech. Ares; Gott des Krieges. Vater von Romulus und Remus.)

Mārtīnus, ī *m* der hl. Martin von Tours (christl. Heiliger und Bischof, um 316 – 397; wegen seiner zahlreichen Wundertaten, seiner bescheidenen Lebensweise und Fürsorge für die Armen wurde er bald zum Inbegriff des christl. Heiligen.)

Maxentius, ī *m* Maxentius (röm. Kaiser 306 – 312 n. Chr.; war durch einen Staatsstreich an die Macht gelangt. Er behauptete die Herrschaft über Italien und Afrika, bis er 312 n. Chr. von seinem Schwager Konstantin dem Großen in der Schlacht an der Milvischen Brücke geschlagen wurde und dort im Tiber ertrank.)

Mēdēa, ae *f* Medea (zauberkundige Tochter des Königs Aietes von Kolchis. Sie half Iason mit ihrer Zauberkunst beim Raub des Goldenen Vlieses. Nach der Flucht aus Kolchis wurde sie Iasons Gemahlin.)

Menēnius Agrippa, ae *m* Menenius Agrippa (röm. Patrizier, der zur Zeit der Ständekämpfe mit diplomatischem Geschick die ausgewanderten Plebejer nach Rom zurückholte.)

Mercurius, ī *m* Merkur (griech. Hermes; der Götterbote, Gott des Handels, der Reise und der Diebe. Sohn des Jupiter und der Göttin Maia.)

Mīlētus, ī *f* Milet (Hafenstadt in der kleinasiatischen Landschaft Karien; Geburtsort des Philosophen Thales)

Minerva, ae *f* Minerva (griech. Athene; Göttin der Weisheit und des Handwerks. Tochter des Jupiter, Schutzgöttin der Stadt Athen. Sie unterstützte Prometheus bei der Erschaffung des Menschen. Auch den griech. Helden Odysseus und Herkules stand sie bei ihren Abenteuern bei.)

Mīnōtaurus, ī *m* Minotaurus (mythisches Ungeheuer, halb Mensch und halb Stier)

Mīsēnum, ī *n* Misenum (Stadt am Nordrand des Golfes von Neapel. Der Hafen von Misenum wurde unter Kaiser Augustus zum Hauptstützpunkt der röm. Kriegsflotte.)

Mōns Sacer, Montis Sacrī *m* der „heilige Berg" (in der Nähe von Rom gelegener Berg; hierhin zog 494 v. Chr. die röm. Plebs, um gegen Willkürmaßnahmen der Patrizier zu protestieren.)

Mummius, ī *m* Lucius Mummius (röm. Feldherr und Politiker, 146 v. Chr. erhielt er vom Senat den Oberbefehl über die röm. Truppen in Griechenland. Mummius eroberte die bedeutende Handelsstadt Korinth und machte sie dem Erdboden gleich. Die Einwohner wurden getötet oder in die Sklaverei verkauft, alle Kunstwerke und Wertgegenstände nach Rom gebracht. Griechenland wurde daraufhin Teil der römischen Provinz Macedonia.)

Mūsae, ārum *f Pl.* die Musen (die neun Schutzgöttinnen der Künste, zuständig für Gesang, Tanz, Dichtung, Astronomie, Geschichtsschreibung, Philosophie u. a. Ihr Anführer war Apoll.)

N

Neāpolis, is *f* Neapel (bedeutende Stadt in Kampanien. Griech. Siedler aus Kyme (Cumae) gründeten die Stadt im 5. Jh. v. Chr. Neapolis („Neustadt") wurde bald eines der führenden Wirtschaftszentren der Region. 89 v. Chr. erhielt Neapolis das röm. Bürgerrecht. Griech. Sprache und Kultur blieben in der Stadt aber auch unter röm. Herrschaft stets lebendig.)

Neptūnus, ī *m* Neptun (griech. Poseidon; der Gott des Meeres. Bruder des Jupiter und Vater des Kyklopen Polyphem.)

Nerō, ōnis *m* Nero (röm. Kaiser 54 – 68 n. Chr., wurde von seiner Mutter Agrippina sorgfältig auf das Amt des Kaisers vorbereitet. In den ersten Jahren regierte er unter dem positiven Einfluss seines Lehrers Seneca. Nachdem Nero diesen zum Rückzug aus der Politik gezwungen hatte, begann eine Willkürherrschaft. Er ließ seine Mutter und seine Gattin Octavia umbringen, um seine Geliebte heiraten zu können. Während Neros Herrschaft (64 n. Chr.) brannte Rom aus ungeklärten Gründen nieder; er beschuldigte die Christen, den Brand gelegt zu haben, und verfolgte sie. Die Zerstörung seines eigenen Hauses nahm er zum Anlass, sich einen prächtigen Palast bauen zu lassen, die Domus aurea. Nero waren seine künstlerischen Betätigungen häufig wichtiger als die Regierungsgeschäfte; sein ausschweifender Lebenswandel verschaffte ihm viele Feinde. Als schließlich ein Aufstand der Prätorianergarde ausbrach, musste Nero aus Rom fliehen und setzte seinem Leben ein Ende.)

Nūceria, ae *f* Nuceria (Stadt in Kampanien, östlich von Pompeji; 59 n. Chr. kam es im Amphitheater von Pompeji zu einer Massenschlägerei zwischen Pompejanern und Nucerinern mit vielen Toten und Verletzten. Der röm. Senat verbot daraufhin für zehn Jahre alle Gladiatorenspiele in Pompeji.)

Nūcerīnī, ōrum *m Pl.* die Nuceriner, die Bewohner von Nuceria

Numitor, ōris *m* Numitor (König von Alba Longa; er wurde von seinem jüngeren Bruder Amulius abgesetzt. Romulus und Remus, seine Enkel, rächten dieses Verbrechen und gaben ihm die Herrschaft zurück.)

nympha, ae *f* die Nymphe (weibliche Baum-, Fluss- oder Quellgottheit)

O

Odysseus → Ulixēs

Oedipūs, podis *m* Ödipus (sagenhafter Herrscher der griech. Stadt Theben; tötete in Unwissenheit seinen Vater, heiratete seine Mutter und zeugte mit ihr vier Kinder. Als seine Taten ans Licht kamen, stach sich Ödipus die Augen aus und wanderte fortan als Ausgestoßener umher.)

Olympia, ae *f* Olympia (griech. Stadt im Nordwesten der Peloponnes; zu Ehren des Göttervaters Zeus wurde in Olympia seit dem 8. Jh. v. Chr. alle vier Jahre ein religiöses Fest mit sportlichen Wettkämpfen, den Olympischen Spielen, abgehalten.)

Olympus, ī *m* der Olymp (der höchste Berg Griechenlands; in der antiken Mythologie ist der Olymp der Sitz der Götter.)

Orpheus, eī *m* Orpheus (berühmter thrakischer Sänger; sein Gesang war so schön, dass selbst Tiere, Pflanzen und leblose Dinge von ihm gerührt wurden. Nachdem Orpheus' Frau Eurydike gestorben war, stieg Orpheus in die Unterwelt hinab, um durch seinen Gesang und das Spiel seiner Lyra die Unterweltsgötter zu bewegen, ihm seine Geliebte zurückzugeben.)

Ōstia, Ōstiae *f* Ostia (Hafenstadt Roms an der Tibermündung, seit dem 4. Jh. v. Chr. bestehende Hafenanlage, später auch Flottenstützpunkt. Mit der Anlage eines gut funktionierenden Hafens in der röm. Kaiserzeit entwickelte sich die Stadt zu einer bevölkerungsreichen Großstadt. In Ostia landeten die für Rom bestimmten Lebensmittellieferungen, vor allem die Getreideschiffe aus Ägypten, Afrika, Sardinien und Sizilien.)

Ovidius, ī *m* Ovid (röm. Dichter 43 v. Chr. – ca. 18 n. Chr., seine frechen und freizügigen Dichtungen brachten ihn in Konflikt mit Kaiser Augustus' Programm einer moralischen Erneuerung; Augustus verbannte ihn auf Lebenszeit nach Tomi am Schwarzen Meer. Seine Werke „Metamorphosen" (Verwandlungsgeschichten) und „Ars amatoria" (Liebeskunst) gehören zu den bedeutendsten Dichtungen der augusteischen Zeit.)

P

Palātium, ī *n* (mōns Palātīnus) der Palatin (einer der sieben Hügel Roms; ältester besiedelter Teil der Stadt. Viele prominente Römer hatten hier ihre Häuser, z. B. Cicero, Crassus und Marcus Antonius. Kaiser Augustus errichtete hier seinen Wohnsitz, den man palatia (*n Pl.*) nannte, davon leitet sich das deutsche Wort „Palast" her.)

Panthēum, ī *n* das Pantheon (griech. „Tempel aller Götter"; das Pantheon ist das am besten erhaltene Bauwerk des antiken Rom. Erbaut wurde es 25 v. Chr. zu Ehren des Augustus. Nach einem Brand wurde es unter Kaiser Hadrian 117 – 125 n. Chr. neu errichtet. Die Architektur des Pantheon war Vorbild für zahllose Kuppelbauten von der Antike bis in die Gegenwart.)

Paris, idis *m* Paris (Sohn des trojanischen Königs Priamos; er raubte die schöne Helena aus Sparta und löste damit den Trojanischen Krieg aus.)

Parthī, ōrum *m Pl.* die Parther (ein antikes Reitervolk, das im Gebiet des heutigen Iran beheimatet war; seit dem 3. Jh. v. Chr. eroberten die Parther große Teile Zentralasiens. Mit zunehmender Größe wurde das Partherreich im 1. Jh. v. Chr. zum Rivalen Roms um die Macht im Osten. Zahlreiche militärische Auseinandersetzungen kennzeichneten seitdem das Verhältnis der beiden Staaten. Am bekanntesten ist die röm. Niederlage in der Schlacht bei Carrhae 53 v. Chr., in der 20.000 röm. Soldaten ihr Leben verloren. Augustus erreichte 20 v. Chr. einen Vertrag mit den Parthern, in dem beide Reiche den Fluss Euphrat als Grenze anerkannten.)

patriciī, ōrum *m Pl.* die Patrizier (die röm. Adelsfamilien; nach der Vertreibung der Könige Ende des 6. Jh.s v. Chr. hatten sie die politische Macht inne.)

Paulus, ī *m* Paulus (Sohn einer jüdischen Familie; durch Christusvisionen wurde er zum christl. Glauben bekehrt. Seine Missionsreisen trugen entscheidend zur Verbreitung des neuen Glaubens bei. Paulus soll während der Christenverfolgung Neros um 66 n. Chr. in Rom enthauptet worden sein.)

Penātēs, ium *m Pl.* die Penaten (röm. Haus- und Schutzgötter; die Geister der verstorbenen Vorfahren, die Familie und Haushalt beschützten; zuständig waren sie für den häuslichen Herd und die Vorräte. Der Herd war gleichzeitig ihr Altar, an dem ihnen Opfer dargebracht wurden.)

Periander, drī *m* Periander (Tyrann von Korinth im 7./6. Jh. v. Chr. Periander galt als grausamer, aber politisch weitsichtiger Herrscher. Unter seiner Herrschaft gelangte Korinth zu großer wirtschaftlicher und kultureller Blüte.)

Persae, ārum *m Pl.* die Perser

Phaethōn, ontis *m* Phaëthon (der Sohn des Sonnengottes Sol)

Pharsālus, ī *f* Pharsalos (Stadt in Nordgriechenland; in der Schlacht bei Pharsalos wurden 48 v. Chr. die Truppen des röm. Senats, die von Pompejus angeführt wurden, von den Truppen Cäsars vernichtend geschlagen.)

Philippus, ī *m* Philipp II. (König von Makedonien 359 – 336 v. Chr.; Vater Alexanders des Großen. Er machte in jahrzehntelangen Kämpfen gegen die griech. Stadtstaaten und Nachbarvölker Makedonien zur vorherrschenden Macht in Griechenland.)

Phrygia, ae *f* Phrygien (kleinasiatische Landschaft in der heutigen Türkei)

Platō, ōnis *m* Platon (griech. Philosoph, 427 – 347 v. Chr.; Schüler des Sokrates; um 386 v. Chr. gründete er in Athen eine Philosophenschule, die Akademie. Philosophisches Tun besteht nach Platon nicht im Nachdenken einer einzelnen Person, sondern darin, dass im kritischen Dialog ein Problem erörtert wird. Die höchste Erkenntnis, die man in dieser Welt des echten Wissens erreichen kann, ist die Erkenntnis des Guten.)

plēbēī, ōrum *m Pl.* die Plebejer (größter Teil der röm. Bevölkerung; zunächst ohne politischen Einfluss, im Laufe der Ständekämpfe im 5./4. Jh. v. Chr. setzten sie immer mehr Rechte durch.)

plēbs, plēbis *f* die Plebs

Plīnius, ī *m* Plinius (röm. Schriftsteller, 61 – um 113 n. Chr.; die von ihm verfassten Briefe vermitteln ein meisterhaftes Bild der Kaiserzeit in allen Lebensbereichen; die berühmtesten beschäftigen sich mit dem Vesuvausbruch 79 n. Chr. Sein Briefwechsel mit Kaiser Trajan, der auf seine Zeit als Verwaltungsbeamter in Kleinasien zurückgeht, enthält wertvolle Informationen über die Verwaltung der röm. Provinzen.)

Plūtō, ōnis *m* Pluto (griech. Hades; Gott der Unterwelt. Er entführte die Ceres-Tochter Proserpina in die Unterwelt und machte sie zu seiner Ehefrau.)

Poenī, ōrum *m Pl.* die Punier, die Karthager

Polynīcēs, is *m* Polyneikes (Sohn des Ödipus, Bruder der Antigone; er und sein Bruder Eteokles brachten sich im Kampf um die Herrschaft über Theben gegenseitig um.)

Pompēī, ōrum *m Pl.* Pompeji (Stadt in Kampanien am Golf von Neapel; wurde 79 n. Chr. beim Ausbruch des Vesuv verschüttet und erst in der Neuzeit wiederentdeckt und ausgegraben. Die Überreste vermitteln einen Eindruck vom Alltagsleben in einer röm. Stadt: Tempel, Markthallen, Theater, Thermen und Sportstätten, prachtvolle Villen und Vergnügungsviertel.)

Pompēiānī, ōrum *m Pl.* die Pompejaner, die Bewohner von Pompeji

Pompēius, ī *m* Pompejus (röm. Politiker und Feldherr, 106 – 48 v. Chr.; im Bürgerkrieg war er der Hauptgegner Cäsars; er unterlag diesem 48 v. Chr. in der Schlacht bei Pharsalos, musste fliehen und wurde auf der Flucht nach Ägypten ermordet.)

Porsenna, ae *m* Porsenna (etruskischer König, der 508 v. Chr. Rom belagert haben soll, um den Thron für den aus Rom vertriebenen Tarquinius Superbus zurückzugewinnen.)

praetor, ōris *m* der Prätor (röm. Beamter; den Prätoren oblag die Rechtsprechung. Mindestalter für die Prätur war die Vollendung des 40. Lebensjahres. Als ständige Stellvertreter der Konsuln mussten sie für die Auslegung der Gesetze und überhaupt für die Rechtspflege sorgen.)

Promētheus, ī *m* Prometheus (Sohn des Titanen Japetos; erschuf die Menschen aus Lehm und Wasser und schenkte ihnen das – eigentlich den Göttern vorbehaltene – Feuer. Er wurde dafür auf Geheiß des Jupiter von Vulcanus an den Kaukasus geschmiedet.)

Prōserpina, ae *f* Proserpina (griech. Persephone; Tochter des Jupiter und der Ceres. Proserpina wird von Pluto in die Unterwelt entführt und zu seiner Ehefrau und Königin der Unterwelt gemacht. Die Hälfte des Jahres darf sie zu ihrer Mutter und zur Oberwelt zurückkehren.)

Ptolemaeus, ī *m* Ptolemaios XIII. (König von Ägypten; kämpfte gegen Cäsar, nachdem dieser in die Thronstreitigkeiten zugunsten von Ptolemaios' Schwester Kleopatra eingegriffen hatte; während der Kämpfe ertrank er 47 v. Chr. im Nil.)

Pulcher, Pulchrī *m* Publius Claudius Pulcher (röm. Politiker und Feldherr; 249 v. Chr. verursachte er als Konsul und Oberbefehlshaber die einzige schwere Niederlage der röm. Flotte im 1. Punischen Krieg: Bei einem Angriff auf die Karthager im Hafen von Drepanum auf Sizilien verlor er 93 von 123 Schiffen. Vor der Schlacht hatte Pulcher die göttlichen Vorzeichen einholen lassen. Die heiligen Hühner weigerten sich zu fressen – ein Zeichen, dass die Götter der Schlacht nicht gewogen waren. Zum Entsetzen seiner abergläubischen Mannschaft ließ Pulcher sie einfach über Bord werfen. Nach der Niederlage wurde Pulcher in Rom wegen Hochverrats und Missachtung der Götter angeklagt.)

Pȳthagorās, ae *m* Pythagoras (griech. Philosoph und Mathematiker aus Samos, um 570 – um 510 v. Chr.; die von ihm gegründete Schule der Pythagoreer glich einer religiösen Lebensgemeinschaft. Pythagoras lehrte die Unsterblichkeit der Seele und die Seelenwanderung.)

Pȳthia, ae *f* die Pythia (Titel der Priesterin, die im Tempel von Delphi den Ratsuchenden die Orakelsprüche des Gottes Apoll mitteilte.)

R

Raetia, ae *f* Rätien (Die 8 v. Chr. eingerichtete röm. Provinz Raetia umfasste u. a. Ost-Württemberg, Schwaben, Südbayern, Graubünden und Vorarlberg. Bedeutende Städte der Provinz waren Augusta Vindelicum (Augsburg) und Cambodunum (Kempten).)

Rēa Silvia, ae *f* Rea Silvia (Tochter des Numitor, des Königs von Alba Longa. Ihr Onkel Amulius, der Numitor vom Thron gestürzt hatte, machte Rea zur Vestapriesterin, um zu verhindern, dass sie Kinder bekäme, denn Vestapriesterinnen mussten unverheiratet bleiben. Der Gott Mars durchkreuzte diesen Plan und zeugte mit Rea die Zwillinge Romulus und Remus.)

Rēgulus, ī *m* Marcus Atilius Regulus (röm. Politiker und Feldherr im 1. Punischen Krieg; er setzte 256 v. Chr. mit seinem Heer nach Nordafrika über, um Karthago anzugreifen, und geriet dabei in Gefangenschaft. Die Karthager schickten ihn als Gesandten nach Rom, um dort einen Gefangenenaustausch zu erwirken und Friedensverhandlungen einzuleiten. Regulus musste sein Ehrenwort geben, dass er nach Karthago zurückkehren würde, falls der röm. Senat Karthagos Vorschläge ablehnen sollte. In Rom forderte Regulus entgegen seinem Auftrag die Römer auf, den Kampf fortzusetzen. Danach kehrte er trotz der Proteste seiner Landsleute pflichtgetreu nach Karthago zurück, wo er zu Tode gefoltert worden sei. Regulus galt den Römern seitdem als Vorbild heldenhafter Treue und Tapferkeit.)

Remus, ī *m* Remus (der Zwillingsbruder des Romulus, von dem er im Streit um die neu gegründete Stadt Rom erschlagen wurde)

Rhēgium, ī *n* Rhegion (Stadt an der Stiefelspitze Italiens; im 8. Jh. v. Chr. von griech. Siedlern gegründet; heute Reggio di Calabria)

Rhodus, ī *f* Rhodos (griech. Insel vor der Küste Kleinasiens; auf Rhodos befand sich eines der sieben Weltwunder: der „Koloss von Rhodos", eine gewaltige, über 30 m hohe Bronzestatue des Sonnengottes Sol (griech. Helios). Ein Erdbeben im 4. oder 3. Jh. v. Chr. brachte den Koloss zum Einsturz.)

Rōma, ae *f* Rom (Hauptstadt des Römischen Reiches; der Sage nach 753 v. Chr. gegründet)

Rōmānī, ōrum *m Pl.* die Römer

Rōmulus, ī *m* Romulus (sagenhafter Gründer und erster König Roms im 8. Jh. v. Chr. Zwillingsbruder des Remus; Söhne der Vestalin Rea Silvia und des Kriegsgottes Mars. Ihr Großonkel König Amulius ließ die neugeborenen Zwillinge in einem Korb am Ufer des Tiber aussetzen. Eine Wölfin säugte sie, bis der Hirte Faustulus sich ihrer annahm. Als die Zwillinge erwachsen waren, machten sie sich an die Gründung einer eigenen Stadt. Sie gerieten jedoch in Streit, wer der Bauherr und Namensgeber der Stadt sein würde; Romulus erschlug bei diesem Streit seinen Zwillingsbruder. Nach 38 Jahren Herrschaft nahm Mars Romulus in den Kreis der Götter auf.)

Rōmulus Augustulus, ī *m* Romulus Augustulus (eigentlich Romulus Augustus, um 460 – nach 476; der letzte Kaiser des Weströmischen Reiches. Er war noch ein Kind, als er 475 zum Kaiser ausgerufen wurde. Wegen seiner Bedeutungslosigkeit wurde der junge Kaiser von der politischen Opposition mit dem Spottnamen Augustulus („das Kaiserlein") bedacht. Im Jahr 476 wurde er vom germanischen Heerführer Odoaker abgesetzt. Dies besiegelte den Untergang des Weströmischen Reiches. Das Oströmische (Byzantinische) Reich hingegen überdauerte die Krise der Völkerwanderung um fast ein Jahrtausend und endete erst 1453 mit der Eroberung durch die Osmanen.)

Rubicō, ōnis *m* der Rubikon (Fluss südlich der italienischen Stadt Ravenna; der Rubikon bildete die Grenze zwischen der röm. Provinz Gallia cisalpina und dem röm. Staatsgebiet.)

S

Sabīnī, ōrum *m Pl.* die Sabiner (Bewohner des Berglandes nördlich von Rom; sie wurden wegen des in Rom herrschenden Frauenmangels auf Geheiß des Romulus ihrer Töchter beraubt.)

Salamīs, īnis *f* Salamis (griech. Insel vor der attischen Küste; in der Seeschlacht bei Salamis besiegten die Griechen 480 v. Chr. die Flotte des persischen Großkönigs.)

Samnītēs, um *m Pl.* die Samniten (italischer Volksstamm, der ursprünglich in den Bergregionen oberhalb des Golfs von Neapel siedelte; durch ihr Eindringen in die Küstenregionen von Kampanien gerieten die Samniten in Konflikt mit den Römern; im 4./3. Jh. v. Chr. kämpften die beiden Völker in drei Kriegen um die Vorherrschaft in Kampanien. 290 v. Chr. wurden die Samniten endgültig von den Römern besiegt.)

Samus, ī *f* Samos (griech. Insel vor der kleinasiatischen Küste; Geburtsort des Philosophen Pythagoras)

Sardinia, ae *f* Sardinien (Insel im Mittelmeer; zusammen mit der Nachbarinsel wurde Sardinien 227 v. Chr. zur röm. Provinz **Sardinia et Corsica**.)

Sāturnus, ī *m* Saturn (röm. Gott der Fruchtbarkeit, besonders des Ackerbaus. In seinem Tempel auf dem Forum Romanum war das **aerarium** untergebracht, in dem die Staatskasse, das Staatsarchiv und die Feldzeichen der röm. Legionen aufbewahrt wurden.)

Scaevola, ae *m* Mucius Scaevola (sagenhafter Held der röm. Frühzeit; als Rom 508 v. Chr. vom Etruskerkönig Porsenna belagert wurde, soll sich Scaevola in das feindliche Lager geschlichen haben, um Porsenna zu töten. Als er ergriffen wurde, sagte er, dass Hunderte Römer bereit stünden, ihn zu töten. Um seinen Mut zu beweisen, streckte er seine Hand in eine Flamme und ließ sich keinerlei Schmerzen anmerken. Porsenna war von Scaevolas Entschlossenheit so beeindruckt, dass er ihm die Freiheit schenkte.)

Scīpiō, ōnis *m* Scipio (röm. Politiker und Feldherr, 235 – 183 v. Chr.; in der Schlacht bei Zama besiegte er 202 v. Chr. die karthagischen Truppen unter Hannibal. Er erhielt daraufhin den ehrenden Beinamen **Africanus**. Seine Tochter war Cornelia, die Mutter der Gracchen.)

Semīramis, idis *f* Semiramis (sagenhafte Königin von Babylon; da sich Semiramis in Babylon nach ihrer Heimat gesehnt haben soll, habe ihr Gatte, der König von Babylon, auf und an den Mauern des Königspalastes prachtvolle Gärten angelegt. Die Gartenanlagen waren so kunstvoll gestaltet, dass man die „Hängenden Gärten der Semiramis" zu den sieben Weltwundern der Antike zählte.)

senātor, ōris *m* der Senator (ein Mitglied des römischen Senats)

senātus, ūs *m* der Senat (Der Senat war die wichtigste politische Institution der röm. Republik. Er bestimmte die Richtlinien der Politik, erließ Gesetze, kontrollierte die Beamten und verwaltete die Staatsfinanzen. Die Senatsversammlung wurde von rund 300 Senatoren gebildet. In der Spätzeit der Republik wurde der Senat auf bis zu 900 Mitglieder erweitert. Die Senatoren setzten sich ursprünglich zusammen aus den **senes**, also älteren und erfahrenen Männern, sowie den **patres**, den Oberhäuptern des röm. Adels. Ab dem 4. Jh. v. Chr. war es auch Plebejern möglich, in den Senat einzutreten.)

Seneca, ae *m* Seneca (röm. Schriftsteller, Politiker und Philosoph mit Nähe zur Lehre der Stoiker, 4 v. Chr. – 65 n. Chr.; Agrippina machte ihn zum Erzieher ihres Sohnes Nero. Seneca blieb auch nach dessen Thronbesteigung sein Berater; nachdem er seinen politischen Einfluss verloren und sich an einer Verschwörung gegen Nero beteiligt hatte, musste er auf Befehl des Kaisers 65 n. Chr. Selbstmord begehen. Seneca verfasste zahlreiche moralphilosophische Schriften und Tragödien, die das europäische Theater maßgeblich beeinflusst haben.)

Sicilia, ae *f* Sizilien (die größte Insel im Mittelmeer; seit 241 v. Chr. erste röm. Provinz)

Sīsyphus, ī *m* Sisyphus (Gründer und König von Korinth. Wegen seiner Freveltaten muss er im Tartarus auf ewig büßen.)

Sōcratēs, is *m* Sokrates (griech. Philosoph aus Athen, 469 – 399 v. Chr.; das philosophische Tun des Sokrates bestand im Gespräch mit seinen Mitbürgern. Er prüfte ihre Meinungen und zwang sie durch kritisches Nachfragen, aus eigener Denktätigkeit Erkenntnisse hervorzubringen. Sein kritisches Denken brachte ihm den Vorwurf ein, die Jugend zu verderben. Die Athener verurteilten ihn schließlich zum Tode. Die Unbedingtheit seiner Wahrheitssuche machte Sokrates zum Urbild des Philosophen.)

Sōl, Sōlis *m* Sol (griech. Helios; der Sonnengott, Vater des Phaethon.)

Solō, ōnis *m* Solon (athenischer Gesetzgeber und Lyriker; einer der Sieben Weisen, um 600 v. Chr.; als Reformer und Streitschlichter beseitigte er in Athen die Schulden der armen Kleinbauern, unterteilte die Bevölkerung in vier Klassen und richtete ein Volksgericht ein, an das sich jeder freie Athener wenden konnte. Nach Durchsetzung seiner Reformen soll er die Athener zur Einhaltung der neuen Gesetze verpflichtet und das Land verlassen haben. Sagenhaft wurde sein Besuch beim lydischen König Krösus.)

Sphinx, Sphingis *f* die Sphinx (griech.-ägypt. Fabelwesen; ein Ungeheuer mit dem Rumpf eines geflügelten Löwen und dem Oberkörper und dem Kopf einer jungen Frau)

Stōicī, ōrum *m Pl.* die Stoiker (Anhänger der Stoa, einer philosophischen Strömung, die ca. 300 v. Chr. von Zenon aus Kition gegründet wurde; ihr Grundsatz lautet: Jede Erscheinung und jede menschliche Entscheidung beruhen auf Vernunft und die Natur ist das Vernünftige schlechthin.)

Subūra, ae *f* die Subura (Stadtviertel in Rom, das als Wohngegend der Armen und wegen vieler Verbrechen berüchtigt war)

Syrācūsae, ārum *f Pl.* Syrakus (griech. Stadt auf Sizilien; während des 2. Punischen Krieges wurde Syrakus 212 v. Chr. von den Römern nach dreijähriger Belagerung erobert.)

T

Tantalus, ī *m* Tantalus (König von Lydien; als Sohn des Jupiter durfte er an den Gastmählern der Götter teilnehmen; durch einen schrecklichen Frevel verspielte er dieses Privileg und musste ewige Strafen im Tartarus verbüßen.)

Tarquinius Superbus, ī *m* Tarquinius Superbus (siebter und letzter König Roms, wurde wegen seiner Grausamkeit 509 v. Chr. gestürzt.)

Tartarus, ī *m* der Tartarus (die Hölle; der Teil der Unterwelt, in dem Verbrecher und Übeltäter nach dem Tod ihre Strafen verbüßen mussten, z. B. Tantalus und Sisyphus)

Thalēs, is *m* Thales (griech. Naturforscher, Mathematiker und Philosoph aus Milet, 6. Jh. v. Chr. Im Wasser sah er den Urstoff allen Seins.)

Thēbae, ārum *f Pl.* Theben (Hauptstadt der griech. Landschaft Böotien. Um die Stadt Theben und ihr Königsgeschlecht ranken sich zahlreiche Mythen. So war Theben die Geburtsstadt des Herkules, des Ödipus und der Antigone.)

Themistoclēs, is *m* Themistokles (athenischer Staatsmann und Feldherr, um 525 – um 459 v. Chr.; unter seiner Führung besiegten die Athener in der Schlacht bei Salamis die Flotte des persischen Großkönigs Xerxes I.)

Theodōsius, ī *m* Theodosius I. (oström. Kaiser 379 – 395 n. Chr.; er erließ Gesetze gegen alle nichtchristlichen Kulte und machte das Christentum 380 n. Chr. zur Staatsreligion. 393 n. Chr. ließ er die Olympischen Spiele als heidnische Veranstaltung verbieten.)

Thēseus, eī *m* Theseus (athenischer Held und Königssohn; im Labyrinth von Kreta tötete er das menschenfressende Ungeheuer Minotaurus. Dabei half ihm die kretische Königstochter Ariadne, die sich in Theseus verliebt hatte.)

Thessalia, ae *f* Thessalien (historische Landschaft im Norden Griechenlands, südlich von Makedonien)

Tiberis, is *m* der Tiber (Fluss durch Rom, Hauptfluss in Mittelitalien)

Tiberius, ī *m* Tiberius (42 v. Chr. – 37 n. Chr., Stiefsohn des Augustus; eroberte weite Teile Nordgermaniens, die 9 n. Chr. in der Varusschlacht wieder verlorengingen; 14 – 37 n. Chr. röm. Kaiser)

Tīresiās, ae *m* Teiresias (blinder griech. Seher; durch seine Prophezeiungen tut sich der Wille der Götter kund; in den Tragödien „Antigone" und „Ödipus" des Sophokles tritt er als Berater der Könige von Theben auf.)

Tītān, Tītānis *m* Titan (Die Titanen waren ein griech. Göttergeschlecht; sie kämpften mit Zeus um die Herrschaft, wurden von diesem nach zehnjährigem Kampf besiegt und in den Tartarus geworfen. Auch Prometheus entstammte dem Geschlecht der Titanen.)

Titus, ī *m* Titus (röm. Kaiser von 79 – 81 n. Chr., Sohn des Kaisers Vespasian; eroberte 70 n. Chr. Jerusalem und wurde dafür mit dem noch heute erhaltenen „Titusbogen" in Rom geehrt. Den Betroffenen des Vesuvausbruches gewährte er großzügig Hilfe. Unter seine Bautätigkeit fallen die Fertigstellung des von Vespasian begonnenen Kolosseums und die Titus-Thermen.)

Trāiānus, ī *m* Trajan (röm. Kaiser 98 – 117 n. Chr.; der erhaltene Briefwechsel zwischen Trajan und Plinius zeugt von der Menschenfreundlichkeit und Umsicht des Kaisers. Trajan, unter dem das Imperium Romanum seine größte Ausdehnung und eine Zeit des Friedens und Wohlstands erlebte, wurde für die Nachwelt zum Idealbild eines guten Kaisers.)

Trebia, ae *m* die Trebia (Fluss in Norditalien; die Schlacht an der Trebia (218 v. Chr.) war das erste größere Gefecht des 2. Punischen Krieges auf italischem Boden. Bei der Schlacht kamen mehrere Tausend Römer ums Leben.)

Triboniānus, ī *m* Tribonianus (6. Jh. n. Chr.; der bedeutendste Rechtsgelehrte des oströmischen Kaisers Justinian. Als kaiserlicher **quaestor** für das Justizwesen sorgte er für die Fertigstellung des Corpus iuris civilis.)

tribūnus plēbis *m* der Volkstribun (röm. Beamter; die zehn Volkstribunen wurden für eine einjährige Amtszeit von der **plebs** gewählt. Ihre Aufgabe war es, die Rechte der Plebejer gegenüber dem Senat und den Patriziern zu verteidigen. Die Volkstribunen hatten das Recht, die Entscheidungen anderer Magistrate und des Senats außer Kraft zu setzen (Vetorecht).)

Trōia, ae *f* Troja (Stadt im Nordwesten Kleinasiens (heutige Türkei); wurde im Trojanischen Krieg von den Griechen nach zehnjähriger Belagerung erobert.)

Trōiānī, ōrum *m Pl.* die Trojaner, die Einwohner von Troja

Tullia, ae *f* Tullia (um 78 – 45 v. Chr.; Tochter Ciceros. Aus Ciceros Briefen geht hervor, dass Tullia sehr gebildet und politisch interessiert war. Ihr früher Tod stürzte Cicero in eine tiefe Depression.)

U

Ulixēs, is *m* Ulixes (lat. Name des Odysseus; König der griech. Insel Ithaka, Ehemann der Penelope; er überlistete die Trojaner mit dem hölzernen Pferd. Nach dem Trojanischen Krieg musste er auf seinem zehn Jahre dauernden Heimweg viele Gefahren überstehen.)

Ulpiānus, ī *m* Domitius Ulpianus (berühmter röm. Rechtsgelehrter des 3. Jh.s n. Chr.; ein großer Teil seines schriftlichen Werks ist in Kaiser Justinians Corpus iuris civilis eingeflossen.)

Umbrī, ōrum *m Pl.* die Umbrer (italischer Volksstamm nördlich von Rom; die nach ihnen benannte Landschaft heißt bis heute Umbrien. Ende des 4. Jh.s v. Chr. von den Römern unterworfen und romanisiert. Im 1. Jh. v. Chr. erhielten die Umbrer das römische Bürgerrecht.)

V

Varrō, ōnis *m* Gaius Terentius Varro (röm. Politiker; als Konsul des Jahres 216 v. Chr. führte er die röm. Truppen zusammen mit seinem Kollegen Aemilius Paullus in die Schlacht bei Cannae. Antike Historiker lasteten die Katastrophe bei Cannae – über 50 000 tote Römer – der militärischen Unfähigkeit Varros an. Die röm. Öffentlichkeit sah dies wohl anders, denn nach der Schlacht setzte Varro seine glänzende politische und militärische Karriere fort.)

Vārus, ī *m* Publius Quinctilius Varus (Feldherr des röm. Kaisers Augustus; verlor 9 n. Chr. die Schlacht im Teutoburger Wald, nachdem er vom Cheruskerfürsten Arminius in einen Hinterhalt gelockt worden war. Ganze drei Legionen wurden vernichtet, Varus beging Selbstmord. Die röm. Expansion im nördlichen Germanien war damit für immer beendet.)

Vēiī, ōrum *m Pl.* Veji (etruskische Stadt, etwa 18 km nordwestlich von Rom; gehörte zum etruskischen Zwölfstädtebund. Schon im 8./7. Jh. v. Chr. kam es zu kriegerischen Auseinandersetzungen zwischen Veji und Rom. 396 v. Chr. wurde Veji von Rom erobert.)

Venus, Veneris *f* Venus (griech. Aphrodite; Göttin der Liebe und der Schönheit. Tochter des Jupiter und Mutter des Äneas)

Vergilius, ī *m* Vergil (röm. Dichter zur Zeit des Augustus, 70 – 19 v. Chr.; sein Hauptwerk, die Aeneis, schildert in zwölf Büchern die Irrfahrten des Äneas von Troja über Karthago bis nach Italien und wurde zum Nationalepos der Römer.)

Verrēs, is *m* Verres (röm. Politiker; 73 – 71 v. Chr. Statthalter der Provinz Sizilien. 70 v. Chr. wurde er wegen korrupter Amtsführung und persönlicher Bereicherung angeklagt und musste schließlich ins Exil gehen.)

Vesta, ae *f* Vesta (die Göttin des heiligen Herd- und Opferfeuers, Hüterin über Heim und Herd. Ihr Tempel befand sich auf dem Forum Romanum. Ein eigenes Fest, die Vestalia, wurde für die Göttin vom 9. – 15. Juni gefeiert. Die verheirateten Frauen der Stadt pilgerten dann barfüßig mit Opfergaben zu ihrem Tempel, um den Segen der Göttin für den Haushalt zu erflehen.)

Vestālis, is *f* (virgō Vestālis bzw. sacerdōs Vestālis) die Vestalin (Priesterin der Göttin Vesta. Das Kollegium der Vestalinnen bestand aus sechs Priesterinnen, die im Alter von 6 – 10 Jahren für eine 30-jährige Dienstzeit berufen wurden. Hauptaufgabe war das Hüten des heiligen Herdfeuers im Tempel der Vesta, das niemals erlöschen durfte; dies galt als das schlimmste Vorzeichen für den Staat. Die Vestalinnen waren zu absoluter Keuschheit verpflichtet. Verstieß eine Vestalin gegen diese Vorschrift, wurde sie lebendig begraben.)

Vesuvius, ī *m* der Vesuv (Vulkan in Kampanien, der bei einem Ausbruch 79 n. Chr. die Städte Pompeji und Herkulaneum verschüttete.)

Via sacra, ae *f* die Via Sacra (die „Heilige Straße“ war die wichtigste und älteste Straße im Zentrum Roms; sie führte vom Kapitolshügel über das Forum Romanum bis zum Kolosseum. Sie war die Prozessionsstraße, auf der sich ein Triumphzug bis hinauf zum Tempel des kapitolinischen Jupiter bewegte.)

X

Xenophanēs, is *m* Xenophanes (griech. Philosoph aus der kleinasiatischen Stadt Kolophon, um 520 v. Chr.; er gilt als erster Vertreter eines religionskritischen, rationalistischen Denkens. Xenophanes kritisierte die Vielzahl und Menschenähnlichkeit der griech. Götter. Seiner Meinung nach schufen nicht die Götter die Menschen, sondern die Menschen die Götter („Wenn die Pferde Götter hätten, sähen sie wie Pferde aus“). Das menschliche Wissen besteht für Xenophanes aus Vermutung (Meinung). Die Wahrheit sei nicht als solche erkennbar, doch sei es möglich, sich ihr allmählich anzunähern.)

Xerxēs, is *m* Xerxes I. (persischer Großkönig 486 – 465 v. Chr.; die mächtige Kriegsflotte des Xerxes, die Griechenland unterwerfen sollte, wurde 480 v. Chr. in der Seeschlacht bei Salamis von den Griechen unter der Führung des Themistokles besiegt.)

Z

Zama, ae *f* Zama (Stadt in Nordafrika, südlich von Karthago; Schauplatz der Schlacht 202 v. Chr., bei der Hannibal gegen die Römer verlor)

Zeus → Iuppiter

Lateinisch-deutsches Register

A

B

C

cāsus, ūs *m* der Fall, der Zufall 21
causa, ae *f* die Sache, der Grund; der Prozess 10
causā *(nachgestellt) m. Gen.* wegen 26
cavēre, caveō *m. Akk.* vorsichtig sein, sich hüten (vor) 3
cēdere, cēdō, cessī, cessum gehen, nachgeben, zurückweichen 20
celer, celeris, celere schnell 12
celeritās, ātis *f* die Schnelligkeit 7
cēna, ae *f* die Mahlzeit, das Essen 30
cēnāre, cēnō essen 35
cēnsēre, cēnseō, cēnsuī, cēnsum *(m. Akk.)* meinen, einschätzen, seine Stimme abgeben für 20
centum *indekl.* hundert 17
cernere, cernō sehen, bemerken 23
certāmen, certāminis *n* der Wettkampf 30
certāre, certō kämpfen, wetteifern 26
certē *Adv.* gewiss, sicherlich 3
certus, a, um sicher 13
cessāre, cessō zögern, rasten 35
cēterī, ae, a *Pl.* die übrigen 6
cēterum *Adv.* übrigens, im Übrigen 32
Chrīstiānus, a, um christlich; *Subst.* der Christ 29
cibus, ī *m* die Nahrung, die Speise, das Essen 7
Cicerō, ōnis *m* Marcus Tullius Cicero 22
cingere, cingō, cinxī, cinctum umgeben, umzingeln 31
cinis, cineris *m* die Asche 36
circiter *Adv.* ungefähr 19
circum *Präp. m. Akk.* rings um, um ... herum 20
circumdare, circumdō, circumdedī, circumdatum umgeben, umzingeln 18
circumvenīre, circumveniō, circumvēnī umringen, umzingeln 4. 9
Circus Maximus *m* der Circus Maximus 3
citō *Adv.* schnell 36
cīvis, is *m (Gen. Pl.* **-ium***)* der Bürger 12
cīvitās, ātis *f* die Gemeinde, der Staat 10
clāmāre, clāmō laut rufen, schreien 1
clāmor, ōris *m* der Lärm, das Geschrei 7
clāmōrem tollere ein Geschrei erheben, Lärm machen 29
clārus, a, um klar, hell, berühmt 11
claudere, claudō, clausī, clausum schließen, abschließen, einschließen 20
Cleopatra, ae *f* Kleopatra VII. 23
Cloelia, ae *f* Cloelia 11
cōgere, cōgō, coēgī, coāctum *(m. Inf.)* zwingen (etw. zu tun), (ver)sammeln 5. 11. 14
cōgitāre, cōgitō denken, nachdenken, beabsichtigen 1
cōgitāre dē *m. Abl.* denken an, nachdenken über 4
cōgnōscere, cōgnōscō, cōgnōvī, cognitum erkennen, kennenlernen; *Perf.* kennen, wissen 5. 12. 17
cohors, cohortis *f* die Kohorte 23
colere, colō, coluī, cultum verehren, bewirtschaften, pflegen 5. 14
colligere, colligō, collēgī, collēctum sammeln 35
collocāre, collocō aufstellen, unterbringen 20
collum, ī *n* der Hals 34
colōnia, ae *f* die Kolonie 25
Colōnia Augusta Trēverōrum *f* Trier 32
comes, comitis *m f* der Begleiter, die Begleiterin, der Gefährte, die Gefährtin 29
committere, committō, commīsī, commissum anvertrauen, begehen, veranstalten 10. 14
commodum, ī *n* der Vorteil, die Bequemlichkeit 24
commovēre, commoveō, commōvī, commōtum bewegen, veranlassen 15
commūnis, is, e gemeinsam, allgemein 12
comparāre, comparō vergleichen 15
comperīre, comperiō, comperī, compertum (genau) erfahren 17
complēre, compleō, complēvī, complētum anfüllen, auffüllen 15
complūrēs, ēs, a *Pl.* mehrere 21
compōnere, compōnō, composuī, compositum abfassen, ordnen, vergleichen 34
comprehendere, comprehendō, comprehendī, comprehēnsum begreifen, ergreifen, festnehmen 25
cōnārī, cōnor, cōnātus sum versuchen, unternehmen 32
concēdere, concēdō, concessī, concessum erlauben, zugestehen, nachgeben 26
condere, condō, condidī, conditum gründen, erbauen, verbergen 14
condiciō, ōnis *f* die Bedingung, die Verabredung, die Lage 20
condūcere, condūcō, condūxī, conductum zusammenführen, anwerben, mieten 18
cōnferre, cōnferō, contulī, collātum zusammentragen, vergleichen 21
cōnficere, cōnficiō, cōnfēcī, cōnfectum erledigen, fertig machen, vollbringen, beenden 15
cōnfīdere, cōnfīdō, cōnfīsus sum *(m. Dat.)* vertrauen, sich verlassen (auf) 23. 34
cōnfirmāre, cōnfirmō stärken, ermutigen, bekräftigen, bestätigen 13
cōnfīsus, a, um *m. Abl.* im Vertrauen auf 34
cōnfitērī, cōnfiteor, cōnfessus sum bekennen, gestehen 33
conicere, coniciō, coniēcī, coniectum (zusammen)werfen, vermuten 17
in vincula conicere ins Gefängnis werfen, fesseln 17
coniungere, coniungō, coniūnxī, coniūnctum verbinden, vereinigen 25

D

E

F

fugere, fugiō, fūgī *(m. Akk.)* fliehen (vor), entfliehen, meiden 7. 9
fundere, fundō, fūdī, fūsum gießen, ausgießen, zerstreuen 36
fūr, fūris *m f* der Dieb, die Diebin 31
furor, ōris *m* der Wahnsinn, die Wut 22
fūrtum, ī *n* der Diebstahl, die Hinterlist 31
futūrum esse (~ fore) sein werden 33
futūrus, a, um künftig, zukünftig 11

G

Gāius Gracchus *m* Gaius Gracchus 21
Gallia, ae *f* Gallien 33
gaudēre, gaudeō *(m. Abl.)* sich freuen (über) 1. 4
gaudium, ī *n* die Freude 36
gemitus, ūs *m* das Seufzen, das Klagen, die Traurigkeit 21
gēns, gentis *f (Gen. Pl.* **-ium***)* der Stamm, die Familie, das Volk 14
genus, generis *n* das Geschlecht, die Art, die Abstammung 14
gerere, gerō, gessī führen, ausführen, tragen 12
Germānus, a, um germanisch; *Subst.* der Germane 32
gladiātor, ōris *m* der Gladiator 8
gladius, ī *m* das Schwert 3
glōria, ae *f* der Ruhm, die Ehre 6
Graecus, a, um griechisch; *Subst.* der Grieche 16
grandis, is, e groß, bedeutend; alt 25
grātia, ae *f* der Dank, die Gnade 3. 34
 grātiam dēbēre Dank schulden 3
 grātiam habēre danken 31
grātus, a, um dankbar, willkommen, beliebt 31
gravis, is, e schwer, bedeutend 12
 graviter ferre unwillig ertragen, erregt sein 28

H

habēre, habeō haben, halten 6
 grātiam habēre danken 31
Hadriānus, ī *m* Hadrian 31
hae, hae (spöttisches Lachen) 1
Hannibal, Hannibalis *m* Hannibal 19
haud nicht 12
Herc(u)le! Beim Herkules! 33
hīc *Adv.* hier 10
hic, haec, hoc dieser, diese, dieses (hier); folgender 16
hiems, hiemis *f* der Winter, das Unwetter 19
hinc *Adv.* von hier, hierauf 12
Hispania, ae *f* Spanien 19
historia, ae *f* die Erzählung, der Bericht, die Forschung 16
hodiē *Adv.* heute 29
homō, hominis *m* der Mensch 9
honestus, a, um ehrenhaft, angesehen 15
honor / honōs, ōris *m* die Ehre, das Ehrenamt 13
honōrī esse *m. Dat.* jdm. Ehre einbringen 35
hōra, ae *f* die Stunde, die Zeit 10
hortārī, hortor, hortātus sum auffordern, ermahnen 32
hostis, is *m (Gen. Pl.* **-ium***)* der Feind, der Landesfeind 11
hūc *Adv.* hierher 1
hūmānus, a, um menschlich, gebildet 34

I

iacēre, iaceō liegen 8
iactāre, iactō werfen, schleudern 7
iam *Adv.* schon, bereits, nun 1
 nōn iam nicht mehr 2
Iāniculum, ī *n* der Janikulus 11
Iāsōn, onis *m* Iason 27
ibi *Adv.* dort 1
īdem, eadem, idem derselbe, der gleiche 24
ideō *Adv.* deswegen, daher 24
idōneus, a, um geeignet, passend 23
Iēsūs, Iēsū *m* Jesus (von Nazareth) 33
igitur *Adv.* also, folglich 7
īgnārus, a, um *(m. Gen.)* unwissend, ohne Kenntnis 25
ignis, is *m* das Feuer 13
īgnōrāre, īgnōrō nicht kennen, nicht wissen 35
īgnōtus, a, um unbekannt 29
ille, illa, illud jener, jene, jenes; der (dort); damalig, berühmt 16
 ex illō tempore seit jener Zeit 18
illīc *Adv.* dort 23
imitārī, imitor, imitātus sum nachahmen 35
immō *Adv.* im Gegenteil, ja sogar 8
immortālis, is, e unsterblich 17
impedīre, impediō hindern, verhindern 33
impellere, impellō, impulī, impulsum antreiben, veranlassen 22
imperāre, imperō *(m. Dat.)* befehlen, herrschen (über) 10
imperātor, ōris *m* der Feldherr, der Kaiser 12
imperium, ī *n* der Befehl, die Herrschaft, das Reich 5
impetrāre, impetrō erreichen, durchsetzen 22
impetus, ūs *m* der Angriff, der Schwung 22
impius, a, um gottlos, gewissenlos 30
impōnere, impōnō, imposuī, impositum auferlegen, einsetzen 15
imprīmīs *Adv.* besonders, vor allem 32
improbus, a, um schlecht, böse, unanständig 17
in *Präp. m. Abl.* in, an, auf, bei *(wo?)* 4
in *Präp. m. Akk.* in (... hinein), nach *(wohin?)*; gegen 4
in vincula conicere ins Gefängnis werfen, fesseln 17
inānis, is, e leer, wertlos 16
incendere, incendō, incendī, incēnsum anzünden, in Brand stecken, entflammen 23

L

līber, lībera, līberum frei 22
līberālis, is, e vornehm, edel 35
līberāre, līberō befreien, freilassen 14
līberī, ōrum *m Pl.* die Kinder 6
lībertās, ātis *f* die Freiheit 7
libīdō, libīdinis *f (m. Gen.)* das Verlangen (nach), die Lust 26
licet, licuit es ist erlaubt, es ist möglich 13
līmes, līmitis *m* die Grenze, der Grenzwall, der Limes 32
lingua, ae *f* die Sprache 5
littera, ae *f* der Buchstabe 5
litterae, ārum *f Pl.* der Brief, die Literatur, die Wissenschaft 23
lītus, lītoris *n* die Küste, der Strand 14
locus, ī *m* der Ort, der Platz, die Stelle 10
  eō locō an der (dieser) Stelle 10
longus, a, um lang, weit 14
loquī, loquor, locūtus sum reden, sprechen 26
lūctus, ūs *m* die Trauer 25
lūdus, ī *m* das Spiel, die Schule 8
lūmen, lūminis *n* das Licht, das Auge 34
lūx, lūcis *f* das Licht, das Tageslicht 11
  prīmā lūce bei Tagesanbruch, bei Sonnenaufgang 11

M

magis mehr, eher 26
  magis ... quam mehr ... als 26
magister, magistrī *m* der Lehrer 28
magistrātus, ūs *m* das Amt, der Beamte 21
māgnā vōce laut, mit lauter Stimme 8
māgnī aestimāre für wichtig (wertvoll) halten 32
māgnitūdō, māgnitūdinis *f* die Größe 13
māgnus, a, um groß, bedeutend 6
  māgnā vōce laut, mit lauter Stimme 8
  māgnī aestimāre für wichtig (wertvoll) halten 32
māior, ior, ius *(Gen.* **māiōris***)* größer 27
māiōrēs, māiōrum *m Pl.* die Vorfahren, die Ahnen 21
  mōs māiōrum *m* die Sitte der Vorfahren 21
male *Adv.* schlecht, schlimm 21
mālle, mālō, māluī lieber wollen 4. 8
malum, ī *n* das Leid, das Übel, das Unglück 11
malus, a, um schlecht, schlimm, böse 8
mandāre, mandō übergeben, einen Auftrag geben 3
manēre, maneō, mānsī *(m. Akk.)* bleiben, warten (auf) 9
manifestus, a, um offenkundig; überführt 25
  quid manifestī? welche Tatsache(n)? 25
manus, ūs *f* die Hand, die Schar (von Bewaffneten) 26
  dextera manus *f* die Rechte, die rechte Hand 27
mare, maris *n (Gen. Pl.* **-ium***)* das Meer 15
Mārs, Mārtis *m* Mars 10
Mārtīnus, ī *m* (der heilige) Martin 33
māter, mātris *f* die Mutter 9
maximē *Adv.* am meisten, besonders 27
maximus, a, um der (die, das) größte, sehr groß 21
mē *Akk.* mich 6
Mēdēa, ae *f* Medea 27
medicus, ī *m* der Arzt 1
medius, a, um der (die, das) mittlere, in der Mitte (von) 34
melior, ior, ius *(Gen.* **meliōris***)* besser 28
membrum, ī *n* das Glied, der Körperteil 26
meminisse, meminī *Perf. m. Gen. / m. Akk.* sich erinnern (an); *m. AcI* daran denken 35
memor *(Gen.* **memoris***) m. Gen.* in Erinnerung an 36
memorāre, memorō erwähnen, sagen 16
memoria, ae *f* die Erinnerung, das Gedächtnis; die Zeit 4
  memoriā tenēre im Gedächtnis behalten 4
mēns, mentis *f (Gen. Pl.* **-ium***)* der Geist, der Sinn, der Verstand, die Meinung 13
mercātor, ōris *m* der Kaufmann, der Händler 7
Mercurius, ī *m* Merkur 6
metuere, metuō, metuī fürchten, sich fürchten 21
metus, ūs *m* die Angst, die Furcht 21
meus, a, um mein 6
mī fīlī *Vok.* mein Sohn! 13
mihi *Dat.* mir, für mich 6
mīles, mīlitis *m* der Soldat 11
  mīlitēs cōnscrībere Soldaten anwerben 18
Minerva, ae *f* Minerva 5
minimē *Adv.* am wenigsten, überhaupt nicht 15
minimus, a, um der (die, das) kleinste, geringste, sehr klein 29
minor, or, us *(Gen.* **minōris***)* kleiner, geringer 27
mīrārī, mīror, mīrātus sum bewundern, sich wundern 32
mīrus, a, um erstaunlich, sonderbar 6
miser, misera, miserum arm, erbärmlich, unglücklich 6
mittere, mittō, mīsī, missum schicken, werfen 10. 15
modo *Adv.* eben (noch); nur 33
modo ... modo manchmal ... manchmal 35
modus, ī *m* die Art, die Weise, das Maß 6
  quōquō modō wie auch immer, unter allen Umständen 30
moenia, ium *n Pl.* die Mauern, die Stadtmauern 10
mollis, is, e weich, angenehm, freundlich 17
monēre, moneō mahnen, ermahnen 9
mōns, montis *m (Gen. Pl.* **-ium***)* der Berg 9
monumentum, ī *n* das Denkmal 31
mora, ae *f* der Aufenthalt, die Verzögerung 17
morārī, moror, morātus sum (sich) aufhalten 35

N

nūllus, a, um kein 6
num? etwa? 6
num *im indir. Fragesatz* ob 19
nūmen, nūminis *n* die Gottheit, der göttliche Wille 17
numerus, ī *m* die Zahl, die Menge 11
numquam *Adv.* nie, niemals 12
nunc *Adv.* jetzt, nun 2
nūntiāre, nūntiō melden, verkünden 17
nūntius, ī *m* der Bote, die Nachricht 21
nūper *Adv.* neulich, vor kurzem 23
nūptiae, ārum *f Pl.* die Hochzeit 25

O

ob *Präp. m. Akk.* wegen, für 31
quam ob rem weshalb, deshalb 31
obicere, obiciō, obiēcī, obiectum darbieten, vorwerfen 35
sē obicere *m. Dat.* sich jdm. entgegenwerfen, sich auf jdn. stürzen 35
obsecrāre, obsecrō anflehen, bitten 19
obses, obsidis *m f* die Geisel 11
obtinēre, obtineō (in Besitz) haben, (besetzt) halten 23
occidere, occidō, occidī (zu Boden) fallen, umkommen, untergehen 20
occīdere, occīdō, occīdī, occīsum niederschlagen, töten 30
occultē *Adv.* heimlich 30
occupāre, occupō besetzen, einnehmen 18
occupātus, a, um (in *m. Abl.*) beschäftigt (mit) 35
occurrere, occurrō, occurrī begegnen, entgegentreten 9
Octāviānus, ī *m* Octavian (der spätere Kaiser Augustus) 24
octāvus, a, um der (die, das) achte (9)
octō *indekl.* acht (9)
oculus, ī *m* das Auge 4
ōdisse, ōdī *Perf.* hassen 35
odium, ī *n* der Hass 19
Oedipūs, Oedipodis *m* Ödipus 15
offerre, offerō, obtulī, oblātum anbieten, entgegenbringen 26
officium, ī *n* der Dienst, die Pflicht 14
officium praestāre die / seine Pflicht erfüllen 33
Olympia, ōrum *n Pl.* die Olympischen Spiele 26
omittere, omittō, omīsī, omissum aufgeben, beiseite lassen 17
omnīnō *Adv.* insgesamt, überhaupt, völlig 19
omnis, is, e jeder, ganz; *Pl.* alle 12
opera, ae *f* die Arbeit, die Mühe 5
opēs, opum *f Pl.* die Macht, die Mittel, der Reichtum 13
opīnārī, opīnor, opīnātus sum glauben, meinen 33
opīniō, ōnis *f* die Meinung, der (gute) Ruf 25
oportet, oportuit *m. Inf.* es gehört sich, es ist nötig 20
oppidum, ī *n* die Stadt, die Kleinstadt 5
opportūnus, a, um geeignet, günstig 33
opprimere, opprimō, oppressī, oppressum bedrohen, niederwerfen, unterdrücken 15
oppūgnāre, oppūgnō angreifen 24
ops, opis *f* die Hilfe, die Kraft 9
optāre, optō wünschen 16
optimus, a, um der (die, das) beste, sehr gut 8
opus, operis *n* das Werk, die Arbeit, die Tat 14
opus est *m. Abl.* es ist nötig, man braucht (etw.) 27
ōra, ae *f* die Küste 15
ōrāre, ōrō bitten, beten, anbeten 1
ōrātiō, ōnis *f* die Rede 19
orbis, is *m* der Kreis, der Erdkreis, die Welt 14
orbis terrārum *m* der Erdkreis, die Welt 14
ōrdō, ōrdinis *m* die Ordnung, die Reihe, der Stand 22
orīrī, orior, ortus sum entstehen, sich erheben 34
ōrnāre, ōrnō schmücken, ausstatten 15
ōs, ōris *n* der Mund, das Gesicht 34
ostendere, ostendō, ostendī zeigen, erklären 5. 17
ōtium, ī *n* die freie Zeit, die Freizeit, die Ruhe, der Frieden 19

P

paene *Adv.* fast, beinahe 12
palam *Adv.* bekannt, in aller Öffentlichkeit 18
pār (*Gen.* **paris**) gleich, ebenbürtig 12
parāre, parō (vor)bereiten, vorhaben, erwerben 3
parātus, a, um (**ad** *m. Akk.*) bereit (für / zu) 26
parcere, parcō, pepercī (*m. Dat.*) schonen, verschonen 8. 9
parēns, parentis *m f* der Vater, die Mutter; *Pl.* die Eltern 9
parere, pariō, peperī, partum zur Welt bringen; schaffen 27
pārēre, pāreō gehorchen 3
pariter *Adv.* ebenso, gleichzeitig 33
pars, partis *f* (*Gen. Pl.* **-ium**) der Teil, die Seite 9
parum (zu) wenig 33
parvus, a, um klein, gering 6
parvō emere preiswert kaufen 31
parvō vēndere preiswert verkaufen 31
pater, patris *m* der Vater 9
patēre, pateō offen stehen, sich erstrecken 19
patī, patior, passus sum leiden, ertragen, zulassen 32
patrēs (cōnscrīptī), patrum (cōnscrīptōrum) *m Pl.* die Senatoren 18
patria, ae *f* die Heimat 11
patrius, a, um heimisch, väterlich 29
paucī, ae, a wenige 8

Q

querī, queror, questus sum *m. Akk.* klagen, sich beklagen (über) 26
quī, quae, quod welcher, welche, welches; der, die, das 11
ea, quae *n Pl.* das, was *(Sg.)* 11
quia *Subj.* weil 8
quīcumque, quaecumque, quodcumque jeder, der; wer auch immer 30
quid? was? 2
quīdam, quaedam, quoddam *adj.* ein gewisser, (irgend)ein; *Pl.* einige, manche 25
quīdam, quaedam, quiddam *subst.* ein gewisser, (irgend)einer; *Pl.* einige, manche 25
quidem *Adv.* freilich, gewiss, wenigstens, zwar 6
quiēscere, quiēscō, quiēvī, quiētum (aus)ruhen, schlafen 30
quīn *im Hauptsatz* vielmehr, warum nicht 28
quīn *Subj. m. Konj.* dass (in festen Wendungen) 27
nōn dubitō, quīn *m. Konj.* ich zweifle nicht, dass 27
quīnque *indekl.* fünf (9)
quīntus, a, um der (die, das) fünfte (9)
quippe *Adv.* freilich 31
quis? wer? 6
quisnam? wer denn? 34
quisquam, quidquam (quicquam) irgendjemand, irgendetwas 27
quisque, quaeque, quodque *adj.* jeder, jede, jedes 35
quisque, quidque *subst.* jeder 35
quisquis, quidquid jeder, der; wer auch immer 30
quōquō modō wie auch immer, unter allen Umständen 30
quō? wohin? 14
quō *m. Komparativ und Konj.* damit umso 33
quō ... eō je ... desto 27
quod *Subj. m. Ind.* dass, weil 14
quondam *Adv.* einst, einmal, manchmal 8
quoniam *Subj.* da ja, weil ja 10
quoque *(nachgestellt)* auch 6
quōquō modō wie auch immer, unter allen Umständen 30
quot? wie viel(e)? 30
quotiēns wie oft, so oft 30

R

rapere, rapiō, rapuī, raptum rauben, wegreißen, wegführen 29
rārus, a, um selten, vereinzelt 35
ratiō, ōnis *f* der Grund, die Vernunft, die Überlegung, die Art und Weise 12
recēns *(Gen.* **recentis***)* frisch, neu 35
recipere, recipiō, recēpī, receptum aufnehmen, wiederbekommen, zurücknehmen 15
sē recipere sich zurückziehen 20
recitāre, recitō vorlesen, vortragen 16
rēctē *Adv.* richtig, zu Recht 10
rēctus, a, um richtig, recht, gerade 27
reddere, reddō, reddidī, redditum zurückgeben, geben; *m. dopp. Akk.* machen zu 15
redīre, redeō, rediī zurückgehen, zurückkehren 12
redūcere, redūcō, redūxī, reductum zurückführen, zurückziehen 26
referre, referō, rettulī, relātum bringen, zurückbringen, berichten 21
rēfert es ist wichtig 16
regere, regō, rēxī beherrschen, leiten, lenken 13
rēgia (domus), rēgiae (domūs) *f* das königliche Haus, der Palast 23
regiō, ōnis *f* das Gebiet, die Gegend 13
rēgius, a, um königlich 23
rēgia (domus) *f* das königliche Haus, der Palast 23
rēgnum, ī *n* die Herrschaft, die Königsherrschaft, das Reich 21
Rēgulus, ī *m* Marcus Atilius Regulus 18
religiō, ōnis *f* der Glaube, die (Gottes-)Verehrung, die Frömmigkeit, die Gewissenhaftigkeit 20
relinquere, relinquō, relīquī, relictum verlassen, zurücklassen 9. 21
reliquus, a, um übrig, künftig 12
remanēre, remaneō, remānsī (zurück)bleiben 30
remittere, remittō, remīsī, remissum zurückschicken, nachlassen, vermindern 31
Remus, ī *m* Remus 10
repente *Adv.* plötzlich, unerwartet 23
reperīre, reperiō, repperī finden, wiederfinden 2. 9
repetere, repetō, repetīvī, repetītum wiederholen, (zurück)verlangen 7. 25
reprehendere, reprehendō, reprehendī, reprehēnsum (aus)schimpfen, kritisieren 33
requīrere, requīrō, requīsīvī, requīsītum aufsuchen, sich erkundigen, verlangen 29
rērī, reor, ratus sum meinen 34
rēs, reī *f* die Sache, das Ding, die Angelegenheit 13
quam ob rem weshalb, deshalb 31
rem bene gerere etw. gut durchführen, Erfolg haben 18
Rēs ita sē habet. Die Sache verhält sich so. 24
rēs adversae, rērum adversārum *f Pl.* das Unglück, die unglücklichen Umstände 18
rēs futūrae, rērum futūrārum *f Pl.* die Zukunft 24
rēs gestae, rērum gestārum *f Pl.* die Taten 16
rēs mīlitāris, reī mīlitāris *f* das Kriegswesen 18
rēs pūblica, reī pūblicae *f* der Staat 13
resistere, resistō, restitī stehen bleiben, Widerstand leisten 5. 23
respicere, respiciō, respexī, respectum zurückblicken, berücksichtigen 27

respondēre, respondeō, respondī antworten 3. 12

restāre, restō, restitī übrig bleiben; Widerstand leisten 36

restituere, restituō, restituī, restitūtum wiederherstellen, wieder errichten 20

retinēre, retineō, retinuī, retentum zurückhalten, festhalten, behalten 27

revertī, revertor, revertī, reversum zurückkehren 34

revocāre, revocō zurückrufen 24

rēx, rēgis *m* der König 10

Rhēnus, ī *m* der Rhein 32

rīdēre, rīdeō, rīsī lachen, auslachen 1. 10

rīpa, ae *f* das Ufer 25

rogāre, rogō fragen, bitten 2

Rōma, ae *f* Rom 10

Rōmae in Rom *(wo?)* 22

Rōmam nach Rom *(wohin?)* 10

Rōmānus, a, um römisch; *Subst.* der Römer 10

Rōmulus, ī *m* Romulus 10

ruere, ruō, ruī eilen, stürmen, stürzen 24

rumpere, rumpō, rūpī, ruptum zerbrechen, zerschlagen 16

rūrsus *Adv.* wieder 9

S

Sabīnus, a, um sabinisch; *Subst.* der Sabiner 10

sacer, sacra, sacrum *(m. Gen. / Dat.)* heilig, geweiht 20

sacerdōs, sacerdōtis *m f* der Priester, die Priesterin 26

sacrum, ī *n* das Opfer, das Heiligtum 5

saeculum, ī *n* das Jahrhundert, das Menschenalter, die Zeit, das Zeitalter 30

saepe *Adv.* oft 7

saepius *Adv.* öfter 31

saevus, a, um schrecklich, wild, wütend 20

salūs, ūtis *f* die Gesundheit, die Rettung, der Gruß 12
salūtem dīcere grüßen *(im Briefkopf)* 31

Salvē! Salvēte! Sei gegrüßt! Seid gegrüßt! Grüß dich! Grüß euch! 3

salvus, a, um gesund, unversehrt 26

sānctus, a, um heilig, ehrwürdig 24

sānē *Adv.* allerdings, gewiss, überhaupt, meinetwegen 20

sanguis, sanguinis *m* das Blut 22

sapiēns *(Gen.* **sapientis***)* klug, weise 25

satis *Adv.* genug 2

saxum, ī *n* der Fels, der Stein 8

scelerātus, a, um verbrecherisch, schändlich; *Subst.* der Verbrecher 24

scelus, sceleris *n* das Verbrechen 14

scīlicet natürlich, selbstverständlich 17

scīre, sciō wissen, kennen, verstehen 2

scrībere, scrībō, scrīpsī, scrīptum schreiben, beschreiben 5. 25

sē *Akk. / Abl.* sich 12

sē obicere *m. Dat.* sich jdm. entgegenwerfen, sich auf jdn. stürzen 35

sē praebēre sich zeigen 20

sē recipere sich zurückziehen 20

sēcum mit sich, bei sich 8

secundus, a, um der (die, das) zweite; günstig (9). 33

secundum *Präp. m. Akk.* gemäß, entsprechend; entlang 34

sēcūrus, a, um sicher, sorglos 24

sed aber, sondern 1

sedēre, sedeō, sēdī sitzen 2. 10

sēdēs, is *f* der Sitz, der Wohnsitz 29

semper *Adv.* immer 2

senātor, ōris *m* der Senator 21

senātus, ūs *m* der Senat, die Senatsversammlung 21

Seneca, ae *m* Lucius Annaeus Seneca 30

senex, senis *m* der Greis, der alte Mann 18

sēnsus, ūs *m* das Gefühl, der Sinn, der Verstand 25

sententia, ae *f* die Meinung, der Satz, der Sinn 3

sentīre, sentiō, sēnsī fühlen, meinen, wahrnehmen 4. 9

septem *indekl.* sieben (9)

septimus, a, um der (die, das) siebte (9)

sequī, sequor, secūtus sum *m. Akk.* folgen 26
ex quō sequitur daraus folgt 31

sermō, ōnis *m* das Gespräch, die Äußerung, das Gerede, die Sprache 28

sērō *Adv.* zu spät 25

serva, ae *f* die Sklavin, die Dienerin 1

servāre, servō retten, bewahren; beobachten; ā *m. Abl.* retten vor, bewahren vor 2. 11

servīre, serviō dienen, Sklave sein 22

servitūs, ūtis *f* die Sklaverei 10

servus, ī *m* der Sklave, der Diener 1

seu (~ sīve) oder, oder wenn 35

sevērus, a, um ernst, streng 30

sex *indekl.* sechs (9)

sexāgintā *indekl.* sechzig 17

sextus, a, um der (die, das) sechste (9)

sī *Subj.* wenn, falls 7

sibi *Dat.* sich 12

sīc *Adv.* so 14

sīcut (so) wie 17

sīdus, sīderis *n* der Stern, das Sternbild; *Pl.* der Himmel 13

sīgnum, ī *n* das Zeichen, das Merkmal, der Beweis 13

silentium, ī *n* das Schweigen, die Stille 29

silva, ae *f* der Wald 4

similis, is, e *(m. Gen. / Dat.)* ähnlich 12

simul *Adv.* gleichzeitig, zugleich; *Subj. m. Ind. Perf.* sobald 7. 34

simulācrum, ī *n* das Bild, das Bildnis 17
sine *Präp. m. Abl.* ohne 5
sinere, sinō, sīvī, situm lassen, zulassen, erlauben 27
singulus, a, um je ein, jeder einzelne 33
sīve oder, oder wenn 33
socius, ī *m* der Gefährte, der Verbündete 3
Sōcratēs, is *m* Sokrates 28
Sōl, Sōlis *m* Sol 13
sōl, sōlis *m* die Sonne 13
sōlācium, ī *n* der Trost, das Trostmittel 29
solēre, soleō gewohnt sein, gewöhnlich etw. tun 27
sōlum *Adv.* nur 1
sōlus, a, um allein, einzig 7
solvere, solvō, solvī, solūtum lösen, auflösen, bezahlen 16
somnus, ī *m* der Schlaf 19
soror, ōris *f* die Schwester 23
sors, sortis *f (Gen. Pl.* **-ium***)* das Schicksal, das Los, der Orakelspruch 27
spargere, spargō, sparsī, sparsum ausstreuen, verbreiten, bespritzen 30
spatium, ī *n* der Raum, die Strecke, die Zeit, der Zeitraum 17
speciēs, speciēī *f* der Anblick, das Aussehen, der Schein 23
spectāre, spectō betrachten, anschauen, zuschauen 1
spērāre, spērō hoffen, erwarten 33
spēs, speī *f* die Hoffnung, die Erwartung 13
spoliāre, spoliō (be)rauben, plündern 35
sponte suā freiwillig, von selbst 17
stāre, stō stehen 1
statim *Adv.* sofort 3
statua, ae *f* die Statue, das Standbild 11
statuere, statuō, statuī, statūtum aufstellen, beschließen, festsetzen 21
studēre, studeō *(m. Dat.)* sich beschäftigen (mit), sich bemühen (um), streben nach 8
studium, ī *n* die Beschäftigung, das Engagement, das Interesse 7
stultus, a, um dumm 26
sub *Präp. m. Abl.* unten an, unten bei, unter *(wo?)* 19
subdūcere, subdūcō, subdūxī, subductum hinaufziehen, wegnehmen 27
subicere, subiciō, subiēcī, subiectum darunterlegen, unterwerfen 24
subīre, subeō, subiī, subitum auf sich nehmen, herangehen 16
subitō *Adv.* plötzlich 2
suī, suōrum *m Pl.* die Seinen, die Ihren, seine / ihre Leute 16
sūmere, sūmō, sūmpsī, sūmptum nehmen 16
summus, a, um der (die, das) höchste, oberste, letzte 11
sūmptus, ūs *m* der Aufwand, die Kosten 21
sunt, quī *m. Konj.* es gibt Leute, die 32
superāre, superō besiegen, überwinden, übertreffen 3
superbia, ae *f* der Stolz, die Überheblichkeit 5
superbus, a, um stolz, überheblich 24
superī, ōrum *m Pl.* die Götter 6
superior, ior, ius *(Gen.* **superiōris***)* der (die, das) frühere, weiter oben gelegene 12
supplex *(Gen.* **supplicis***)* demütig bittend 28
supplicium, ī *n* die Hinrichtung, die Strafe; das flehentliche Bitten 17
suprā *Adv.* darüber hinaus, oben 32
suprēmus, a, um der (die, das) höchste, oberste, letzte 19
surgere, surgō, surrēxī, surrēctum aufstehen, sich erheben 29
suscipere, suscipiō, suscēpī, susceptum auf sich nehmen, unternehmen 14
suspicārī, suspicor, suspicātus sum vermuten 32
suspīciō, ōnis *f* der Verdacht, die Vermutung 10
sustinēre, sustineō ertragen, standhalten 3
suus, a, um sein, ihr 11

T

taberna, ae *f* das Gasthaus, der Laden 2
tabula, ae *f* die Tafel, das Gemälde 35
tacēre, taceō schweigen, verschweigen 7
Tacitus, ī *m* Tacitus 32
tālis, is, e derartig, ein solcher, so (beschaffen) 15
tam so 13
  tam ... quam so ... wie 23
tamen dennoch, jedoch 4
tametsī obwohl 18
tamquam *Adv.* wie 28
tandem *Adv.* endlich, schließlich; *im Fragesatz* denn eigentlich 1. 29
tangere, tangō, tetigī, tāctum berühren 5. 15
tantum *Adv. (nachgestellt)* nur 13
tantus, a, um so groß, so viel 26
  tantus ... quantus so groß ... wie (groß) 30
tē *Akk.* dich 6
tēctum, ī *n* das Dach, das Haus 9
tegere, tegō, tēxī, tēctum bedecken, schützen, verbergen 20
tēlum, ī *n* die Waffe, das Geschoss 11
temperāre, temperō *m. Dat.* (ver)schonen 24
tempestās, ātis *f* der Sturm, das (schlechte) Wetter, die Zeit 22
templum, ī *n* der Tempel 6
temptāre, temptō versuchen, prüfen, angreifen 3
tempus, temporis *n* die Zeit, die günstige Zeit, die Umstände 14
  ex illō tempore seit jener Zeit 18
tendere, tendō, tetendī, tentum sich anstrengen, ausstrecken 16

U

V

Übersicht über die Operatoren

Diese Übersicht soll dir helfen, die verschiedenen Aufgabenstellungen des Buches richtig zu verstehen und zu bearbeiten.

	Aufgabenstellung	Hier sollst du ...	Beispiel
I.	**Angeben / Nennen / Benennen**	die Aufgabe mit einem Begriff oder einem Fachausdruck lösen.	**Nenne** die lateinischen Wörter, die den folgenden Fremdwörtern zugrunde liegen, und **gib** ihre Bedeutung **an**. *simultan – Union – variabel*
	Auswählen	die in der Aufgabenstellung verlangten Gesichtspunkte aussuchen.	**Wähle** die passende Bedeutung von sed und adesse **aus**. 1. Tandem Incitatus adest, sed claudicat. ...
	Beschreiben	einen Sachverhalt in eigenen Worten darlegen.	**Beschreibe** die Atmosphäre des Wagenrennens.
	Bestimmen	eine Wortform grammatikalisch genau beschreiben (z. B. debere Inf. Präs. Aktiv).	**Bestimme** die Formen nach Kasus, Numerus und Genus und übersetze sie.
	Bilden	eine Wortform nach vorgegebenen Arbeitsaufträgen verändern oder erstellen.	**Bilde** zu den Singularformen die entsprechende Pluralform und umgekehrt.
	(Wieder-)Erkennen	einen schon bekannten Sachverhalt in einem anderen Zusammenhang aufdecken.	Ich **erkenne** die Sinnrichtung des Nebensatzes quia ... pugnare volui ...
	Ordnen	Informationen / Sachverhalte nach einem vorgegebenen oder selbst geschaffenen Ordnungsraster darstellen.	Suche alle Verbformen der 1. und 2. Person aus dem Text heraus und **ordne** sie nach Konjugationsklassen.
	Wiedergeben	Informationen / Sachverhalte knapp darstellen.	Ich **gebe** die Klagen der Griechen, die diese in Z. 1-3 vorbringen, in eigenen Worten wieder.
	Zusammenstellen	die in der Aufgabenstellung verlangten Gesichtspunkte sammeln.	**Stelle zusammen**, was du über die Aufgabenbereiche von Sklaven und über die Stadt Rom erfahren hast.
	Zuweisen	Informationen einem vorgegebenen Ordnungsraster zuordnen.	Ergänze den ersten Buchstaben der folgenden Verben und **weise** ihnen eine ihrer Bedeutungen **zu**.
II.	**Belegen**	einen vorgegebenen oder von dir entdeckten Sachverhalt am Text nachweisen.	Beschreibt, wie sich die Leidenschaft der Fans zu Gewalt steigert. **Belegt** eure Darstellung mit Textzitaten.
	Bezüge herstellen	Zusammenhänge zwischen der antiken Welt und unserer Gegenwart erkennen und beschreiben.	**Stelle Bezüge** zwischen Zerberus und Figuren aus aktuellen Jugendbüchern her.
	Entwickeln	einen Sachverhalt in nachvollziehbaren Einzelschritten darlegen.	**Entwickelt** eine kurze Rede für oder gegen Merkurs Diebstahl und stellt euer Plädoyer der Klasse vor.
	Erfassen	einen Sachverhalt in seinem Kern verstehen und darstellen.	Ich stelle Informationen zu Menelaos, Helena, Paris und Venus zusammen und **erfasse**, warum Venus Paris zu Dank verpflichtet ist.
	Paraphrasieren	die Kernaussagen eines Textes mit eigenen Worten in logischer Reihenfolge wiedergeben.	Ich **paraphrasiere** mit eigenen Worten den Inhalt der Fabel.

Aufgabenstellung	Hier sollst du ...	Beispiel
Erklären	die Besonderheiten eines Sachverhalts knapp und verständlich darstellen.	**Erkläre**, was Tantalus mit seiner List (Z. 4) beweisen will.
Erläutern	einen Sachverhalt durch zusätzliche Informationen (Beispiele, Belege) verdeutlichen.	**Erläutere**, warum Barbatus trotz aller Gefahren fliehen will.
Erschließen	durch Schlussfolgerungen einen Sachverhalt ermitteln.	stant, spectant, clamant (Z. 3): Die drei Prädikate sind nur durch Komma getrennt. **Erschließe** die beabsichtigte Wirkung auf den Leser.
Herausarbeiten	wesentliche Gesichtspunkte eines vorgegebenen Sachverhalts aufzeigen.	Beschreibe die Atmosphäre des Wagenrennens (Z. 1-14). **Arbeite heraus**, wie sie sprachlich erzeugt wird.
Nachweisen	einen Sachverhalt z. B. durch Belege aus dem Text bestätigen.	**Weise** am Text **nach**, dass vor der eigentlichen Flucht viel Unruhe in Pompeji herrscht. Beachte dabei besonders die Tempora der Prädikate, die Länge der Sätze und die Konnektoren.
Nutzen	Materialien oder Informationen zur Bearbeitung einer Aufgabenstellung heranziehen.	Recherchiere, was die heute noch gebräuchliche Floskel bedeutet; **nutze** dazu auch die Schulbibliothek oder das Internet.

III.	**Begründen**	einen Sachverhalt, eine Meinung oder Behauptung durch Argumente bzw. Belege erhärten.	Beschreibe das unterschiedliche Verhalten der Menschen angesichts der drohenden Gefahr und **begründe** es aus deiner Sicht.
	Erörtern / Diskutieren	einen Sachverhalt von verschiedenen Standpunkten beleuchten und begründet dazu Stellung nehmen.	Ich **diskutiere** in meiner Lerngruppe die Frage, ob die Reaktion des Senators Marcus Papirius berechtigt ist.
	Stellung nehmen	einen Sachverhalt aufgrund eigener Kenntnisse und eigener Meinung bewerten.	Zu Beginn der Geschichte spielt Herkules auf seine fama an. **Nimm Stellung** dazu, ob Herkules seinem Ruf gerecht wird.
	Überprüfen	eine Aussage anhand von Kenntnissen und Belegen beweisen oder widerlegen.	„Ein menschlicher Zug des Halbgottes Herkules ist sein Selbstzweifel.“ **Überprüfe** mit Hilfe des Textes die Richtigkeit dieser Aussage.
	Übersetzen	lateinische Sätze in richtigem und gutem Deutsch wiedergeben.	Über reiche Leute wie Crassus redet man. **Übersetze**. 1. Crasso pecunia est. ...
	Untersuchen	besondere Merkmale eines Textes / Sachverhalts nach vorgegebenen oder eigenständigen Gesichtspunkten herausarbeiten.	Ich **untersuche** die Substantive des Textes und erkenne, welche als Schlüsselwörter besonders wichtig sind.
	Vergleichen	nach vorgegebenen oder selbst gewählten Gesichtspunkten Gemeinsamkeiten und Unterschiede von Bildern, Texten, Sachverhalten ermitteln.	**Vergleiche** die Darstellung des Vulkanausbruchs mit der Darstellung im Lektionstext.

Abb.	Abbildung
abh.	abhängig
Abl.	Ablativ
Abl. abs.	Ablativus absolutus
AcI	Akkusativ mit Infinitiv
Adj.	Adjektiv
adj.	adjektivisch
Adv.	Adverb
Akk.	Akkusativ
Akt.	Aktiv
Aufg.	Aufgabe
Bd.	Band
bzw.	beziehungsweise
d. h.	das heißt
Dat.	Dativ
Dekl.	Deklination
dopp. Akk.	doppelter Akkusativ
dt.	deutsch
etw.	etwas
EV	Eigennamenverzeichnis
evtl.	eventuell
f	feminin
f.	folgende
ff.	folgende
Fut.	Futur
Fw.	Fremdwort
GA	Gruppenarbeit
Gen.	Genitiv
ggf.	gegebenenfalls
griech.	griechisch
HS	Hauptsatz
Imp.	Imperativ
Impf.	Imperfekt
Ind.	Indikativ
indekl.	indeklinabel
indir.	indirekt
Inf.	Infinitiv
jd.	jemand
jdm.	jemandem
jdn.	jemanden
Jh.	Jahrhundert
KNG	Kasus – Numerus – Genus
Konj.	Konjunktiv
Konjug.	Konjugation
kons.	konsonantisch
lat.	lateinisch
m	maskulin
M	Methode
m.	mit
n	neutrum
n. Chr.	nach Christus
NcI	Nominativ mit Infinitiv
Nom.	Nominativ
NS	Nebensatz
PA	Partnerarbeit
Part.	Partizip
Pass.	Passiv
Pc	Participium coniunctum
Perf.	Perfekt
Pers.	Person
PFA	Partizip Futur Aktiv
Pl.	Plural
Plusqpf.	Plusquamperfekt
PPA	Partizip Präsens Aktiv
PPP	Partizip Perfekt Passiv
Präp.	Präposition
Präs.	Präsens
refl.	reflexiv
röm.	römisch
S.	Seite
s. o.	siehe oben
s. u.	siehe unten
Sg.	Singular
sog.	so genannt
Subj.	Subjunktion
Subst.	Substantiv
subst.	substantivisch
usw.	und so weiter
v. a.	vor allem
v. Chr.	vor Christus
vgl.	vergleiche
Vok.	Vokativ
WS	Wortschatz
Z.	Zeile
z. B.	zum Beispiel
z. T.	zum Teil

10f. Archäologisches Museum, Olympia / Alamy Stock Photo / Iconotec | 12 Kunsthistorisches Museum, Wien / akg-images / Erich Lessing | 14 Interfoto / Neon1 | 15 Mauritius Images / Science Source, New York Public Library | 16 iStockphoto / valdum | 17 Musei Capitolini, Rom / akg-images / Rabatti Domingie | 20 dpa Picture-Alliance / ANE | 22 bpk-Bildagentur / The Trustees of the British Museum | 23 Bridgeman Images / Look and Learn | 25 bpk-Bildagentur / Antikensammlung, SMB, Johannes Laurentius | 26 ullstein bild | 27 akg-images | 28 Antikensammlung, Staatliche Museen zu Berlin / bpk-Bildagentur / SMB, Johannes Laurentius | 29 Musée des Beaux-Arts, Lille / akg-images / Erich Lessing | 31 Mauritius Images / Alamy Stock Photo, The Picture Art Collection | 32 bpk-Bildagentur / The Metropolitan Museum of Art, N.Y. | 33 Musée du Louvre, Paris / Photo Scala / Photo Josse | 34 Photo Scala | 35 United Feature Syndicate, Inc./Distr. Bulls | 42 Mauritius Images / Alamy Stock Photo, The Picture Art Collection | 43 bpk-Bildagentur / adoc-photos | 44f. Henryk Siemiradzki: Die Fackeln des Nero / Muzeum Narodowe, Krakau / akg-images / Erich Lessing | 46 Museo del Prado, Madrid / dpa Picture-Alliance / akg-images | 48 Musée du Louvre, Paris / akg-images / Erich Lessing | 49 Ephesos-Museum, Selçuk / Mauritius Images / Alamy Stock Photo, Gaertner | 50 Museo Nazionale Romano, Rom / Mauritius Images / Alamy Stock Photo, Historic Images | 51 Alamy Stock Photo / jozef sedmak | 52 Alamy Stock Photo / FALKENSTEINPHOTO | 54 Walters Art Museum, Baltimore / Alamy Stock Photo / UtCon Collection | 55 akg-images / Eric Vandeville | 56 Cartoon Collections / Clive Goddard | 57 Bridgeman Images / Gift to Mrs. Richard C. DuPont | 58 Glyptothek, München / Bildarchiv i.motion gmbh, Bamberg | 60f. Getty Images Plus / iStockphoto, daverhead | 62 aus: Geschichte lernen Nr. 122: Der Limes © 2008 Friedrich Verlag GmbH, Seelze | 63 Israel Museum, Jerusalem / Alamy Stock Photo / Nir Alon | 64 ullstein bild / imageBROKER, Martin Siepmann | 65 akg-images / Peter Connolly | 66 © D. Cooke | 68 Museen der Stadt Regensburg, Historisches Museum. Foto: M. Preischl (Inv.-Nr. Lap1) | 69 Museen der Stadt Regensburg, Historisches Museum. Foto: ArcTron (Inv.-Nr. LAP142) | 69 Museen der Stadt Regensburg, Historisches Museum | 71 Photo Scala | 72f. Die Hagia Sophia in Istanbul / Alamy Stock Photo / imageBROKER, Martin Siepmann | 74 Musei Vaticani, Rom / akg-images / Album Oronoz | 76 Lambert Dahm, Trier | 77 Römerkastell Saalburg / ullstein bild / Seitz | 78 akg-images / Bildarchiv Steffens | 79 Bridgeman Images / Pictures from History, Myrabella | 80 National Gallery of Art, Washington DC / Alamy Stock Photo / agefotostock | 81 Bridgeman Images | 82 Getty Images Plus / iStockphoto, Garsya | 83 Amerikanischer Soldatenfriedhof im luxemburgischen Hamm / dpa Picture-Alliance / Romain Fellens | 84 Staatliche Münzsammlung, München / akg-images | 85 Sammlung Archiv für Kunst und Geschichte, Berlin / akg-images | 86 Alamy Stock Photo / The Picture Art Collection | 88 bpk-Bildagentur / Nationalgalerie, SMB, Andreas Kilger | 90 Mauritius Images / Alamy Stock Photo, Arthur Greenberg | 91 Bridgeman Images / Fitzwilliam Museum, University of Cambridge | 95 Interfoto / Sammlung Rauch | 96f. Francesco di Stefano: Die sieben Freien Künste / Birmingham Museum of Art / akg-images / Heritage Images, Fine Art Images | 98 Bridgeman Images | 100 Germanisches Nationalmuseum, Nürnberg / bpk-Bildagentur / Lutz Braun | 102 Stadt Ingelheim / Foto: Volker Iserhardt | 103 Imago Images / Leemage | 106 Alamy Stock Photo / imageBROKER | 107 akg-images / De Agostini Picture Library, G. Dagli Orti | 108 Alamy Stock Photo / The History Emporium | 109 Mauritius Images / Alamy Stock Photo, Alamy Live News, Pacific Press, Guiseppe Cicca | 120 Martin-von-Wagner Museum der Universität Würzburg (Inv.-Nr. L545_HA469), Foto: Peter Neckermann | 125 Staatliche Antikensammlung und Glyptothek, München | 125 dpa Picture-Alliance / Citypress24 | 125 Alamy Stock Photo / Sklifas Steven | 135 dpa Picture-Alliance / Chromorange, Schulz | 179 Getty Images Plus / iStockphoto, manfredxy | 214 Musei Capitolini, Rom / Alamy Stock Photo / Adam Eastland | 214 École des Beaux-Arts, Paris / akg-images / Erich Lessing | 215 Jean-Léon Gérôme: Der Tod Cäsars. 1867. Walters Art Gallery, Baltimore / akg-images | 215 Ashmolean Museum, Oxford / Alamy Stock Photo / Adam Eastland.

IMPERIUM ROMANUM

Das Römische Reich
zur Zeit seiner größten Ausdehnung
2. Jh. n. Chr.

ITALIEN
im 1. Jh. n. Chr.
km 100 200
Maßstab 1:5 540 000
GERMANIA
Augusta Vindelicum
Raetia
Noricum
Augusta Rauricorum
Lacus Venetus
Rhenus
Aenus
Isonta
Anisus
Murus
ALPES MONTES
ILLYRICUM
Lacus Lemanus
Rhodanus
Ticinus
Lacus Verbanus
Lacus Larius
Gallia Transpadana
Comum
Vercellae
Mediolanum
Ticinus
Lacus Benacus
Atesis
Tridentum
Venetia
Via Postumia
Verona
Patavium
Aquileia
Dalmatia
Pola
Cremona
Mantua
Atria
Padus
Placentia
Trebia
Tanarus
Liguria
Parma
Mutina
Bononia
Aemilia
Ravenna
Via Aemilia
Genua
Via Aurelia
Rubico
Ariminum
Lucca
Pisae
Florentia
Arnus
Metaurus
Ancona
Etruria
Arretium
Umbria
Via Flaminia
Picenum
Lacus Trasimenus
Perusia
Clusium
Volsinii
Asculum
Lacus Volsiniensis
Tiberis
Hadria
Reate
Aternus
MARE LIGUSTICUM
MARE ADRIATICUM
Corsica
Aleria
Tarquinii
Caere
Roma
Ostia
Praeneste
Anio
Latium
Antium
Corfinium
Lacus Fucinus
Sulmo
Samnium
Arpinum
Campania
Tarracina
Formiae
Luceria
Apulia
Cannae
Aufidus
Beneventum
Capua
Vesuvius
Neapolis
Pompei
Venusia
Via Traiana
Via Appia
Brundisium
Casuentus
Tarentum
Calabria
Poseidonia (Paestum)
Lucania
Heraclea
Via Popilia
Sybaris
Croton
MARE TYRRHENUM
Sardinia
Olbia
Carales
Sulci
Liparaeae Insulae
Bruttium
Locri
Rhegium
MARE IONIUM
Messana
Panormus
Drepanum
Segesta
Via Valeria
Aetna
Lilybaeum
Selinus
Sicilia
Himeras
Agrigentum
Syracusae
MARE AFRICUM
Utica
Carthago
Tunes
Bagradas
AFRICA
Zama
Spalatum
Salonae
Veii
Fidenae
Via Flaminia
Tiberis
Anio
Via Aurelia
Tusculum
Alba Longa
Lavinium
Via Appia
Volturnus
Clanius
Nola
Cumae
Herculaneum
Misenum
Nuceria
Stabiae
Golf von Neapel
km 30